职业院校汽车类专业系列教材

汽车新能源与节能技术

主　编　柴启霞　吕小帅
副主编　赵　利　焦凤芹　李新雷
参　编　王明乾　张范范　孟凡福
　　　　周爱东　刘晓倩　张　健

机械工业出版社

本书由多年从事职业院校教学工作的一线骨干教师和学科带头人，通过企业调研，对汽车维修技术岗位群职业能力进行分析，研究总结汽车维修技术人才培养方案，并在企业与行业专家指导下编写而成。全书以汽车的节能技术为主线，分为6个单元，主要内容包括：认识能源与汽车节能技术、新能源汽车节能技术、汽车发动机节能技术、汽车底盘节能技术、汽车车身节能技术和汽车使用节能技术。每个单元又由多个任务组成，并配有学习指南、学习目标、任务导图、知识窗和课后习题等模块，知识层次清晰，学习目标明确。

本书可作为职业院校汽车专业教学用书，也可供相关专业技术人员参考使用。

图书在版编目（CIP）数据

汽车新能源与节能技术/柴启霞，吕小帅主编. —北京：机械工业出版社，2020.4（2024.7重印）
职业院校汽车类专业系列教材
ISBN 978-7-111-65264-9

Ⅰ.①汽… Ⅱ.①柴…②吕… Ⅲ.①新能源-汽车-职业院校-教材②汽车节油-职业院校-教材 Ⅳ.①U469.7②U471.23

中国版本图书馆CIP数据核字（2020）第059065号

机械工业出版社（北京市百万庄大街22号　邮政编码100037）
策划编辑：陈玉芝　责任编辑：陈玉芝　王振国
责任校对：李　杉　封面设计：张　静
责任印制：邓　敏
中煤（北京）印务有限公司印刷
2024年7月第1版第4次印刷
184mm×260mm·12.5印张·306千字
标准书号：ISBN 978-7-111-65264-9
定价：35.00元

电话服务　　　　　　　　　网络服务
客服电话：010-88361066　　机　工　官　网：www.cmpbook.com
　　　　　010-88379833　　机　工　官　博：weibo.com/cmp1952
　　　　　010-68326294　　金　书　网：www.golden-book.com
封底无防伪标均为盗版　　　机工教育服务网：www.cmpedu.com

前言

汽车的发明与进步，为人类做出了巨大的贡献。但是，当前汽车工业的可持续发展面临能源和环境的挑战，发展新能源汽车成为全球共识。为缓解能源短缺，减少大气污染物排放量，世界各国相继出台了各种节能减排的法规和标准，制定了各种鼓励研发、推广新能源汽车的政策和措施，并对传统燃油车采用节能技术。本书从认识能源与汽车节能技术、新能源汽车节能技术、汽车发动机节能技术、汽车底盘节能技术、汽车车身节能技术和汽车使用节能技术等方面，对汽车用能源、评价汽车节能的指标、影响汽车能耗的主要因素与节能的主要途径进行了分析，介绍了纯电动汽车、混合动力汽车、燃料电池汽车、燃气汽车、太阳能汽车、新型燃料汽车等新能源汽车的节能特点，并介绍了发动机能耗控制、提高充量系数、汽油机稀薄燃烧技术、废气涡轮增压发动机、汽油机燃油喷射与点火系统电子控制、柴油机燃油喷射系统电子控制、匹配汽车传动系统与发动机、自动变速器、回收制动能量、改变车身造型、降低车身重量、汽车驾驶技术、运行材料的合理使用、汽车维护等在汽车节能减排方面的应用。

本书由山东交通技师学院教师合作完成，柴启霞、吕小帅任主编，赵利、焦凤芹、李新雷任副主编，参加编写的人员还有王明乾、张范范、孟凡福、周爱东、刘晓倩和张健。本书编写过程中参考了有关文献资料，在此向这些文献资料的作者表示衷心的感谢。

由于编者学识及编写时间有限，书中不足或错误之处在所难免，恳请读者提出宝贵建议，以便修订时予以纠正。

编　者

目 录

前言
单元一　认识能源与汽车节能技术　1
　任务一　认识汽车能源　1
　任务二　评价汽车节能　4
　任务三　影响汽车能耗的主要因素与节能的主要途径　6
　课后习题　9
单元二　新能源汽车节能技术　10
　任务一　纯电动汽车　10
　任务二　混合动力汽车　23
　任务三　燃料电池汽车　40
　任务四　燃气汽车　51
　任务五　太阳能汽车　62
　任务六　新型燃料汽车　65
　课后习题　69
单元三　汽车发动机节能技术　70
　任务一　控制发动机能耗　70
　任务二　提高充量系数的技术　74
　任务三　汽油机稀薄燃烧技术　82
　任务四　废气涡轮增压发动机　89
　任务五　汽油机燃油喷射与点火系统电子控制　98
　任务六　柴油机燃油喷射系统电子控制　104
　任务七　发动机其他节能技术　111
　课后习题　116
单元四　汽车底盘节能技术　117
　任务一　匹配汽车传动系统与发动机　117
　任务二　自动变速器　122
　任务三　回收制动能量　137
　课后习题　146
单元五　汽车车身节能技术　147

任务一 改变车身造型	147
任务二 降低车身重量	158
课后习题	165

单元六　汽车使用节能技术　167
  任务一　汽车驾驶与节能　167
  任务二　汽车运行材料的合理使用　174
  任务三　汽车维护与节能　188
  课后习题　192

参考文献　193

单元一 认识能源与汽车节能技术

学习指南

汽车作为交通工具，会排放大量的碳、氮、硫的氧化物，碳氢化合物，铅化物等多种大气污染物，是重要的大气污染发生源，给人体健康和生态环境带来严重的危害。认识汽车的能源，学习汽车节能评价指标，通过对汽车耗能影响因素的分析，能从根本上解决汽车新能源的利用和节能途径。

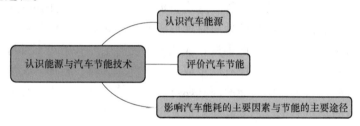

任务一　认识汽车能源

学习目标

1. 认识能源与特点。
2. 列举汽车用能源的种类。
3. 归纳汽车用新能源。

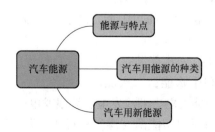

 **情景导入**

　　能源是指人类取得能量的来源，是可以直接或通过转换提供人类所需有用能量的资源。能源是人类赖以生存的物质基础。伴随着第二次工业革命的发展，汽车行业如雨后春笋迅速地成长起来，它给人们出行带来方便的同时，对能源的需求量不断加大，环境污染问题也越来越严重。汽车的生产和使用需要大量的钢材和石油，而制成钢材的原材料和石油是不可再生的资源。因此，面对汽车的大量生产，这些不可再生的资源将会逐步地走向枯竭。认识汽车现用的能源和开发新能源是汽车工业发展的必要条件。

 **必备知识**

一、能源与特点

　　地球上的资源包括两种：可再生资源和不可再生资源。不可再生资源是指人类开发利用后，在相当长的时间内，不可再生的自然资源，主要指自然界的各种矿物和化石燃料，例如泥炭、煤、石油、天然气、金属矿产等。这类资源是在地球长期演化过程中，在一定阶段、一定地区、一定条件下，经历漫长的地质时期形成的。与人类社会的发展相比，其形成非常缓慢；与其他资源相比，其再生速度很慢，或几乎不能再生。人类对不可再生资源的开发和利用，只会消耗，而不可能保持其原有储量或再生。例如，煤、石油、天然气等化石燃料是不能重复利用的资源，当它们作为能源而被燃烧后，尽管能量可以由一种形式转换为另一种形式，但作为原有的物质形态已不复存在，形式也发生了变化。

　　通过天然作用或人工活动能再生更新，而为人类反复利用的自然资源叫作可再生资源，如土壤、植物、动物、微生物，以及森林、草原、水生生物等各种自然生物群落。

　　作为交通工具，汽车用能源具有的特点有：能源形式在一定条件下可以互相转换；在开采、提炼、加工、使用以及废料处理过程中存在不同程度的污染；化石燃料类能源如汽油、天然气等在储存过程中存在泄漏和危及安全等问题。

二、汽车用能源的种类

　　（1）按其形成和来源分类　来自太阳辐射的能量，如太阳能、煤、石油、天然气、水能、风能和生物能等；来自地球内部的能量，如核能、地热能；天体引力能，如潮汐能。

　　（2）按开发利用状况分类　常规能源，如煤、石油、天然气、水能和生物能；新能源，如核能、地热、海洋能、太阳能、沼气和风能。

　　（3）按属性分类　可再生能源，如太阳能、地热、水能、风能、生物能和海洋能；非可再生能源，如煤、石油、天然气和核能。

　　（4）按转换传递过程分类　一次能源，直接来自自然界的能源，如煤、石油、天然气、水能、风能、核能、海洋能和生物能；二次能源，如沼气、汽油、柴油、焦炭、煤气、蒸汽、火电、水电、核电、太阳能发电、潮汐发电和波浪发电等。

　　（5）按能源性质分类　有燃料型能源（煤炭、石油、天然气、泥炭和木材）、非燃料型能源（水能、风能、地热能和海洋能）。

（6）根据能源消耗后是否造成环境污染分类　可分为污染型能源和清洁型能源，污染型能源包括煤炭、石油等，清洁型能源包括水力、电力、太阳能、风能以及核能等。

三、汽车用新能源

新能源是相对于常规能源说的，有核能、太阳能、风能、生物质能、氢能、地热能和潮汐能等许多种。新能源的共同特点是比较干净，除核裂变燃料外，几乎是永远用不完的。由于煤、油、气常规能源具有污染环境和不可再生的缺点，因此，人类越来越重视新能源的开发和利用。

1. 核能技术

核能有核裂变能和核聚变能两种。核能产生的大量热能可以发电，也可以供热。核能的最大优点是无大气污染，集中生产量大，可以替代煤炭、石油和天然气燃料。

2. 太阳能技术

1）太阳能热利用技术比较成熟，有太阳能热水器、太阳能锅炉蒸汽发电、太阳能制冷、太阳能聚焦高温加工、太阳灶等，在工业和民用中应用较多。

2）太阳能光电转换技术，通过太阳能电池把光能转换成电能（直流电），主要是太阳能电池制造技术。这种发电技术利用最方便，但大功率发电成本太高。

3）光化学转换技术，利用太阳能光化学电池把水电解分离产生氢气，氢气是很干净的燃料。

3. 风能技术

风能是一种机械能，风力发电是常用技术。

4. 生物质能技术

这是利用动植物有机废弃物（如木材、柴草、粪便等）的技术。

1）热化学转换技术，把木材等废料通过气化炉加热转换成煤气，或者通过干馏将生物质变成煤气、焦油和木炭。

2）生物化学转换技术，主要把粪便等生物质通过沼气池厌气发酵生成沼气，沼气的主要成分是甲烷。

3）生物质压块成型技术，把烘干粉碎的生物质挤压成型，变成高密度的固体燃料。

5. 氢能技术

氢气热值高，燃烧产物是水，完全无污染。而且制氢原料主要也是水，取之不尽，用之不竭，所以氢能是前景广阔的清洁燃料。

6. 地热能技术

地热能有蒸汽和热水两种。地热蒸汽有较高的压力和温度，可直接通过蒸汽轮机发电；地热水最好是梯级利用，先将高温地热水用于高温用途，再将用过的中温地热水用于中温用途，然后将用过的地热水再利用，最后用于养鱼、游泳池等。

7. 潮汐能技术

潮汐发电技术是低水头水力发电技术，容量小，造价高。我国海岸线长达1400km，有丰富的潮汐能。据估算，全国可开发利用潮汐发电装机容量为2800万kW，年发电700亿kW·h。

任务二 评价汽车节能

1. 分析汽车节能的本质。
2. 利用指标对汽车节能进行评价。
3. 阐述汽车节能的意义。

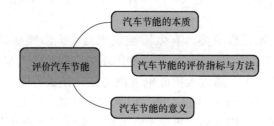

节约能源是在保证能够生产出相同数量和质量的产品，或者获得相同经济效益，或者满足相同需要，达到相同目的的前提下使能源消耗量下降。汽车工业的发展推动着经济的发展，由于汽车保有量的增加，能源消耗日益严重，汽车节能势在必行，使得汽车在完成相同运输任务（运量或周转量）的前提下燃料或储能的消耗量下降。

一、汽车节能的本质

假定 W 代表生产任务的数量，Q 代表完成生产任务 W 所投入的能量，则节能就意味着单位任务消耗的能量（Q/W）下降，或者是单位能量所完成的任务（W/Q）增加。为进一步论述节能，进行如下分析：

观点一：采用代用能源或者新型能源就是节能。如在供暖系统上开发应用了太阳能，汽车上采用了添加甲醇或乙醇的措施等。这些措施的实质是用一种能源去替代另一种能源，属于能源替代的范畴或者属于开源的范畴。采用替代能源或者新能源可以减小原能源的消耗速度，可能节能，但也可能导致其他能源的消耗，从而使总体能耗更高。由于汽车常规能源汽油和柴油的储量有限而且供应短缺，人们对汽油和柴油的消耗十分关心，添加甲醇、乙醇等代用燃料可以缓解汽、柴油短缺的矛盾。最终仅仅是节省了汽油和柴油，并不一定是节约能源。

观点二：节油就是节能。节油是节能的主要内容，但并不等于节能。节油可以称为省油，节油概括起来主要包括两部分内容：一是通过改善道路辅助设施、降低汽车行驶阻力或提高驾驶人操作水平等途径，在保证完成运输任务的基础上降低汽车燃油消耗量，从而达到节油的目的；二是通过使用天然气、醇类以及氢能源等清洁新能源或者电动汽车代替在用的石油资源，以消耗其他能源的方式逐步降低对石油资源的依赖度。

节能实质就是提高能源的利用效率，能源利用效率的提高意味着用较少的能源产生等量的有用产出，主要体现在能源的高效转化和利用上。采用更先进的缸内直喷技术的汽车发动机，其能源效率要高于普通汽车发动机，表现为节油。节油属于狭义节能，我们研究节能，应当从整个系统来考虑，即研究广义节能。

二、汽车节能的评价指标与方法

广义节能涉及的对象非常多，其中有些对象给予准确的数量概念也比较困难。研究汽车燃料消耗的变化，这虽然属于狭义节能的范畴，但加上一定的限制条件后，就与广义节能完全一致起来了。如采用某项节约燃料装置后，汽车的可靠性、耐久性基本不变，也不增加驾驶人的负担，不增加噪声和污染等。这样一来，除了节油装置的成本因素需要考虑外，只要节油即为节能。

汽车节油效果的好坏一般用节油率 ξ 来表示，即

$$\xi = \frac{Q_{s0} - Q_s}{Q_{s0}} \times 100\% \tag{1-1}$$

式中　Q_{s0}——油耗定额（kg/h）；
　　　Q_s——实际油耗（kg/h）。

我国的油耗定额有两种：一是内燃机（或车辆）使用说明书规定的油耗定额；二是各地汽车运输企业规定的油耗定额。由于我国各地的气候条件、道路条件差别很大，所以一般采用第二种油耗定额。

汽车节能的评价指标有绝对指标和相对指标两种。绝对指标是指实际节约燃料的量，以 kg 或 t 为单位。相对指标是指节约燃料量与原车消耗燃料量的比值，用 γ_1 或 γ_2 表示。

$$\gamma_1 = 1 - \frac{G_0}{G_1} \tag{1-2}$$

式中　G_0——采用节约燃料措施以后的 100km 实际消耗燃油量；
　　　G_1——原车在相同条件下的 100km 实际消耗燃油量。

$$\gamma_2 = 1 - \frac{G_0}{G_2} \tag{1-3}$$

式中　G_2——原车出厂规定的 100km 消耗燃料量。

一般采用 γ_1 与 γ_2 相结合，既反映实际节约燃料率，又与原厂指标相比较。

为了评价汽车节约燃料产品的效果，我国出台的国家标准 GB/T 14951—2007《汽车节油技术评定方法》中对汽车节油产品提出的主要指标，从不同角度对节油技术进行评价，也为节油技术的推广产品选用提供了依据。这些主要指标如下：

1）市区运输模式节油量及节油率。

2）城市间运输模式节油量及节油率。

3）快速运输模式节油量及节油率。

4）特定工况节油技术运行节油量及节油率。

5）多工况节油量及节油率。

6）汽油车CO、HC净化率。

7）柴油车烟度净化率。

8）经济效益评定系数。

9）使用节油技术的投资回收里程。

为正常推广汽车节能技术，GB/T 25348—2010《汽车节油产品使用技术条件》规定了汽车节能产品最低使用技术要求。实践表明，只有使用满足标准规定的汽车节能产品才能获得满意的节能效果。

三、汽车节能的意义

节能指的是减少能源浪费和降低废气排放。随着经济的高速发展，汽车成为人们不可缺少的交通工具，然而随之而来的环境问题与能源问题也越来越突出。如果不采取有效措施，我国石油供应安全必然面临巨大挑战。

节能减排与新能源汽车是世界各国的共同追求。汽车作为日常生活必不可少的一种交通工具，为人们提供便利的同时也成为环境污染的主要元凶之一，因此汽车节能减排问题近年来引起了越来越多人的关注。

汽车是支柱产业，也是基本的交通工具，各国政府都力求用保持汽车的发展来促进经济的发展和民众生活水平的提高。发展节能减排和新能源汽车可以在保持汽车增长的状况下降低石油消耗、保护大气环境，因此各国政府普遍把发展节能减排和新能源汽车看成实现其能源环境政策和汽车工业可持续发展的重要组成部分。

任务三　影响汽车能耗的主要因素与节能的主要途径

1. 分析汽车耗能的主要影响因素。
2. 列举汽车节能的主要途径。

影响汽车能耗的主要因素与节能的主要途径 ── 影响汽车能耗的主要因素

影响汽车能耗的主要因素与节能的主要途径 ── 汽车节能的主要途径

 情景导入

汽车由发动机、底盘、车身等总成组成。汽车的结构、性能,以及与运输对象是否匹配,汽车驾驶、维护、车用燃油及润滑油的选用,新能源技术水平等对汽车燃油消耗都有重要影响,汽车节能是一项很复杂的系统工程。

 必备知识

一、影响汽车能耗的主要因素

1. 汽车结构的影响因素

(1) 发动机　发动机油耗对汽车油耗有决定性的影响,油耗取决于发动机的结构与性能。发动机对汽车油耗的影响有 5 个方面:

1) 高压缩比、完善的供油系统及合理的燃烧室形状、采用电子点火系统等能降低发动机的油耗。

2) 柴油机压缩比高于汽油机,因此柴油机比汽油机油耗低。

3) 汽车在平路上行驶时,发动机的负荷率只有 25% 左右,发动机在油耗较高的范围内工作。为节约燃油,应使发动机工作在 80% 以上的负荷。

4) 混合动力汽车在减速、制动过程中不但可以不消耗燃油,还能回收制动能量,因为混合动力汽车可实现不同工况下较好的能量流管理,提高了汽车的燃油经济性。

5) 柴油机采用高压共轨技术,使燃油喷射系统可对喷油定时、喷油持续期、喷油压力、喷油规律等进行柔性调节,可提高柴油机传动的经济性。

(2) 传动系统的效率　传动系统的效率越高,动力传递过程能量损失越小,油耗越低。对于齿轮变速器,档位越多,发动机处于经济工况下工作的机会就越多,这样有利于提高汽车的燃油经济性。对于无级变速器,应该使发动机工作在最经济工况下,这样燃油经济性会显著提高。

(3) 汽车总质量　总质量影响汽车的滚动阻力、坡道阻力和加速阻力,对汽车的燃油经济性影响很大。试验表明:整车装备质量为 1360kg 的汽车,当总质量减少 10% 时,油耗降低 8.8%。因此,将汽车的车身轻型化(采用轻型材料,减轻汽车自重),采用轻型设计技术,使构成部件、附属品轻型化。

(4) 汽车的外形　汽车行驶克服空气阻力而消耗的功率与汽车行驶速度的三次方成正比。低速时,空气阻力对油耗影响不大,当车速超过 50km/h 时,空气阻力对油耗的影响明显。旧轿车的空气阻力系数在 0.45 左右,现代轿车的空气阻力系数为 0.30 左右,节油轿车可降至 0.2 左右。高速行驶时不打开车窗等措施都能降低空气阻力系数。

(5) 轮胎　轮胎结构对滚动阻力影响很大,改善轮胎结构,可以减小汽车的油耗。子午线轮胎可降低滚动阻力。子午线轮胎与普通斜交轮胎相比,滚动阻力下降 20%~30%。另外,轮胎的花纹及胎压对汽车的油耗有较大的影响。

2. 汽车使用的影响因素

(1) 行驶车速　中速时油耗较低,高速时汽车的行驶阻力增加,发动机负荷大,耗油

量增大。

（2）档位选择　在一定的道路上，用不同档位行驶，油耗不同。合理地选择档位使汽车处于经济工作区域。通过选择档位使发动机尽可能处在万有特性曲线的经济工作区工作。

（3）挂车的选用　拖带挂车后，提高了发动机的负荷率，百千米燃油消耗量下降。

（4）正确的维护与调整　随着运行时间的增长，汽车技术状况和性能逐渐变差，故障增多，油耗增加。发动机冷却液温度过高或过低，可使汽车油耗上升12%~15%。

汽车底盘的减速器、制动器、轴承、车轮前束调整不当，轮胎气压不足等，都会导致汽车油耗大幅度增加。

3. 新能源技术

电能、太阳能、混合动力能源等新能源汽车同样存在着节能问题，如电动汽车的电能回收利用，太阳能汽车电池板表面的清洁、太阳能电池板与阳光的位置关系等，将成为节能技术研究的重点。

汽车节能涉及能源、材料、电子技术、汽车设计制造、汽车维修、汽车使用、节能研究等诸多方面，必须协同努力，才能真正全面达到汽车节能的目标。

二、汽车节能的主要途径

汽车节能是一个系统工程，它包括车辆技术、道路辅助设施、汽车维修、汽车运用等方面。汽车节能的途径和措施非常多，现代汽车可以节能的空间很大，但要实现必须是国家重视、经济发展、国民参与、科学研究、科学管理，所以汽车节能的重任将是长期且艰巨的。

汽车节能的主要技术路线如下：

1. 道路辅助设施及汽车维修的主要节能途径与措施

（1）辅助设施及维修　改善道路设施，实现公路结构最优化，建设合理的汽车道路网，采用高速公路、汽车专用公路等。

（2）改进检修方式　检查修理方式采用计算机诊断系统，改良设备实现检修自动化。

（3）维护检验合理化　利用监控系统、燃料计量系统等进行自我诊断。

2. 车辆技术的节能途径与措施

（1）提高行驶效率　改进轮胎，减小行驶阻力和滚动阻力；使用轻型材料和轻型设计技术使车身的重量、构成部件、附属品和辅机、电气设备轻型化；利用轴承、离合器等提高驱动系统的传动效率，采用直接式自动、无级变速改进变速装置。

（2）发动机高性能化　提高发动机性能：提高热效率，改善燃烧，减少冷却损失；改善部件负荷特性；提高机械效率。开发替代发动机，采用电子控制实现最优化，研制高效率发动机循环。利用化学能、氢能和电能等新能源。

（3）能源合理化　采用涡轮增压器回收废气能，储能装置回收制动能，提高辅机效率。利用代用燃料和新能源。

3. 汽车运用的主要节能途径与措施

1）改良线路结构，使公共汽车、载货车线路最佳化。选择与运输环境相适应的车种实现公共汽车、载货车的最佳配备，统一调配协调运输。有效利用回程车运输能力，车站终点、载货车总站的整备。改善运输方式，通过运输的集中管理进行集中控制，研制新的运输系统。

2）交通流最佳化，改善城市交通管理，信号控制经路引导，车辆装载指示系统；改善高速公路的管理、经路引导、速度限制指示系统；改善交通系统，进行合乘交通系统的开发、特殊交通系统的开发和复合运输系统的开发。

3）改善驾驶培训方式，减少培训能量的消耗，利用模拟装置和视觉辅助装置。

 课后习题

1. 能源的概念和能源的特点是什么？
2. 汽车用能源有哪些？新能源有哪些？
3. 节能的本质是什么？
4. 汽车节能主要评价指标有哪些？
5. 汽车节能的意义是什么？
6. 影响汽车能耗的主要因素有哪些？其主要特点是什么？
7. 汽车节能的主要途径有哪些？

单元二 新能源汽车节能技术

 学习指南

新能源汽车主要依靠的是科技创新。新能源汽车是以新能源为动力,降低能源消耗,提高能源利用率,同时还能减少对环境的污染,实现可持续发展的新一代节能环保汽车。当今社会经济和科技快速发展,能源消耗大,能源枯竭与环境污染等问题日益明显。新能源与节能技术的有效运用能很大程度上降低能源的消耗,降低对环境的污染程度。本单元重点阐述了新能源汽车的节能技术,主要完成以下学习任务。

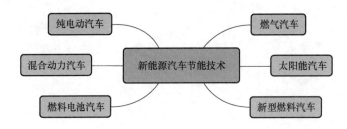

任务一　纯电动汽车

 学习目标

1. 叙述纯电动汽车的应用现状。
2. 识别纯电动汽车的类型。
3. 叙述纯电动汽车的整体结构和特点。
4. 叙述纯电动汽车的关键技术。
5. 认识典型纯电动汽车。

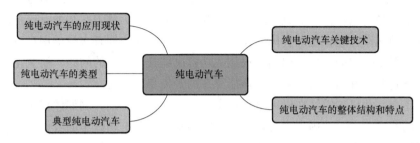

纯电动汽车（Blade Electric Vehicles，BEV）是一种采用单一蓄电池作为储能动力源的汽车。它利用蓄电池作为储能动力源，通过蓄电池向电动机提供电能，驱动电动机运转，从而推动汽车行驶。相比内燃机汽车而言，纯电动汽车不产生排气污染，对空气质量和环境都十分有利。电动机产生的噪声较小，减少了对人体的伤害。纯电动汽车的结构简单，运转部件较少，保养与维修方便。

一、纯电动汽车的应用现状

1. 纯电动汽车发展历程

纯电动汽车在电动汽车中发展时间最长。自19世纪90年代美国人制造出世界上第一辆纯电动汽车以来，20世纪初第一次达到生产高峰，占领了40%的汽车市场。在20世纪30年代中期，结束了早期的纯电动汽车生产而进入燃油汽车的黄金时期。

1974—1975年和1979—1982年欧美两次能源危机推动纯电动汽车的研制重新进入高峰。这一阶段仅有铅酸蓄电池可供使用，铅酸蓄电池体积大，质量大，能量密度小，功率密度低，充电时间长，每次充足电后续驶里程较短，再加上电力传动系统的制造成本过高等因素困扰，1997年以后绝大多数汽车公司对纯电动汽车的研发基本处于停滞状态。

第二代纯电动汽车的出现，是以汽车电力电子学的最新发展为基础的，包括高能量密度锂离子蓄电池、锂离子电容器等的发明，以及乘用车电动化技术的开发和利用等。

2. 国外纯电动汽车发展现状

（1）美国电动汽车发展现状　1991年，美国通用汽车公司、克莱斯勒汽车公司和电力研究所达成协议，成立"美国先进电池联合体"，共同致力于纯电动汽车的研究。经过13年的探索，蓄电池技术未能获得关键性突破，以通用为代表的汽车厂商不再积极鼓励发展纯电动汽车，转向了对燃料电池车的研究。

20世纪90年代中期，美国政府曾制订了发展电动车的"新一代汽车伙伴（PNGV）计划"，集中研究电池驱动的纯电动汽车。

2002年，美国能源部批准经费1500万美元，用于工业研究、开发和演示使用电池的电动汽车。于是，小型、低速、特种用途的纯电动汽车不断发展。

（2）欧洲电动汽车发展现状　步入21世纪后，电动汽车行业在欧洲迅速发展。与美国相比，欧洲更崇尚纯电动汽车。其中最为成功和著名的就是标致106车型，这种以镍镉电池为动力源的电动汽车已经在欧洲各国，尤其是在政府部门当中拥有大量的用户。虽然纯电动汽车在欧洲取得了一定的发展，但由于没能成功解决续驶里程短的问题，商业化进程相对缓慢，因而部分企业也开始致力于其他清洁能源车的开发和产业化。

目前，还有一些机构继续在做纯电动汽车方面的研究和开发，例如体现法国政府意向的法国重要的国营企业——法国电力公司与达索集团签约了纯电动汽车的合作开发项目。追随法国进行理论研究和产品开发的还有比利时，主要集中在高等院校之中，例如布鲁塞尔大学和列日大学。

（3）日本电动汽车发展现状　日本是全球范围内最早开始发展电动汽车的国家之一，也是世界上首个实现混合动力汽车量产的国家，在实现混合动力系统低燃耗、低排放和改进行驶性能方面稳居世界领先地位。

从20世纪70年代开始研发纯电动车，日本许多汽车企业都陆续进行了一些产品发布与销售，但坚持下来进行研发和销售的只有大发和铃木两家。到了20世纪90年代之后，由于环境等问题，一些大型汽车企业重新开始研发第二代纯电动车，丰田、本田、日产等陆续进行了一些产品发布与销售。日产公司由于在锂离子电池方面具有优势，其主要研发方向集中于纯电动汽车方面，并于1997年推出了全球第一辆锂离子电池电动汽车Prairie Joy。

3. 我国纯电动汽车发展现状

（1）我国电动汽车市场现状　我国作为全球第二大电动汽车市场，近年来在政府的强力推动下，电动汽车的产量和销量均实现了巨大的发展。目前，我国电动汽车销量的增长以小型车为主，而且涉足电动汽车领域的企业逐渐增多，包括北汽新能源、比亚迪、东风日产等，市场上可供选择的车型也开始丰富起来。

（2）我国电动汽车技术研发现状　"十五"和"十一五"期间，我国从维护能源安全、改善大气环境、提高汽车工业竞争力及实现我国工业的跨越式发展的战略高度出发，先后启动了"863"项目、"电动汽车重大科技专项"和"节能与电动汽车重大项目"等，投入科技经费近20亿元，形成了以纯电动、油电混合动力、燃料电池3条技术路线为"三纵"，以多能源动力总成控制系统、驱动电动机及其控制系统、电力蓄电池及其管理系统3种共性技术为"三横"的电动汽车研发格局，共计200多家整车及零部件企业、高校和科研院所参与了电动汽车专项研发。

（3）我国电动汽车技术发展现状与趋势　我国纯电动汽车的研究开始于20世纪60年代，到了20世纪90年代掀起了一股电动汽车热，部分高校、汽车研究所以及生产企业联合开发充电电池和纯电动汽车，并取得了一些成果。

在传统汽车的开发上，我国与世界先进水平相比有30年以上的差距，但在纯电动汽车技术开发上的差距并不大，几乎站在同一起跑线上，而且关键零部件技术平台相同，有专家认为研发水平最大差距不超过5年，甚至在某些领域，如锌-空气电池和锂电池研究方面，已经达到世界领先水平。

二、纯电动汽车的类型

纯电动汽车种类较多,通常按车辆用途、车载电源数目以及驱动系统的组成进行分类。

1)按照用途不同分类,纯电动汽车可分为电动轿车、电动货车和电动客车3种。

电动轿车是目前最常见的纯电动汽车,用作功率运输的电动货车比较少,但在矿山、工地及一些特殊场地,早已出现了一些大吨位的纯电动载货汽车。纯电动小客车也较少见,纯电动大客车用作公共汽车,在一些城市的公交线路以及世博会、世界性的运动会上,已经有了良好的表现。

2)按照动力源不同,纯电动汽车可分为用纯蓄电池作为动力源的和装有辅助动力源的纯电动汽车,如图2-1、图2-2所示。

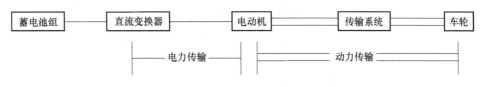

图2-1 用纯蓄电池作为动力源的纯电动汽车

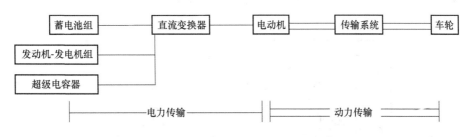

图2-2 装有辅助动力源的纯电动汽车

三、纯电动汽车的整体结构和特点

1. 纯电动汽车的整体结构

纯电动汽车主要由电力驱动及控制系统、驱动力传动等机械系统、完成既定任务的工作装置等组成,如图2-3所示。

电力驱动及控制系统是电动汽车的核心,也是区别于内燃机汽车的最大不同点,汽车行驶时,由蓄电池输出电能(电流)通过控制器驱动电动机运转,电动机输出的转矩经传动系统带动车轮前进或后退。

根据电动汽车传动形式的不同,纯电动汽车的传动方式也有所不同:

(1)配置多档传动装置和离合器的传统驱动系统(图2-4) 与传统汽车驱动系统布置方式一致,这种驱动系统带有变速器和离合器,只是将发动机换成电动机,属于改造型电动汽车。这种布置可以提高电动汽车的起动转矩,增加低速时的后备功率。

从宝马 Active E 的结构(图2-5)可以看出,除保留传统汽车所有驱动结构部件外,完全用电动机及相关动力部件取代了传统的发动机和油箱。

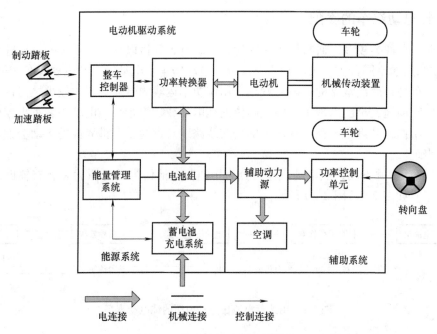

图 2-3 典型纯电动汽车的结构

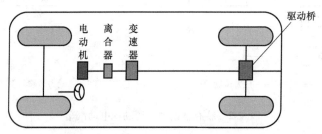

图 2-4 电动机轴与驱动轴相互垂直

（2）无离合器需求的单档传动装置（图 2-6） 此种方式取消了离合器和变速器，但继续沿用当前发动机汽车中的动力传动装置，只需要一组电动机和逆变器。这种结构依赖于电动机在大范围转速变化中所具有的恒功率特性，可用固定档的齿轮传动装置替代多档变速器，并缩减了对离合器的需要，减小了机械传动装置的尺寸和质量，且不需要换档，简化驱动系统的控制。

图 2-5 宝马 Active E 的结构

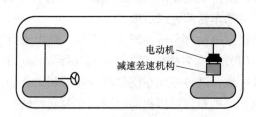

图 2-6 整体驱动桥式

(3) 固定档的传动装置和差速器的集成（图2-7） 这种布置方式将电动机安装到驱动轴上，直接由电动机实现变速和差速转换。

(4) 两个独立的电动机和带有驱动轴的固定档传动装置（图2-8） 在这种布置方案中，差速器被两个牵引电动机所替代，双侧独立驱动，转向则通过控制两个电动机以不同的转速运转来实现。

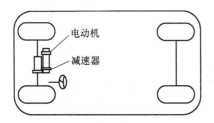

图2-7 电动机轴与驱动轴相互平行

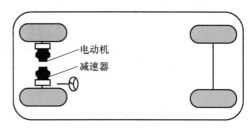

图2-8 双电动机整体驱动桥式

(5) 配置两个独立电动机和固定档传动装置的直接驱动 电动机安装在车轮内，轮式驱动，如图2-9所示。

一个薄型的行星齿轮组可用以降低电动机转速，增大转矩。该薄型行星齿轮组具有高减速比，以及输入、输出轴纵向配置的优点。

(6) 两个分离的轮式驱动形式（图2-10） 除上述设计外，部分汽车公司采取在驱动轮上设置电动机及传动装置实现动力驱动。

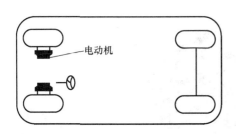

图2-9 直流驱动式电动轮

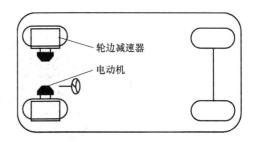

图2-10 带轮边减速器电动轮

从能量管理的角度而言，整车控制器是纯电动汽车运行的核心单元，担负着整车驱动控制、能量管理、整车安全及故障诊断和信息处理等功能，是实现纯电动汽车安全、高效运行的必要保障。整车控制策略作为整车控制器的软件部分，是整车控制器的核心部分。

2. 纯电动汽车的主要功能总成

纯电动汽车可分为3个子系统：电动机驱动子系统、能源子系统、辅助子系统。电动机驱动子系统由车辆控制器、电力电子变换器、电动机、机械传动装置和驱动车轮组成；能源子系统由能源、能量管理单元和能量的燃料供给单元构成；辅助子系统由功率控制单元、空调控制单元和辅助电源组成。

从结构上而言，纯电动系统的核心部件包括动力电池组、驱动电动机及其控制器，如图2-11所示。

(1) 动力电池组 纯电动汽车的能量来源是动力电池组（图2-12），其体积、比能量、

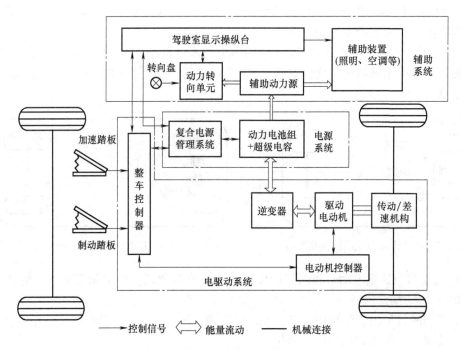

图 2-11 纯电动汽车的主要功能总成

比功率、充放电循环寿命直接影响整车的行驶性能。

图 2-12 动力电池组、蓄电池及电驱系统

（2）驱动电动机及其控制器（图 2-13） 驱动电动机的作用是将电源的电能转化为机械能，通过传动装置或直接驱动车轮和工作装置。

由于汽车工况复杂多变，以及成本、空间的限制，纯电动汽车电动机的输出力也受到制约，因此电动汽车对电动机的要求较高，较其他类型汽车有所不同，要求电动机具有高密度，小型轻量化，高效率，可靠性、耐久性、适应性强，低速高转矩和高速恒功率的宽调度，低噪声与低成本等特点。

图 2-13 驱动电动机及其控制器

3. 纯电动汽车的特点

(1) 优点

1) 零排放：纯电动汽车使用电能，在行驶中无废气排出，不污染环境。

2) 能源效率高：电动汽车的能源效率已超过汽油机汽车，特别是在城市中运行，电动汽车更为适宜。电动汽车停止时不消耗电量，在制动过程中，电动机可以自动转换为发电机，实现制动减速时能量的再利用。

3) 结构简单：因为使用单一电能源，省去了发动机、油箱、冷却系统和排气系统等。

4) 噪声低：电动汽车无内燃机产生的噪声，电动机噪声也比内燃机小。

5) 节约能源：电动汽车的应用可有效减少对石油资源的依赖，可将有限的石油用于更重要的方面。向蓄电池充电的电力可以由煤炭、天然气、水力、核能、太阳能、风力和潮汐等能源转化。

(2) 缺点 纯电动汽车续驶里程较短，采用蓄电池及电动机控制器成本较高，充电时间长，维护成本较高，蓄电池寿命短等。

四、纯电动汽车关键技术

纯电动汽车的关键技术包括动力电池技术、电力驱动及其控制技术、整车技术与能量管理技术。

(1) 动力电池技术 动力电池是电动汽车的动力源泉，也是一直制约电动汽车发展的关键因素。电动汽车用电池的主要性能指标有比能量、能量密度、比功率、循环寿命和成本等。电动汽车与燃油汽车相比，关键是要开发出比能量高、比功率大、使用寿命长的高效电池。

纯电动汽车电池管理系统作为电池系统的重要组成部分，具有实时监控电池状态、优化使用电池能量、延长电池寿命和保证电池使用安全等重要作用。电池管理系统对整车的安全运行、整车控制策略的选择、充电模式的选择以及运营成本都有很大的影响。电池管理系统无论在车辆运行过程中还是在充电过程中都要可靠地完成电池状态的实时监控和故障诊断，并通过总线的方式告知车辆集成控制器或充电机，以便采用更加合理的控制策略，达到有效且高效使用电池的目的。

电池管理系统采用集散式系统结构，每套电池管理系统由1台中央控制模块（又称为主机）和10个电池测控模块（又称为从机）组成。电池管理系统检测模块安装在电池箱前面板内，电池管理系统主控模块安装在车辆尾部高压设备仓内。

电池管理系统的功能有：电池电压的检测；电池温度的检测；电池组工作电流的检测；绝缘电阻的检测；冷却风机的控制；充、放电次数的记录；电池组SOC的估测；电池故障分析与在线报警（主要针对电池组中的单个蓄电池进行诊断，以便用户适时维护、更换，使汽车保持良好的运行工况）；各箱电池充、放电次数的记录；各箱电池离散性的评价；与车载设备进行通信，为整车控制提供必要的电池数据；显示报警功能（经ECU运算处理后，把电池运行工况等相关信息发送到显示单元，进行人机交互处理）；与充电机进行通信，安全实现电池的充电；由简易的设备实现纯电动汽车电池管理系统的初始化功能，能满足电池快速更换以及电池箱重新编组的需要。

比亚迪铁电池技术特点

（1）绿色环保，零污染　该电池不含任何重金属与稀有金属（镍氢电池需稀有金属），无毒（SGS 认证通过），零污染、零排放，符合规定，为绿色环保电池。铅酸电池在生产过程中有重金属污染，在使用过程中有酸雾排放，在回收过程中若处理不当，仍将对环境造成二次污染。而铁电池因其绿色环保性能被列入了"十五"期间的"863"国家高科技发展计划，成为国家重点支持和鼓励发展的项目。

（2）长寿命　比亚迪铁电池在循环充放电 4000 次之后，容量保持率仍超过 75%，而同质量的铅酸电池是"新半年、旧半年、维护维护又半年"，寿命最长也就 1.5 年时间。但是，铁电池在同样条件下使用，寿命将超过 10 年，在使用生命周期内无须更换。综合考虑，性能价格比将为铅酸电池的 4 倍以上。

（3）高安全　比亚迪铁电池解决了钴酸锂电池和锰酸锂电池的安全隐患问题，能经受严酷的环境考验，无论针刺、火烧、挤压、碰撞等均不会产生爆炸，是新能源车辆动力电池的首选。

（4）高效率　比亚迪铁电池充电效率高达 98%，并可进行 100%DOD 放电，而传统的铅酸电池充电效率仅为 60% 左右，放电效率也不超过 70%，随着使用时间的延长，铅酸电池的充放电效率下降速度很快，铁电池的充放电效率与次数的曲线平缓，因此在工业车辆行业，同等吨位的叉车，铅酸电池叉车必须要配备比铁电池叉车容量大得多的电池。

（5）可大功率充放电　铁电池可以进行 2C 大倍率充电和 5C 大倍率放电，就充电时间而言，比亚迪铁电池彻底解决了目前行业中蓄电池充电时间过长的问题（传统的铅酸电池需要 8~12h），最快可 1h 充满。

（6）适合高低温工作环境　铁电池电热峰值可达 350~500℃（锰酸锂电池和钴酸锂电池只在 200℃ 左右），工作温度范围宽（-20~60℃），所以即使在冷库中也可以正常放电，解决了目前铅酸电池叉车在冷库中工作时间短的问题。

（7）免维护　比亚迪铁电池采用全封闭包装设计，无须进行任何的维护，传统的铅酸电池则需要经常添加电解液进行维护，如果维护不当还会大大影响电池的寿命。

（2）电力驱动及其控制技术　电动机与驱动系统是电动汽车的关键部件，要使电动汽车具有良好的使用性能，驱动电动机应具有调速范围宽、转速高、起动转矩大、体积小、质量小、效率高且有动态制动强和能量回馈等特性。

电动机是电动汽车动力的发起点。对电动机的基本要求是：电动机要频繁地起动/停止、加速/减速；低速或爬坡时要求高转矩；高速行驶时要求低转矩，并且变速范围大以及较宽的转速范围和转矩范围内都要有较高效率；工作可靠性高；稳态精度高；动态性能好且工作环境要求不苛刻。

目前运用于电动汽车上的电动机主要包括直流电动机、交流电动机、永磁同步电动机、开关磁阻电动机。

对于永磁同步电动机，其具有高效率、高控制精度、高转矩密度、良好的转矩平稳性，且体积小、质量小、运行可靠、调速范围宽、机械特性适应性高，足以满足电动汽车运行要求。目前这种电动机已在多款纯电动车上使用，正受到国内外汽车界的高度重视，是最具竞争力的驱动电动机之一。

（3）整车技术　电动汽车是高科技综合性产品，除电池、电动机外，车体本身也包含很多高新技术，有些节能措施比提高电池储能能力还易于实现。

采用轻质材料如镁、铝、优质钢材及复合材料，优化结构，可使汽车自身质量减小30%~50%；实现制动、下坡和怠速时的能量回收；采用高弹滞材料制成的高气压子午线轮胎，可使汽车的滚动阻力减少50%；汽车车身特别是汽车底部更加流线形化，可使汽车的空气阻力减少50%。

整车控制系统由整车控制器、通信系统、部件控制器以及驾驶人操纵系统构成，如图2-14所示，主要功能是根据驾驶人的操作和当前的工况，在保证安全和动力性要求的前提下选择尽可能优化的工作模式。

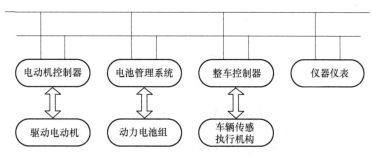

图2-14　整车控制系统组成

纯电动汽车的整车控制技术的核心是根据驾驶人的动作，综合整车动力系统状态，根据行驶条件计算电动机所需要提供的转矩，从而向电动机驱动系统发出信号，满足行驶要求。

基于不同行驶条件下对转矩的要求，整车控制策略分为加速转矩控制动能回收、驱动转矩的功率限制、怠速行驶等功能。图2-15所示为某纯电动汽车整车控制策略下驱动转矩的控制策略。

（4）能量管理技术　蓄电池是电动汽车的储能动力源。电动汽车要获得非常好的动力特性，必须将比能量高、使用寿命长、比功率大的蓄电池作为动力源。能量管理系统是电动汽车的智能核心，在电动汽车上实现能量管理的难点在于如何根据所采集的每个电池单元的电压、温度和充放电电流的历史数据，来建立能够精确计算电池单元瞬时能量的数学模型。

电动汽车的车载能量有限，行驶里程远远达不到内燃机汽车的水平。能量管理系统的目的就是要最大限度地利用有限的车载能量，增加行驶里程。能量管理系统的功能是实现：优化系统的能量分配，预测电动汽车电源的剩余能量，再生制动时合理地调整再生能量。能量管理系统如同电动汽车的大脑，同时具有功能多、灵活性好、适应性强的特点，它能智能地利用有限的车载能量。

目前电池管理技术正朝着集成化、自动化、智能化管理的方向发展，其充电监控、电池荷电状态（SOC）估算、电池健康状态（SOH）预测及热管理技术也随着计算机技术及通信技术的发展不断取得进步，综合多种控制策略的管理方法也将成为未来电池管理的发展方向。

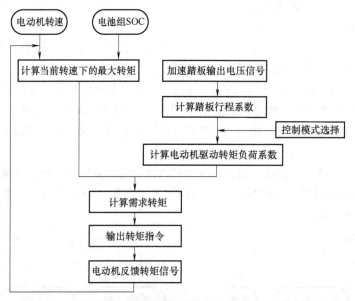

图 2-15 某纯电动汽车整车控制策略下驱动转矩的控制策略

1）纯电动汽车的能量管理系统通常有以下要求：

① 实时测量电池组电池单元的电压，并能够对电压值的大小是否合适做出相应的指示。

② 实时测量电池组的工作电流，并通过车载计算机进行电池荷电状态值的计算。

③ 实时测量电池组的工作温度，并对各种测量值进行温度系数校正。

④ 对异常的电池单元能够进行故障诊断，并实时报告故障电池信息。

⑤ 能够对独立电池单元电压实现均衡充、放电管理，保证电池组中单体电池性能一致。

⑥ 电池电压采集模块与整车控制器间实现电压隔离，利用通信网络实现实时数据传输与电池数据共享。

2）整体结构与常规功能：纯电动汽车电池管理系统具有智能性的特点，其总体结构如图 2-16 所示。

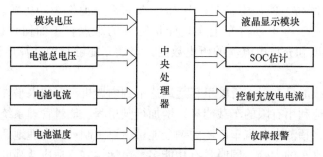

图 2-16 电池能量管理系统的总体结构

根据以上设计要求，通常电动汽车电池能源管理系统具有预测电池剩余电量、预测剩余行驶里程、故障诊断、短路保护、显示报警及实时监测电池运行状态参数等功能，而且系统可以根据运算及判断结果对运行工况进行智能调节。

燃油汽车的制动过程通常是利用制动装置将汽车行驶的动能通过机械摩擦方式转化为热

能而散发掉，达到汽车制动或减速的目的。对纯电动汽车而言，这些能量需通过相应设备转化为电能储存到动力电池组中，从而延长纯电动汽车的续驶里程。

制动能量回收（Braking Energy Recovery）就是把电动汽车电动机的无用的、不需要的或有害的惯性转动产生的动能转化为电能，并回馈蓄电池（图2-17），同时产生制动力矩，使电

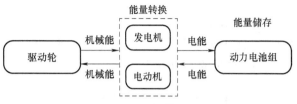

图2-17 制动能量回收

动机快速停止无用的惯性转动。这个总过程也称为再生制动。制动能量回收已经成为纯电动汽车、混合动力汽车等新能源汽车必备功能。

影响电动汽车再生制动的因素有许多，主要包括行驶工况、制动安全性要求、车辆驱动型式、电动机类型和存储系统。

例如，沃尔沃（Volvo）汽车公司于2011年测试其飞轮动能回收系统（Kinetic Energy Recovery System，KERS）（图2-18），这套系统安装在汽车的后轴上。当汽车减速时，产生的制动能量使飞轮以最高达6000r/min的转速旋转。当汽车再次起步时，飞轮的转动通过一个特殊设计的传动装置传到后轮。

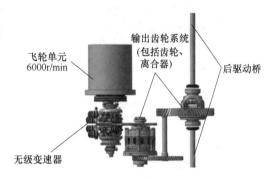

图2-18 沃尔沃汽车飞轮动能回收系统

五、典型纯电动汽车

1. 比亚迪E6及ET-POWER铁电池（图2-19）

比亚迪E6采用电力驱动，其动力电池和起动电池均采用比亚迪自主研发生产的ET-POWER铁电池（以磷酸锂钴铁电池为动力源），同时装配了终身免维护的永磁电动机，它是一款纯电动四驱轿车。目前，比亚迪E6已通过国家强制碰撞试验，比亚迪做了大量测试，包括8~10万km道路耐久试验，以及在软件控制等方面都有了很大的改进。

图2-19 比亚迪E6及ET-POWER铁电池

2. 日产LEAF

日产LEAF为五门五座掀背轿车，以层叠式紧凑型锂离子电池为动力源，在完全充电情况下可实现更长的巡航里程。采用家用交流电，大约需要8h可以将电池充满，而10min的快速充电，便可提供其短途行驶的用电量。

LEAF因其卓越的性能，多次获得"最佳新能源汽车"称号，其底盘布置如图2-20所示。2011年，东风日产引进此款车型，并在此基础上，自主开发了启辰E30纯电动汽车。

日产LEAF是在原有车型骐达基础上开发的，采用了电动车专用底盘，整车的核心功能部件是控制单元（含逆变器）、驱动电动机、动力电池组。LEAF汽车在正常行驶时通常由锂离

子电池输出电能经由逆变器转化后,输送到驱动电动机,驱动电动机继而驱动车轮转动,带动整车行驶。当汽车减速时,电机回收能量进行发电,通过逆变器对动力电池组进行充电。

日产 LEAF 的复合仪表(图 2-21)上层主要包括环保驾驶指示器和速度、环境条件(温度)信息显示;下层则包含了电池参数(温度、容量、余量、可续驶距离)显示、功率计以及用于提示的多功能显示器。

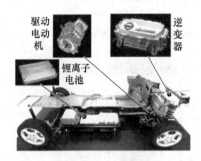

图 2-20　LEAF 底盘布置

图 2-21　日产 LEAF 的复合仪表

3. 三菱 i-MiEV 电动车

三菱 i-MiEV 电动车采用高效能锂离子蓄电池组。该蓄电池组输出电压为 330V,额定容量为 16kW·h,由 88 个锂离子蓄电池单元组成,搭载一台体积小、质量小的永磁电动机,最大功率为 47kW,最大转矩为 180N·m。

4. 特斯拉(Tesla)电动汽车

特斯拉自 2006 年首款纯电动跑车 Roadster 上市以来,先后开发了 Model S(后驱、全驱)、Model X(全驱)系列车型,奠定了在高端电动汽车领域的领先地位。图 2-22 所示为特斯拉电动汽车的电池。

图 2-22　特斯拉电动汽车的电池

任务二　混合动力汽车

学习目标

1. 叙述混合动力汽车的概念与应用现状。
2. 识别混合动力汽车的类型。
3. 叙述混合动力汽车的特点。
4. 分析混合动力汽车的节油控制策略。
5. 简述混合动力汽车的结构与工作原理。
6. 认识典型混合动力汽车。

任务导图

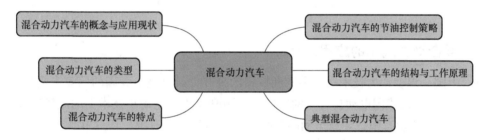

情景导入

当前普遍使用的燃油发动机汽车存在种种弊病，废气排放严重污染环境。20 世纪 90 年代以来，世界各国对改善环境的呼声日益高涨，各种各样的新能源汽车脱颖而出，但是目前的电池技术问题阻碍了纯电动汽车的应用。所以，现阶段由于混合动力汽车具有节能、低排放等特点而成为汽车研究与开发的一个重点，并开始商业化。

必备知识

一、混合动力汽车的概念

混合动力汽车（Hybrid Vehicle）是指驱动系统由两个或多个能同时运转的单个驱动系统联合组成的车辆，车辆的行驶功率依据实际的车辆行驶状态由单个驱动系统单独或共同提供。通常混合动力汽车是指油电混合动力汽车（Hybrid Electric Vehicle，HEV），即采用传统的内燃机（柴油机或汽油机）和电动机作为动力源，也有的发动机经过改造使用其他替代燃料，例如压缩天然气、丙烷和乙醇燃料等。目前的混合动力汽车一般采用内燃机和电动机作为动力源。

混合动力汽车的节能、低排放等特点引起了汽车界的极大关注,并成为汽车研究与开发的一个重点。混合动力装置有发动机持续工作时间长,动力性好的优点,又有电动机无污染、低噪声的好处,取长补短,汽车的热效率可提高10%以上,废气排放可改善30%以上。图2-23所示为混合动力系统能量分配情况。

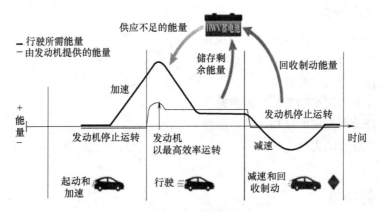

图 2-23　混合动力系统能量分配情况

二、混合动力汽车的应用现状

(1) 中国　混合动力技术概念和专利授权的公开,最早是由我国的国家专利局实现的。20世纪90年代末,我国电动自行车的应用开发刚刚起步。电动车技术上的瓶颈首先就暴露出来,即电池的能量有限,导致车辆的功率和行驶里程极其有限。1997年1月27日国家专利局受理了我国第一个有关混合动力车的专利申请并于1998年7月7日获得国家专利局授权并公开。但是,由于当时我国的经济发展水平和制造业条件的限制,这个新概念和技术没有机会在我国发展起来。

目前,我国各大汽车集团都在进行混合动力电动汽车的研发,多数以混合动力电动客车为主,这种研发方向符合我国国情,有利于我国新能源汽车的研究发展。与此同时,新能源汽车作为未来汽车的主要发展方向,国家一向给予支持和鼓励,如《汽车产业发展政策》《"十一五"汽车产业发展规划》等政策和文件都鼓励清洁汽车、代用燃料及汽车节油技术的发展。

(2) 日本　从世界范围内的整体形势来看,日本是电动汽车技术发展速度最快的国家之一,特别是在发展混合动力汽车方面,日本居世界领先地位。世界上能够批量产销混合动力汽车的企业,只有日本的丰田和本田两家汽车公司。1997年12月,日本市场上推出了世界上第一款批量生产的混合动力轿车。日本在实现混合动力系统的低能耗、低排放和改进行驶性能方面已经走在了世界的前列。

(3) 美国　美国三大汽车公司只是小批量生产、销售过纯电动汽车,而混合动力和燃料电池电动汽车还未能实现产业化。美国能源部与三大汽车公司于1993年签订了混合动力电动汽车开发合同,进行为期5年的研发工作,并于1998年在北美国际汽车展上展出了样车。2004年,通用汽车公司与戴姆勒-克莱斯勒公司对外宣布双方将在开发混合动力电动汽车的技术领域携手,共同推进此项技术的发展。

三、混合动力汽车的类型

混合动力是使用燃油驱动和电力驱动两种驱动方式，优点在于车辆起动及停止时，只靠电动机带动，不达到一定速度，发动机就不工作，因此，便能使发动机一直保持在最佳工况状态，动力性好，排放量很低，而且电能的来源都是发动机，只需加油即可。

混合动力汽车的关键是混合动力系统，它的性能直接关系到混合动力汽车整车性能。经过 10 多年的发展，混合动力系统总成已从原来发动机与电动机离散结构向发动机、电动机和变速器一体化结构发展，即集成化混合动力总成系统。

1. 根据混合动力驱动的连接方式分类

一般把混合动力汽车分为以下三类：

（1）串联式混合动力汽车（SHEV） 其主要由发动机、发电机、驱动电动机三大动力总成用串联方式组成了 HEV 的动力系统，如图 2-24 所示。其动力流程如图 2-25 所示。

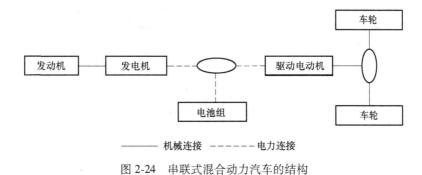

图 2-24 串联式混合动力汽车的结构

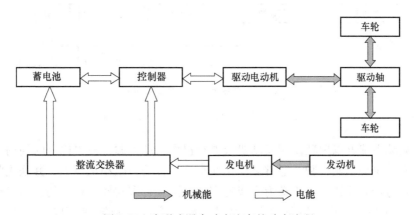

图 2-25 串联式混合动力汽车的动力流程

串联式混合动力汽车的发动机能够经常保持在稳定、高效、低污染的运转状态，使有害气体的排放被控制在最低范围，能量转换的效率要比内燃机汽车低，故串联式混合动力驱动系统较适合在大型客车上使用。图 2-26 所示为沃蓝达 volt 混合动力系统。

（2）并联式混合动力汽车（PHEV） 并联式混合动力汽车的发动机和发电机都是动力总成，两大动力总成的功率可以互相叠加输出，也可以单独输出。其结构和动力流程如图 2-27 和图 2-28 所示。

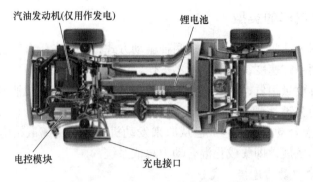

图 2-26 沃蓝达 volt 混合动力系统

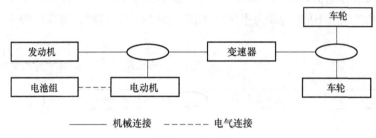

图 2-27 并联式混合动力汽车的结构

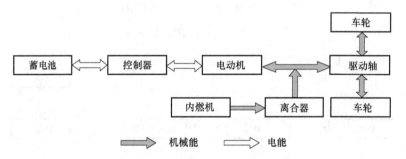

图 2-28 并联式混合动力汽车的动力流程

并联式驱动系统可以单独使用发动机或电动机作为动力源，也可以同时使用电动机和发动机作为动力源驱动车辆行驶，通常被应用在小型混合动力电动汽车上。并联式驱动系统的主要元件为动力合成装置，由于动力合成的实现方法具有多样性，相应的动力传动系统结构也多种多样，通常可将其分为驱动力合成式、转矩合成式和转速合成式三类，如图 2-29 所示。

(3) 混动式混合动力汽车（PSHEV） 综合了串联式和并联式的结构而组成的电动汽车，其主要由发动机、电动-发电机和驱动电动机三大动力总成组成，如图 2-30 所示。其动力流程如图 2-31 所示。

混联式驱动系统充分发挥了串联式和并联式的优点，能够使发动机、发电机、电动机等部件进行更多的优化匹配，从而在结构上保证了在更复杂的工况下使系统在最优状态工作，所以更容易实现排放和油耗的控制目标，因此是最具影响力的混合动力汽车。

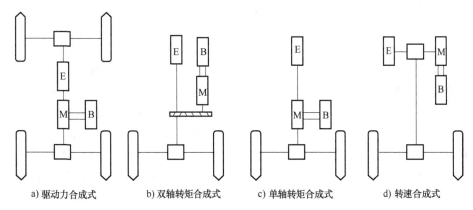

a) 驱动力合成式　　b) 双轴转矩合成式　　c) 单轴转矩合成式　　d) 转速合成式

图 2-29　并联式混合动力汽车的驱动方式

E—发动机　M—电动机　B—蓄电池

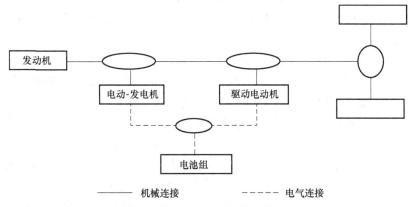

——— 机械连接　　----- 电气连接

图 2-30　混联式混合动力汽车的结构

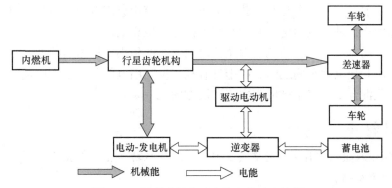

图 2-31　混联式混合动力汽车的动力流程

2. 根据混合动力系统中混合度的不同分类

混合动力汽车可以分为以下 5 类：

（1）微混合型混合动力汽车　微混合型混合动力汽车（采用微混合动力系统）以发动机为主要动力源，电动机作为辅助动力源，具备制动能量回收功能。电动机的峰值功率与总功率的比值小于 10%。仅具有停车怠速停机功能的汽车也可称为微混合型混合动力汽车。

代表车型是标致的混合动力版 C3 和丰田的混合动力版威姿。从严格意义上来讲，这种微混合动力系统的汽车不属于真正的混合动力汽车，因为它的电动机并没有为汽车行驶提供持续的动力。

（2）轻度混合型混合动力汽车　轻度混合型混合动力汽车（采用轻混合动力系统）以发动机为主要动力源，电动机作为辅助动力，在车辆加速和爬坡时，电动机可向车辆行驶系统提供辅助驱动力矩。一般情况下，电动机的峰值功率与总功率的比值大于 10%。

代表车型是通用的混合动力皮卡车。轻混合动力系统除了能够实现用发电机控制发动机的起动和停止外，还能够实现：在减速和制动工况下，对部分能量进行吸收；在行驶过程中，发动机等速运转，发动机产生的能量可以在车轮的驱动需求和发电机的充电需求之间进行调节。轻混合动力系统的混合度一般在 20% 以下。

（3）中度混合型混合动力汽车　中度混合型混合动力汽车采用中混合动力系统，本田旗下混合动力的 Insight，雅阁和思域都采用了这种系统。中混合动力系统采用的是高压电动机。另外，中混合动力系统还增加了一个功能：在汽车处于加速或者大负荷工况时，电动机能够辅助驱动车轮，补充发动机本身动力输出的不足，从而更好地提高整车的性能。这种系统的混合程度较高，可以达到 30% 左右，目前技术已经成熟，应用广泛。

（4）重度混合型混合动力汽车　重度混合（强混合）型混合动力汽车（采用重混合动力系统）是以发动机和/或电动机为动力源，一般情况下，电动机的峰值功率和总功率的比值大于 30%，且电动机可以独立驱动车辆正常行驶。

丰田的普锐斯和 Estima 属于完全混合动力系统。该系统采用了 272~650V 的高压起动电动机，混合程度更高。与中混合动力系统相比，完全混合动力系统的混合度可以达到甚至超过 50%。技术的发展将使完全混合动力系统逐渐成为混合动力技术的主要发展方向。

（5）插电式混合动力汽车　插电式混合动力汽车可以利用电网对动力电池充电，也可以使用纯电动模式驱动车辆行驶，而且纯电动模式行驶里程较长；电能不足时，车辆仍然可以重度混合模式行驶。

一般插电式混合动力轿车都有车载充电机，可以使用家用电源为电池充电，而插电式混合动力公交车由于行驶路线固定，通常利用外接充电机充电。

插电式混合动力汽车的电动机功率比电电动汽车的稍小，动力电池的容量介于重度混合型混合动力汽车和纯电动车辆之间。由于具有利用夜间用电低谷对动力电池充电、降低排放等优势，插电式混合动力汽车已成为主流发展方向之一。

根据国际能源组织（IEA）的有关文献，"能量与功率传送路线"具有如下特点的车辆称为混合动力车辆。

① 传送到车轮推进车辆运动的能量，至少来自两种不同的能量转换装置（例如：内燃机、燃气涡轮、斯特林发动机、电动机和燃料电池等）。

② 这些能量转换装置至少要从两种不同的能量储存装置（例如：燃油箱、蓄电池、飞轮、超级电容、高压储氢罐等）吸取能量。

③ 从储能装置流向车轮的这些通道，至少有一条是可逆的。

3. 按照外接充电能力分类

（1）外接充电型混合动力汽车　一种在正常使用情况下可从非车载装置中获取电能量的混合动力汽车。仅当制造厂在其提供的使用说明书中或者以其他明确的方式推荐或要求进行车外充电时，混合动力汽车方可认为是"外接充电型"的。仅用作不定期的储能装置电量调节或维护目的而非用作常规的车外能量补充，即使有车外充电能力，也不认为是"外接充电型"的车辆。插电式混合动力电动汽车属于此类型。

（2）非外接充电型混合动力电动汽车　一种在正常使用情况下从车载燃料中获取全部能量的混合动力汽车。

4. 按行驶模式的选择方式分类

（1）有手动选择功能的混合动力汽车　具备行驶模式手动选择功能，车辆可选择的行驶模式包括发动机模式、纯电动模式和混合动力模式三种。

（2）无手动选择功能的混合动力汽车　不具备行驶模式手动选择功能，车辆的行驶模式根据不同工况自动切换。

5. 其他划分形式

按照可再充电能量储存系统的不同可以划分为（但不限于）以下类型：动力蓄电池混合动力汽车、超级电容器混合动力汽车、机电飞轮混合动力汽车、动力蓄电池与超级电容器组合式混合动力汽车。

混合动力汽车按照其技术特征、燃料类型、功能结构和车辆用途等因素还可有其他划分形式。

四、混合动力汽车的特点

1. 混合动力汽车与纯电动汽车对比

1）由于有原动机作为辅助动力，蓄电池的数量和质量可减少，因此汽车自身重量可以减小；电池组的小型化使混合动力汽车的成本和重量低于纯电动汽车。

2）汽车的续驶里程和动力性可达到内燃机的水平。

3）借助原动机的动力，可带动空调、真空助力、转向助力及其他辅助电器，无须消耗蓄电池组有限的电能，从而保证了驾车和乘坐的舒适性。

2. 混合动力汽车与内燃机汽车的对比

1）可使发动机在最佳的工况区域稳定运行，避免或减少了发动机在变工况下的不良运行；充分燃烧，使得发动机的排污和油耗大为降低，起步无怠速（怠速停机）。

2）在人口密集的商业区、居民区等地可用纯电动方式驱动车辆，实现零排放。

3）可通过电动机提供动力，因此可配备功率较小的发动机，并可通过电动机回收汽车减速和制动时的能量，进一步降低汽车的能量消耗和排污。

4）不需要外部充电系统，一次充电续驶里程、基础设施等问题均可以得到解决。

5）采用混合动力后可按平均需用的功率来确定内燃机的最大功率，此时处于油耗低、污染少的最优工况下工作。需要大功率而内燃机功率不足时，由电池来补充；负荷小时，富余的功率可发电给电池充电。

在目前的技术水平和应用条件下，混合动力汽车是新能源汽车中最具有产业化和市场化前景的车型。混合动力汽车采用内燃机和电动机作为混合动力源，它既有燃料发动机动力性好、反应速度快和工作时间长的优点，又有电动机无污染和低噪声的好处，达到了发动机和电动机的最佳匹配。混合动力汽车的缺点是长距离高速行驶基本不能省油。

五、混合动力汽车的节油控制策略

表 2-1 为混合动力汽车的节油控制策略。

表 2-1　混合动力汽车的节油控制策略

序号	控制策略	功能具体描述	节油贡献度（%）
1	发动机起停	消除停车时的发动机怠速，降低油耗	3~5
2	纯电动驱动	（1）车辆低速行驶时，电动机驱动，解决发动机小负荷运行时的低效率问题 （2）发动机停机，达到零油耗和零排放	5~10
3	电动机助力	（1）急加速行驶时，电动机助力，保障必需的加速性 （2）利于发动机维持在经济区运行 （3）后置电动机可以保持动力无中断，改善平顺性	5~8
4	发动机单独驱动	正常行驶时发动机单独驱动	5~10
5	发动机驱动并充电	（1）发动机驱动，同时，电动机发电，维持发动机工作在经济区 （2）电池充电，维持电量平衡	5~7
6	再生制动	（1）滑行、制动时，电动机按比例再生发电，充分回收制动能量 （2）对于轿车，更需要与 ABS/EBS 协调控制	7~10

六、混合动力汽车的结构与工作原理

1. 混合动力汽车的结构

混合动力汽车的动力系统主要由控制系统、驱动系统、辅助动力系统和电池组等部分构成。

（1）混合动力汽车的发动机　发动机功率大，燃油经济性和排放性能差。发动机功率小，电动机功率大，电池容量和成本增加，仅依靠发动机的富裕功率难以维持电池组的额定电量，限制了车辆的续驶里程。

能满足原车动力性能要求的小功率发动机，这样既可以降低发动机的排量又可以提高发动机的负荷率，有利于排放和燃油经济性。同普通动力传动系统相比，混合动力汽车发动机可限制在某一特定区域内工作，特定区域的选择可考虑使发动机燃油消耗量最小和尾气污染物排放最少。

发动机的最高转速过高，会加剧部件之间的磨损，进而降低发动机效率；而最高转速过低，会造成最高车速降低。通过对现有中小功率发动机进行分析，设计的发动机最高转速为 6000r/min。

（2）电动机　电动机是电动汽车的心脏，对于混合动力电动汽车来说，电动机的重要

性与发动机是等同的。混合动力电动汽车对驱动电动机的要求是能量密度高、体积小、重量轻、效率高。

从发展趋势来看,电驱动系统的研发主要集中在交流异步电动机和永磁同步电动机上,对于高速、匀速行驶工况,采用异步电动机驱动较为合适;而对于经常起动、停车、低速运行的城市工况,永磁同步电动机驱动效率较高。

驱动电动机的控制技术包括大功率电子器件、转换器、微处理器以及电动机控制算法等。

(3) 动力电池　混合动力汽车使用的电池工作负荷大,对功率密度要求较高,但体积和容量小,而且电池的 SOC 工作区间较窄,对循环寿命要求高。

动力电池是混合动力汽车的基本组成单元,其性能直接影响驱动电动机的性能,从而影响整车的燃油经济性和排放性能。

(4) 底盘系统　能量再生制动回收是混合动力汽车提高燃油经济性的又一重要途径。由于制动关系到行车安全性,再生制动回收系统与车辆防抱死制动系统的结合,可以完美地在最大限度回收制动时的车辆动能与保证安全的制动距离和车辆行驶稳定性之间取得平衡。

2. 混合动力汽车的工作原理

在此以串联式混合动力汽车为例,介绍混合动力汽车的工作原理。

在车辆行驶之初,蓄电池处于电量饱满状态,其能量输出可以满足车辆要求,辅助动力系统不需要工作。电池电量低于 60% 时,辅助动力系统起动;当车辆能量需求较大时,辅助动力系统与蓄电池组同时为驱动系统提供能量;当车辆能量需求较小时,辅助动力系统为驱动系统提供能量的同时,还对蓄电池组进行充电。

混合动力汽车采用能够满足汽车巡航需要的较小发动机,依靠电动机或其他辅助装置提供加速与爬坡所需的附加动力。混合动力汽车可回收制动能量。在传统汽车中,当驾驶人踩下制动踏板时,这种本可用来给汽车加速的能量作为热量被白白散发掉了。而混合动力汽车却能回收这部分能量,并将其暂时贮存起来供加速时使用。当驾驶人想要有最大的加速度时,汽油发动机和电动机并联工作,提供可与强大的汽油发动机相当的起步性能。在对加速性要求不太高的场合,混合动力汽车可以单靠电动机行驶,或者单靠汽油发动机行驶,或者两者结合以取得最大的效率。在公路上巡航时使用汽油发动机,而在低速行驶时,可以单靠电动机拖动,不用汽油发动机辅助。即使在发动机关闭时电动转向助力系统仍可保持操纵功能,提供比传统液压系统更大的效率。

七、典型混合动力汽车

1. 串联式混合动力汽车的结构与工作原理

(1) 基本结构　如图 2-32 所示,串联式混合动力汽车的动力系统由发动机、发电机和电动机三部分动力总成组成,它们之间用串联方式组成 SHEV 动力单元系统,发动机驱动发电机发电,电能通过控制器输送到电池或电动机,由电动机通过变速机构驱动汽车。小负荷时由电池驱动电动机驱动车轮,大负荷时由发动机带动发电机发电驱动电动机。当车辆处于起动、加速、爬坡工况时,发动机、电动机组和电池组共同向电动机提供电能;当电动车处于低速、滑行、怠速工况时,则由电池组驱动电动机,当电池组缺电时则由发动机-发电机组向电池组充电。

(2) 串联式混合动力汽车驱动系统的三种基本控制模式

1) 主要利用电池来驱动车辆,仅当 SOC 降低到最小限值时,发动机才起动,发动机在最高效率区以输出恒定功率的方式工作,当 SOC 回升到最大限值时发动机关机。

2) "负荷跟随" 控制模式。

3) 上述两种控制模式的一个折中方案。

(3) 串联式混合动力汽车的优点

1) 串联式结构适用于城市内频繁起步和低速运行工况,可以将发动机调整在最佳工况点附近稳定运转,发动机能够经常保持在稳定、高效、低污染的运转状态,使有害气体排放控制在最低范围。

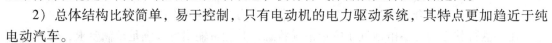

图 2-32 串联式混合动力汽车动力系统的结构

1—发动机 2—发电机 3—动力蓄电池 4—变压器 5—电动机
6—驱动轮 7—减速器

2) 总体结构比较简单,易于控制,只有电动机的电力驱动系统,其特点更加趋近于纯电动汽车。

3) 串联式结构由发动机、发电机和驱动电动机三大主要部件总成在电动汽车上布置起来,有较大的自由度。

(4) 串联式混合动力汽车的缺点

1) 三大部件总成各自的功率较大,外形较大,质量也较大,在中小型汽车上布置有一定的困难。

2) 在发动机—发电机—电动机驱动系统中的热能—电能—机械能的能量转换过程中,能量损失较大,机械效率较低。

例如,通用汽车公司 Series-SHEV 汽车的结构如图 2-33 所示。

2. 并联式混合动力汽车的结构与工作原理

(1) 基本结构 图 2-34 所示为并联式混合动力汽车动力系统的结构。并联式装置的发动机和电动机共同驱动汽车,发动机与电动机分属两套系统,可以分别独立地向汽车传动系统提供转矩,在不同的路面上既可以共同驱动又可以单独驱动。当汽车加速爬坡时,电动机

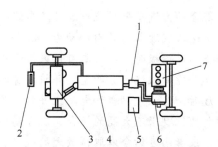

图 2-33 通用汽车公司 Series-SHEV 汽车的结构

1—电流变换器 2—充电器 3—驱动电动机
4—动力蓄电池 5—中央控制器
6—发电机 7—发动机

和发动机能够同时向传动机构提供动力,一旦汽车车速达到巡航速度,汽车将仅仅依靠发动机维持该速度。

(2) 并联式混合动力汽车驱动系统典型工作模式的功率流

1) 车辆起动、低速及轻载行驶时,发动机关闭,车辆由电动机驱动,为纯电动工况,

如图 2-35 所示。

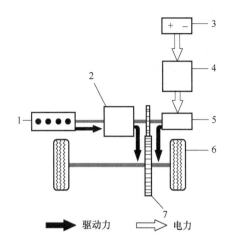

图 2-34 并联式混合动力汽车动力系统的结构
1—发动机 2—变速器 3—动力蓄电池 4—变压器
5—电动机 6—驱动轮 7—减速器

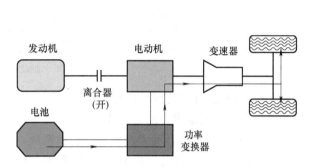

图 2-35 纯电动工作模式

2)车辆正常行驶、加速及爬坡时,发动机和电动机同时工作,驱动车辆行驶,为混合动力工况,如图 2-36 所示。

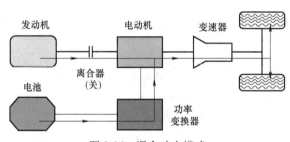

图 2-36 混合动力模式

3)在车辆行驶过程中,当车载电池组电量过低时,发动机在驱动车辆行驶的同时向电池补充充电,如图 2-37 所示。

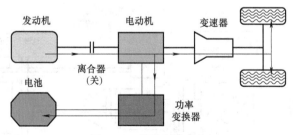

图 2-37 向蓄电池充电

4)车辆减速及制动时,电动机以发电机模式工作,回收车辆制动能量向电池充电,如图 2-38 所示。

(3)并联式混合动力汽车驱动系统两种基本控制模式

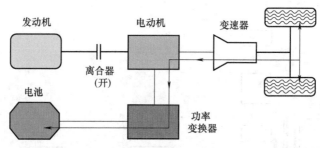

图 2-38 制动能量回收

1)发动机辅助混合动力模式。

2)电动机辅助混合动力模式。

(4)日产风雅混合动力汽车混合动力系统

1)混合动力系统的结构如图 2-39 所示。

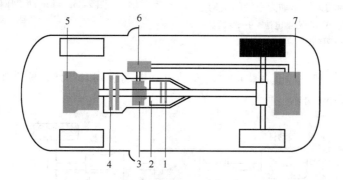

图 2-39 日产风雅混合动力系统的结构

1—离合器 2 2—电子控制式 7 档自动变速器 3—电动机 4—离合器 1
5—发动机 6—逆变器 7—锂离子蓄电池

2)工作过程:

① 系统起动时、一般行驶时和电量少时混合动力系统的工作过程如图 2-40~图 2-42 所示。

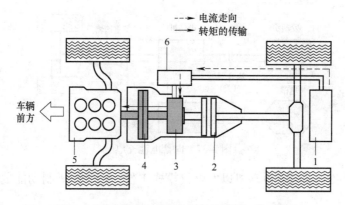

图 2-40 系统起动时混合动力系统的工作过程

1—锂离子蓄电池 2—离合器 2 3—驱动电动机 4—离合器 1 5—发动机 6—逆变器

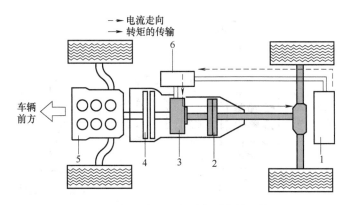

图 2-41　一般行驶时混合动力系统的工作过程

1—锂离子蓄电池　2—离合器2　3—驱动电动机　4—离合器1　5—发动机　6—逆变器

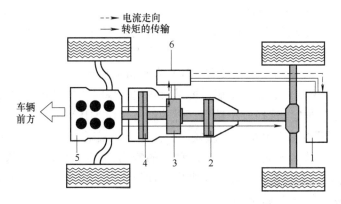

图 2-42　电量少时混合动力系统的工作过程

1—锂离子蓄电池　2—离合器2　3—驱动电动机　4—离合器1　5—发动机　6—逆变器

② 制动时混合动力系统的工作过程如图 2-43 所示。

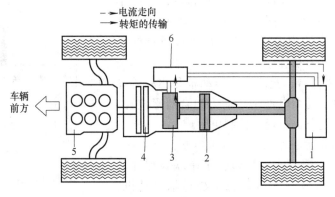

图 2-43　制动时混合动力系统的工作过程

1—锂离子蓄电池　2—离合器2　3—驱动电动机　4—离合器1　5—发动机　6—逆变器

③ 完全加速或爬坡时混合动力系统的工作过程如图 2-44 所示。

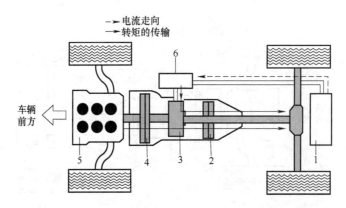

图 2-44 完全加速或爬坡时混合动力系统的工作过程
1—锂离子蓄电池 2—离合器 2 3—驱动电动机 4—离合器 1 5—发动机 6—逆变器

(5) 并联式混合动力系统的优点

1) 只有发动机和电动机两个动力总成,两者的功率可以等于 50%~100% 车辆驱动功率,比 SHEV 三个动力总成的功率、质量和体积小很多。

2) 发动机可以直接驱动车辆,没有 SHEV 发动机的机械能→电能→机械能的转换过程,能量转换的综合效率比 SHEV 高。车辆需要最大输出功率时,电动机可以给发动机提供额外的辅助动力,因此发动机可选择较小功率,燃油经济性比 SHEV 好。

3) 与电动机配套的动力电池组容量较小,使整车质量减小。

4) 电动机可带动发动机起动,调节发动机的输出功率,使发动机基本稳定在高效率、低污染状态下工作。发动机带动电动机发电向电池组充电,可延长续驶里程。

(6) 并联式混合动力系统的缺点

1) 需要配备与内燃机汽车相同的传动系统,总布置基本与内燃机汽车相同,动力性能接近内燃机汽车。并联式混合动力驱动系统与车轮之间直接机械连接,发动机的运行工况会受车辆行驶工况的影响,所以车辆在行驶工况频繁变化的情况下运行时,发动机有可能不在其最佳工作区域内运行,其油耗和排放指标可能不如串联式混合动力系统。

2) 需要装置离合器、变速器、传动轴和驱动桥等总成,还有电动机、动力电池组和动力组合器等装置,因此动力系统结构复杂,布置和控制更困难。

3. 混联式混合动力汽车的结构与工作原理

(1) 基本结构 混联式装置包含了串联式和并联式的特点。如图 2-45 所示,该动力系统包括发动机、发电机和电动机,根据助力装置不同,它又分为发动机为主和电动机为主两种。以发动机为主的形式中,发动机作为主动力源,电动机为辅助动力源;以电动机为主的形式中,发动机作为辅助动力源,电动机为

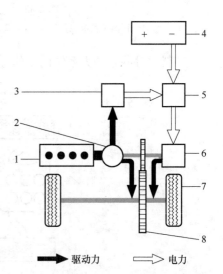

图 2-45 混联式混合动力系统的结构
1—发动机 2—动力分离装置 3—发电机
4—动力蓄电池 5—变压器 6—电动机
7—驱动轮 8—减速器

主动力源。

混联式混合动力电动汽车的工作模式有两种方式：一是发动机主动型，车辆运行时主要是发动机驱动车辆；二是电动机主动型，车辆运行时主要是电动机驱动车辆。

（2）丰田混联式混合动力系统

1）起动时（图2-46）。当汽车起动混合动力系统仅使用由蓄电池提供能量的电动机的动力起动时，发动机并不运转。因发动机不能在低转速时输出大转矩，而电动机可以灵敏、顺畅、高效地进行起动。

图 2-46　起动时

2）低速-中速行驶时（图2-47）。对于发动机而言，在低速-中速行驶时的效率并不理想，而电动机在低速-中速行驶时性能优越。因此，在用低速-中速行驶时，油电混合动力系统使用蓄电池的电力，驱动电动机行驶。

图 2-47　低速-中速行驶时

3）一般行驶时（图2-48）。混合动力系统采用发动机，使它在能产生最高效功率的速度带驱动。由发动机产生的动力直接驱动车轮，依照驾驶状况部分动力被分配给发电机。由发电机产生的动力用来驱动电动机和辅助发动机。利用发动机和电动机这一双重传动系统，

图 2-48　一般行驶时

发动机产生的动力以最小消耗被传向地面。

4) 一般行驶时/剩余能量充电（图2-49）。混合动力系统在高速运转时采用发动机来驱动，而发动机有时会产生多余的能量。这时多余的能量由发电机转换成电力，用于储存在蓄电池中。

图 2-49　一般行驶时/剩余能量充电

5) 全速开进（行驶）时（图2-50）。在需要强劲加速力（如爬陡坡及超车）时，蓄电池也提供电力，来加大电动机的驱动力。发动机和电动机双动力的结合使用。

图 2-50　全速开进（行驶）时

6) 减速/能量再生时（图2-51）。在踩制动踏板和松加速踏板时，混合动力系统使车轮的旋转力带动电动机运转，将其作为发电机使用。减速时通常作为摩擦热散失掉的能量，在此被转换成电能，回收到蓄电池中进行再利用。

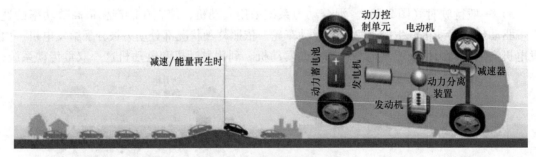

图 2-51　减速/能量再生时

7) 停车时（图2-52）。
(3) 混联式混合动力系统的优点
1) 三个动力总成比 SHEV 三个动力总成的功率、质量和体积都小。

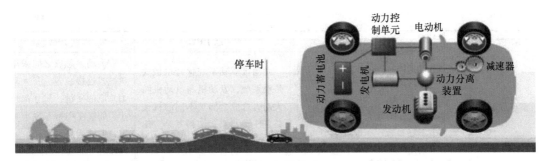

图 2-52 停车时

2) 有多种驱动模式,节能效果最佳,有害气体排放达到"超低污染"。

3) 发动机可直接驱动车辆,没有机械能→电能→机械能的转换过程,能量转换的综合效率比内燃机汽车高。

4) 电动机可以独立驱动车辆行驶。电动机利用低速-大转矩特性,带动车辆起步,可在城市中实现"零污染"行驶。

5) 车辆需要最大输出功率时,电动机可以给发动机提供辅助动力,因此发动机可选择较小功率,燃料经济性比 SHEV 好。

(4) 混联式混合动力系统的缺点

1) 发动机驱动是基本驱动模式,电动机驱动是辅助驱动模式,动力性更接近内燃机汽车。发动机工况受到车辆行驶工况的影响,有害气体排放高于 SHEV。

2) 需要配备两套驱动系统;发动机传动系统需要装置离合器、变速器、传动轴和驱动桥等传动总成;另外,还有电动机、减速器、动力电池组,以及多能源动力(发动机动力与电动机动力)组合或协调专用装置。因此,多能源动力系统结构复杂,总布置困难。

3) 多能源动力系统的工作模式有多种形式,需复杂的多能源动力总成控制系统,才能达到高经济性和"超低污染"。

表 2-2 为混合动力汽车三种结构模式的性能比较。

表 2-2 混合动力汽车三种结构模式的性能比较

结构模式	串联 HEV	并联 HEV	混联 HEV
动力总成	发动机、发电机、电动机三大动力总成	发动机、电动机/发电机两大动力总成	发动机、电动机/发电机、电动机三大动力总成
发动机的选择范围发动机功率,发动机排放	发动机的选择有多种形式,发动机功率较大,工作稳定,排气净化较好	发动机一般为传统内燃机,发动机功率较小,发动机工况变化大,排气净化较差	发动机的选择有多种形式,发动机功率较小,发动机排放介于串联与并联 HEV 之间
驱动模式	只有电动机驱动模式	发动机驱动模式、电动机驱动模式、发动机-电动机混合驱动模式	发动机驱动模式、电动机驱动模式、发动机-电动机混合驱动模式、电动机-电动机混合驱动模式
传动效率	发动机-发电机-电动机能量转换效率较低	发动机传动系统的传动效率较高	发动机传动系统的传动效率较高
制动能量回收	能够回收制动能量	能够回收制动能量	能够回收制动能量

(续)

结构模式	串联HEV	并联HEV	混联HEV
整车总布置	三大动力总成之间没有机械式连接装置，结构布置的自由度较大，但三大动力总成的质量、尺寸都较大，在小型车辆上不好布置，一般在大型车辆上采用	发动机驱动系统保持机械式传动系统，发动机与电动机两大动力总成之间被不同的机械装置连接起来，结构复杂，使布置受到一定限制	三大动力总成之间采用机械式连接装置，三大动力总成的质量、尺寸都较小，能够在小型车辆上布置，但结构更加复杂，要求布置更加紧凑
适用条件	适用于大型客车或货车，适应在路况较复杂的城市道路和普通公路上行驶。更接近纯电动汽车性能	适用于小型汽车，适合在城市道路和高速公路上行驶。接近普通内燃机汽车性能	适用于各种类型汽车，适合在各种道路上行驶。更加接近普通内燃机汽车性能
造价	三大动力总成的功率较大，质量较重，制造成本较高	只有两大动力总成，两大动力总成的功率较小，质量较轻，电动机/发电机具有双重功能，还可利用普通内燃机汽车底盘改装，制造成本低	虽然有三大动力总成，但三大动力总成的功率较小，质量较轻，需要采用复杂的控制系统，制造成本较高

任务三　燃料电池汽车

 学习目标

1. 描述燃料电池汽车的概念。
2. 写出燃料电池汽车的优缺点。
3. 叙述燃料电池汽车的结构原理。
4. 分析燃料电池汽车的关键技术。
5. 归纳燃料电池汽车发展亟待解决的问题。
6. 国内外燃料电池汽车技术的进展。
7. 认识典型氢燃料电池汽车。

 任务导图

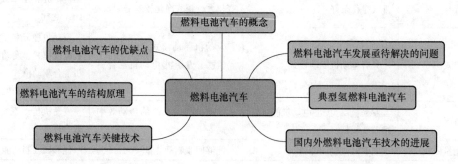

单元二 新能源汽车节能技术

 情景导入

纯电动汽车能实现零排放，绿色出行，但电池有限的电量限制了汽车的续驶里程，而且充电时间长。燃料电池汽车的燃料电池本身是一种能量转换装置，只要维持燃料供给，就能连续发电，汽车也就能持续行驶，且燃料补给的时间较短，因此燃料电池汽车是一种可以持续使用电能的理想汽车。

 必备知识

一、燃料电池汽车的概念

燃料电池汽车（FCEV）是指以氢气、甲醇等为燃料，通过和空气中的氧在催化剂的作用下，经电化学反应产生电流，以产生的电能作为主要动力源驱动的汽车。燃料电池汽车实质上是纯电动汽车的一种，主要区别在于动力电池的工作原理不同。燃料电池通过电化学反应将化学能转化为电能，电化学反应所需的还原剂一般为氢气，氧化剂则为氧气，因此最早开发的燃料电池汽车多直接采用氢燃料，氢气的储存可采用液化氢、压缩氢气或金属氢化物储氢等形式。

燃料电池汽车的核心部件是燃料电池。燃料电池是一种能够持续地通过发生在阳极和阴极的氧化还原反应将化学能转化为电能的能量转换装置。燃料电池与常规电池的区别在于，它工作时需要连续不断地向电池内输入燃料和氧化剂，只要持续供应，燃料电池就会不断提供电能。

燃料电池汽车发展历史

利用氢和氧在燃料电池中反应发电的想法在180多年前就有了，直到现在人们还在千方百计地实现它。1839年英国人威廉·罗伯特·格鲁夫爵士就发现了氢和氧的逆电解反应，这就是燃料电池的基本原理。物理学家认为燃料电池的发明可与德国人尼古拉斯·奥古斯特·奥托发明的四冲程发动机相媲美。

燃料电池拥有其他动力系统没有的独特优点，即产生电能的过程不产生任何污染物，而且氢作为一种能源，尽管以水这样的化合物存在，但是取之不尽。这对于节约矿物资源并减少二氧化碳排放十分重要。

二、燃料电池汽车的优缺点

氢燃料电池汽车是终极环保汽车，如图 2-53 所示，可以实现零排放，且一次加氢续驶里程长，加氢时间短，相当于汽油车，一直以来被作为新能源汽车技术路线之一。

1. 燃料电池汽车的优点

与传统汽车、纯电动汽车技术相比，燃料电池汽车具有以下优点：

（1）零排放或近似零排放，绿色环保　燃料电池汽车在本质上是一种零排放汽车，燃料电池没有燃烧过程，若以纯氢作为燃料，通过电化学方法，将氢和氧结合，生成物是清洁的水；采用其他富氢有机化合物用车载重整器制氢作为燃料电池的燃料，生成物除水之外还可能有少量的二氧化碳，但其排放量比内燃机要少得多，且没有其他污染排放（如氧化氮、氧化硫、碳氢化物或微粒）问题，接近零排放。其与传统汽车相比既减少了机油泄漏带来的水污染，又降低了温室气体的排放。

图 2-53　氢燃料电池汽车

（2）能量转换效率高，节约能源　燃料电池的能量转换效率极高。燃料电池没有活塞或涡轮等机械部件及中间环节，不经历热机过程，不受热力循环限制，故能量转换效率高，燃料电池的化学能转换效率在理论上可达100%，实际效率已达60%~80%，是普通内燃机热效率的2~3倍（汽油机和柴油机汽车整车效率分别为16%~18%和22%~24%）。从节约能源的角度来看，燃料电池汽车明显优于使用内燃机的普通汽车。

（3）燃料多样化，优化了能源消耗结构　燃料电池所使用的氢燃料来源广泛，自然界中，氢能大量存储在水中，可采用水分解制氢，也可以从可再生能源获得，可取自天然气、丙烷、甲醇、汽油、柴油、煤以及再生能源。燃料来源的多样化有利于能源供应安全和利用现有的交通基础设施（如加油站等）。燃料电池不依赖石油燃料，各种可再生能源可以转化为氢能加以有效利用，减少了对石油资源的依赖，优化了交通能源的构成。

（4）续驶里程长，性能优于其他电池的电动汽车　采用燃料电池发电系统作为能量源，克服了纯电动汽车续驶里程短的缺点，其长途行驶能力及动力性已经接近于传统汽车。燃料电池汽车可以车载发电，只要带上足够的燃料，它可以把我们送到任何想去的地方。燃料电池汽车在成本和整体性能上（特别是行程和补充燃料时间上）明显优于其他电池的电动汽车。

（5）过载能力强　燃料电池除了在较宽的工作范围内具有较高的工作效率外，其短时过载能力可达额定功率的200%或更大，更适合于汽车加速、爬坡等工况。燃料电池的短时过载能力可达200%的额定功率。

（6）构造简单，维护保养方便，容易实现模块化，设计方便　燃料电池容易通过模块化组合，串联、并联，提高输出功率，效率随输出功率变化的特性好：燃料电池的效率在额定功率附近可达60%；在部分功率下运行时的效率会高于在额定功率下运行时的效率，可达约70%；在过载功率下运行时的效率略低于在额定功率下运行时的效率，可达50%~55%。燃料电池的效率随输出功率变化的特性比内燃机更适合于汽车的实际运行。

（7）运行平稳、低噪声　燃料电池属于静态能量转换装置，除了空气压缩机和冷却系统以外无其他运动部件，因此与内燃机汽车相比，摆脱了发动机的轰鸣，运行过程中噪声和振动都较小，见表2-3。

表 2-3　各种类型发动机的噪声强度

发动机类型	50km/h 噪声/dB
燃料电池发动机	53～57
天然气发动机	63～73
柴油机	65～73

2. 燃料电池汽车的缺点

汽车业界普遍认同的一个观点是，燃料电池技术是内燃机技术最好的替代物，代表了汽车未来的发展方向。但如果将发展燃料电池汽车的几个制约因素考虑进来，则会发现燃料电池汽车目前和今后一段时间尚不具备商业化的条件。虽然氢燃料电池汽车在环保方面有很大的优势，但是它还处于发展的初级阶段，限制其发展的主要因素比较多。

（1）燃料电池汽车的制造成本和使用成本过高　制约燃料电池汽车推广应用的最大因素是燃料电池的生产成本一直居高不下。如何降低燃料电池的生产成本成为燃料电池汽车实用化的关键。从市场经济学角度讲，高成本很难完成市场化推广，而无法实现市场化就不可能大规模批量生产，进而成本就无法降下来，最终导致成本与销售的恶性循环。

（2）起动时间长，系统抗振能力还需提高　采用氢气为燃料的 FCEV 起动时间一般需要超过 3min，而采用甲醇或者汽油重整技术的 FCEV 则长达 10min，比起内燃机汽车起动的时间长得多，影响其起动性能。此外，当 FCEV 受到振动或者冲击时，各种管道的连接和密封处可能会泄漏，从而降低效率，严重时会引发安全事故。

（3）经济且无污染地获取纯氢燃料还存在技术难点　通过重整或改质技术转化传统的化石燃料获取纯氢天然气，不仅要消耗大量的能量，而且并没有从根本上摆脱对化石能的依赖，也没有消除对环境的污染。自然界中，氢能大量存储在水中，虽然取之不尽，但直接使用热分解或是电解的办法从水中制氢显然不划算。只有到了能以再生性能源廉价地生产出氢燃料，氢燃料电池汽车民用的燃料问题才算获得了根本性解决。

（4）氢燃料电池汽车燃料的供应还有大量的技术问题有待解决　通常氢能以三种状态存储和运输：高压气态、液态和氢化物形态。用常用的压缩气体罐储存的氢，只能供燃料电池汽车行驶 150km，续驶里程太短，还不如蓄电池驱动的汽车。由于氢气分子是最小的分子，因此很容易造成泄漏。而在 -253℃ 的条件下储存液氢的制冷技术目前还很不成熟。

（5）供应燃料辅助设备复杂，且质量和体积较大　在以甲醇或者汽油为燃料的 FCEV 中，经重整器出来的"粗氢气"含有使催化剂"中毒"失效的少量有害气体，必须采用相应的净化装置进行处理，这样就增加了结构和工艺的复杂性，并使系统变得十分笨重。目前普遍采用氢气燃料的 FCEV，因需要高压、低温和防护的特种储存罐，导致体积庞大，也给 FCEV 的使用带来了诸多不便。

（6）稀有金属铂金的大量应用也制约着燃料电池电动汽车的推广与应用　稀有金属铂金作为燃料电池必不可少的反应催化剂，按照现有燃料电池对铂金的消耗量，地球上所有的铂金储量都用来制作车用燃料电池，也只能满足几百万辆车的需求。

（7）加氢站等基础网络设施建设几乎为零　目前全球范围内投入使用的加氢站仅有 100 多家，且大部分是用于实验的。如果说技术和成本是科研机构和企业通过努力可以自行解决的问题,那么相应的配套设施建设则需要国家政策、产业链条、基础设施建设等多方面的准备,并及时制定完善的行业标准和规范加氢站等基础设施建设,既涉及城市规划、交通、电力等问题,又要解决投资和经营者的获利问题,同时还要有效解决加氢的核心技术和统一标准等问题。

综上所述,相比电动汽车,氢燃料电池汽车技术门槛高,需要巨额投入,而目前我们的技术和产业基础相对薄弱,且资金和技术力量投入严重不足,技术链还不完善,产业化能力较弱,短期发展趋势还应是电动汽车。

三、燃料电池汽车的结构原理

1. 燃料电池汽车的结构

燃料电池汽车主要由燃料电池、高压储氢罐、辅助动力源、DC/DC 转换器、驱动电动机和整车控制器等组成,如图 2-54 所示。

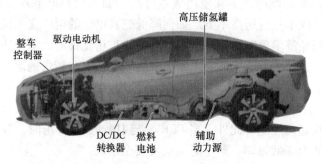

图 2-54 燃料电池汽车的组成

燃料电池汽车的整体结构如图 2-55 所示。

(1) 燃料电池 燃料电池是燃料电池汽车的主要动力源,它是一种不燃烧而直接以电化学反应方式将燃料的化学能转变为电能的高效发电装置。

(2) 高压储氢罐 高压储氢罐是气态氢的储存装置,用于给燃料电池供应氢气。为保证燃料电池汽车一次充气后有足够的续驶里程,就需要有多个高压储氢罐。

(3) 辅助动力源 根据 FCEV 的设计方案不同,它所采用的辅助动力源也有所不同,可以用蓄电池组、飞轮储能器或超大容量电容器等共同组成双电源系统。

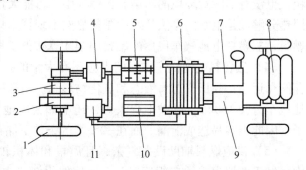

图 2-55 燃料电池汽车的整体结构
1—驱动轮 2—驱动系统 3—驱动电动机 4—逆变器
5—辅助电源装置 6—燃料电池发动机 7—空气压缩机
及空气供应系统辅助装置 8—氢气储存罐 9—氢气供应
系统辅助装置 10—中央控制器 11—动力 DC/DC 变换器

(4) DC/DC 转换器 FCEV 的燃料电池需要装置单向 DC/DC 转换器,蓄电池和超大容量电容器需要装置双向 DC/DC 转换器。DC/DC 转换器的主要功能有调节燃料电池的输出电压，能够升压到650V调节整车能量分配；稳定整车直流母线电压。

（5）驱动电动机　燃料电池汽车用的驱动电动机主要有直流电动机、交流电动机、永磁同步电动机和开关磁阻电动机等，具体选型必须结合整车开发目标，并综合考虑电动机的特点。

（6）整车控制器　整车控制器是燃料电池汽车的大脑。它由燃料电池管理系统、电池管理系统、驱动电动机控制器等组成。它一方面接收来自驾驶人的需求信息（如点火开关、加速踏板、制动踏板、档位信息等）实现整车工况的控制；另一方面基于反馈的实际工况（如车速、制动、电动机转速等）以及动力系统的状况（燃料电池及动力蓄电池的电压、电流等），根据预先匹配好的多能源控制策略进行能量分配、调节与控制。

2. 燃料电池汽车的工作原理

燃料电池汽车的工作原理如图2-56所示，高压储氢罐中的氢气和空气中的氧气在汽车搭载的燃料电池中发生氧化还原化学反应，产生出电能，驱动电动机工作，驱动电动机产生的机械能经减速机构传给驱动轮，驱动汽车行驶。

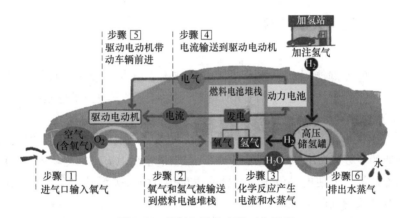

图2-56　燃料电池汽车的工作原理

1）在车辆行驶之初，蓄电池处于电量饱满状态，其能量输出可以满足车辆要求，燃料电池动力系统不需要工作。

2）当电池电量低于60%时，燃料电池动力系统起动。

3）当车辆能量需求较大时，燃料电池动力系统与蓄电池组同时为驱动系统提供能量。

4）当车辆能量需求较小时，燃料电池动力系统为驱动系统提供能量的同时，还要给蓄电池组充电。

5）在车辆急剧加速状态下，对应于峰值功率指令，燃料电池系统与峰值电源两者都向电动机驱动装置供给牵引功率；在制动状态下，电动机运行于发电机状态，将部分制动能量变换为电能，并储存在峰值电源中；当负载功率小于燃料电池系统的额定功率时，峰值电源也能从燃料电池系统得到补充，以便恢复其能量。

3. 燃料电池控制策略

燃料电池控制策略可以使电动机的输出功率始终满足功率要求，峰值电源的能级始终维持在最佳范围，同时燃料电池系统运行在其最佳运行区。

（1）停顿模式　燃料电池系统和峰值电源都不向驱动系统供给功率，燃料电池系统可运行在空载状态。

（2）制动模式　燃料电池系统运行在空载状态，而峰值电源依据制动系统运行特性吸收再生制动能量。

（3）牵引模式

1）若电动机输入功率大于燃料电池系统的额定功率，则应用混合牵引模式，燃料电池系统运行在额定功率状态，而剩余功率的需求由峰值电源供应。

2）若电动机输入功率小于燃料电池系统预设的最小功率，且峰值电源需要充电，则燃料电池系统以额定功率运行，一部分功率用于驱动系统，另一部分功率用于向峰值电源充电。若峰值电源不需要充电，则燃料电池系统运行于空载状态，由峰值电源单独驱动车辆。

3）若负载功率大于燃料电池系统预设的最小功率，并小于燃料电池的额定功率，同时峰值电源不需要充电，则由燃料电池单独驱动车辆。若峰值电源需要充电，则燃料电池系统以额定功率运行，一部分功率用于驱动车辆，另一部分功率用于向峰值电源充电。

四、燃料电池汽车关键技术

1. 关键技术

燃料电池汽车的关键能源动力技术包括电池技术、电动机技术、控制器技术。电池技术、电动机技术和控制器技术是电动汽车所特有的技术，这三项技术也是一直制约电动汽车大规模进入市场的关键因素。

（1）电池技术　电池是电动汽车的动力源泉，也是一直制约电动汽车发展的关键因素。电动汽车用电池的主要性能指标是比能量（E）、能量密度（E_d）、比功率（P）、循环寿命（L）和成本（C）等。要使电动汽车能与燃油汽车相竞争，关键就是要开发出比能量高、比功率大、使用寿命长的高效电池。

1）燃料电池的分类。目前有上车历史的燃料电池主要是：碱性燃料电池（Alkaline Fuel Cell，AFC）、磷酸型燃料电池（Phosphoric Acid Fuel Cell，PAFC）、质子交换膜燃料电池（Proton Exchange Membrane Fuel Cell，PEMFC）。这三种燃料电池的发展概况见表2-4。

表2-4　AFC、PAFC、PEMFC三种燃料电池的发展概况

电池类型	AFC	PAFC	PEMFC
电解质	KOH溶液	浓磷酸溶液	质子交换膜
极板材料和催化剂	C、Ni、Ag	C、Pt	C、Pt
工作温度	40℃或200℃	180~210℃	80~90℃
燃料	纯氢	纯氢或富氢气体	纯氢或富氢气体
氧化剂	纯氧或空气（除去CO_2）	纯氧或空气	纯氧或空气
效率	50%~60%	40%~45%	60%~70%
优点	用非贵重金属作催化剂	可用富氢气体燃料	可用富氢气体燃料，无腐蚀性
缺点	用纯氢和纯氧受CO_2的污染有腐蚀性	贵金属催化剂有腐蚀性	贵金属作为催化剂

电池的发展历程

第1代是铅酸电池，目前主要是阀控铅酸电池（VRLA），其比能量较高、价格低和能高倍率放电，因此是目前唯一能大批量生产的电动汽车用电池。

第2代是碱性电池，主要有镍镉、镍氢、钠硫、锂离子和锂聚合物等多种电池，其比能量和比功率都比铅酸电池高，因此大大提高了电动汽车的动力性能和续驶里程，但其价格却比铅酸电池高。

第3代是燃料电池，燃料电池直接将燃料的化学能转变为电能，能量转变效率高，比能量和比功率都高，并且可以控制反应过程，能量转化过程可以连续进行，因此是理想的汽车用电池。

目前，广泛应用于电动汽车的燃料电池是一种称为质子交换膜的燃料电池（PEMFC），它以纯氢为燃料，以空气为氧化剂，不经历热机过程，不受热力循环限制，能量的转换效率高，是普通内燃机热效率的2~3倍。它具有噪声低、无污染、寿命长、起动迅速、比功率大和输出功率可随时调整等特性，因此非常适合用作交通工具的动力源。

燃料电池是一种将储存在燃料和氧化剂中的化学能通过电极反应直接转化为电能的发电装置。将燃料（如氢气、甲醇等）和氧化剂（如氧气）分别作为电池两极的活性物质保存在电池的本体之外，当使用时连续通入电池体内，使电池发电。

2）氢的获取与储存。有些燃料电池汽车直接携带着纯氢燃料，有些装有燃料重整器，能将烃类（甲烷、汽油等）燃料转化为富氢气体。储氢罐一般放置在汽车底盘中部，或后排座椅的下方空间（传统内燃机轿车的油箱位置），将氢气罐分散存储。

（2）电动机技术　电动汽车驱动电动机是所有电动汽车必不可少的关键部件。使用较多的有直流有刷电动机、永磁无刷电动机、交流异步电动机和开关磁阻电动机。

1）直流有刷电动机。结构简单，技术成熟，具有交流电动机所不可比拟的优良电磁转矩控制特性，但是由于直流电动机价格高，体积和质量大，在电动汽车上的应用受到了限制。

2）永磁无刷电动机。可以分为由方波驱动的无刷直流电动机系统（BLD—CM）和由正弦波驱动的无刷直流电动机系统（PMSM），两者都具有较高的功率密度，其控制方式与异步电动机基本相同，具有较高的能量密度和效率，其体积小、惯性低、响应快，非常适合用于电动汽车的驱动系统，有极好的应用前景，但价格较贵。

3）交流异步电动机。较早用于电动汽车驱动的电动机，它的调速控制技术比较成熟，具有结构简单、体积小、质量小、成本低、运行可靠、转矩脉动小、噪声低、转速极限高和不用位置检测器等优点，但转速控制范围小、转矩特性不理想，不适合频繁起动、频繁加减速。

4）开关磁阻电动机（SRM）。具有简单可靠、可在较宽转速和转矩范围内高效运行，控制灵活、四象限运行、响应速度快和成本较低等优点，但存在转矩波动大、噪声大、需要位置检测器等缺点，应用受到了限制。

(3) 控制器技术　控制器技术中的变速和方向变换是靠电动机调速控制装置来完成的，其原理是通过控制电动机的电压和电流来实现电动机的驱动转矩和旋转方向的控制。目前电动汽车上应用较广泛的是晶闸管斩波调速，通过均匀改变电动机的端电压，控制电动机的电流，来实现电动机的无级调速。伴随着新型驱动电动机的应用，电动汽车的调速控制转变为直流逆变技术的应用将成为必然的趋势。

在驱动电动机的旋向变换控制中，直流电动机依靠接触器改变电枢或磁场的电流方向，实现电动机的旋向变换。

2. 节能机理

质子交换膜燃料电池（PEMFC）技术是目前世界上最成熟的一种能将氢气与空气中的氧气化合成洁净水并释放出电能的技术。质子交换膜燃料电池的优点如下：

1）能量转化效率高。通过氢氧化合作用，直接将化学能转化为电能。

2）可实现零排放。其唯一的排放物是纯净水（及水蒸气），是环保型能源。

3）运行噪声低，可靠性高。PEMFC 电池组无机械运动部件，工作时仅有气体和水的流动。

4）维护方便。PEMFC 内部构造简单，电池模块呈现自然的"积木化"结构，使得电池组的组装和维护都非常方便，容易实现"免维护"设计。

5）发电效率受负荷变化影响很小，非常适合用于分散型发电装置（作为主机组），也适用于电网的"调峰"发电机组（作为辅机组）。

6）氢是世界上最多的元素，氢气来源极其广泛，是一种可再生的能源资源，取之不尽，用之不竭。可通过石油、天然气、甲醇、甲烷等进行重整制氢，也可通过电解水、光解水制氢和生物制氢等方法获取氢气。

7）氢气的生产、储存、运输和使用等技术目前均已非常成熟、安全、可靠。

五、燃料电池汽车发展亟待解决的问题

（1）燃料电池成本问题　燃料电池汽车的工作其实很简单，氢气和氧气经过质子交换膜发生化学反应，产生水的同时也发了电，得到的电能用于驱动汽车行驶。但是，一个反应片只能产生不足 1V 的电压，所以必须用多个反应片串联成为一个反应堆。目前燃料电池价格昂贵的原因是，若几百个反应片中有一个坏了，整个电池就完全无法使用了。另外，质子交换膜表面镀有贵金属催化剂，成本居高不下，仅燃料电池反应堆的成本就在 2000~5000 美元/kW，要制造一个功率为 100kW 的氢燃料电池组，就需要 20~50 万美元。

（2）氢的储存问题　目前研究燃料电池汽车的公司都采用了储气罐的形式来存放氢气，因为氢气是具有爆炸力的活性气体，储氢技术难以攻克。

（3）燃料电池的效率和寿命问题　在将燃料电池作为汽车动力时，从氢的储存器到车轮的效率大约下降到 30%。这些损失是由燃料电池的监控和运行所要求的辅助系统（如空压机、冷却剂泵、风扇冷却器、控制装置和必要的气体交换）造成的。除了燃料电池本身的效率还要考虑电驱动装置的效率。目前还不能预计 PEMFC 燃料电池在汽车上的动态运行条件下的使用寿命。因所有的燃料电池在使用中都涉及催化剂，随着时间的推移，催化作用减弱，燃料电池的电压和效率下降。经过长期努力，燃料电池的使用寿命将会与内燃机接近。

六、国内外燃料电池汽车技术的进展

1. 国外燃料电池汽车技术

目前,美、日、法、德等发达国家都在潜心致力于燃料电池汽车的研究,已开发出多种型号的样车。通用与丰田,美国国际燃料电池公司和东芝,奔驰和西门子,雷诺和意大利的 De Nora 等一些大公司都纷纷组成强大的跨国联盟,优势互补,联合开发燃料电池汽车。其中大部分厂商已经完成了研发,进入小批量生产阶段。美国燃料电池汽车的研发始于20世纪60年代,美国能源部、电力研究所和气体研究协会等部门都有投入。日本早在30多年前就开始进行燃料电池的研究,2003年对燃料电池汽车进行免税政策鼓励其发展。丰田、本田、马自达、日产等都已先后试制出燃料电池汽车。

欧洲各国的燃料电池开发较美日晚,目前也加快了研究的进度。荷兰、意大利、德国、西班牙等国分别完成了10kW、100kW、280kW级碳酸盐型电池的研发。德国和瑞士分别进行了7kW和10kW级固体氧化物电池的开发。

2. 国内燃料电池汽车开发情况

国内燃料电池汽车的研发起步并不晚,甚至可以追溯到1958年。然而发展却十分缓慢,直到20世纪90年代才开始加速发展。目前国内燃料电池汽车领域已经取得了长足的发展,其中首台50kW燃料电池城市客车发动机已经研发成功。首辆四轮驱动燃料电池汽车也在2002年的上海工业博览会上亮相,但距离真正的实际运用还有一段距离。可以预计,在不久的将来燃料电池汽车将走进平民百姓的家庭。

七、典型氢燃料电池汽车

(1) 丰田"Fine-X" "Fine-X"为四轮转向与四轮驱动的燃料电池混合动力汽车,装备了性能先进的燃料电池系统且具有良好的动力性和操纵稳定性,包括四轮独立的大转角转向系统,并在四轮中各设有一台轮毂电动机。采用四轮独立控制的轮毂电动机和能量型的燃料电池汽车混合动力系统结构,如图2-57所示。该车采用的燃料电池组和70MPa氢燃料箱设置在地板下,通过采用轮内电动机对四个车轮进行驱动,实现了真正的燃料电池汽车式封装。

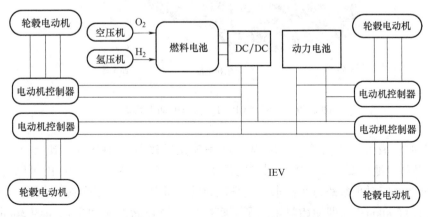

图2-57 丰田"Fine-X"汽车

(2) 通用 "Sequel" 在 2005 年北美车展上,通用公司氢燃料电池领域的最新成果 Sequel 在驾驶和线传操控技术方面有了很大改进,最大功率提高了约 25%,百千米加速只需 10s。通用 "Sequel" 的驱动系统具有 3 台电动机,其中包括两台轮毂电动机。一台横向安装的三相 60kW 电动机负责驱动前轮,两台三相 25kW 轮毂电动机负责驱动后轮。能量型驱动系统的结构如图 2-58 所示。

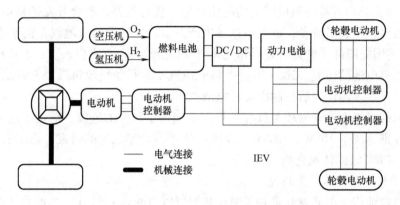

图 2-58 通用 "Sequel" 汽车的能量型驱动系统的结构

(3) 丰田 "MIRAI" 丰田 "MIRAI" 氢燃料电池汽车于 2014 年发布,是世界上第一个出现在大众市场的燃料电池汽车。"MIRAI" 的动力系统被称作 TFSC(Toyota FC Stack),即丰田燃料电池堆栈,是以燃料电池堆栈为核心组件的混合动力系统。动力系统为单电动机前轮驱动,燃料电池通过升压 DC/DC 变换器与高压总线连接,蓄电池采用镍氢动力电池组。该车动力系统结构如图 2-59 所示。

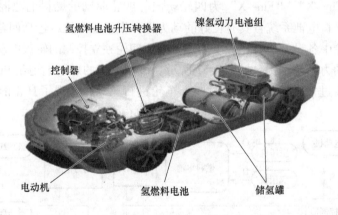

图 2-59 丰田 "MIRAI" 汽车的动力系统结构

燃料电池组最大输出功率为 114kW,功率输出密度为 3.1kW/L,比之前丰田公布的 FCHV-adv 燃料电池车要高 2.2 倍。同时它的最大转矩为 335N·m,10s 内可以完成百千米加速,完全能够应对平常的行车需求。充满燃料的 "MIRAI" 拥有近似于传统汽油车的巡航里程,达到约 500km;而即便燃料用光了,将燃料回填补满的时间也仅需约 3min,与传统汽油车的加油时间非常相近。

世界燃料电池汽车研发新动向

由于燃料电池的发展前景被世界各国一致看好，各国政府为研究和开发均提供了财政和政策方面的支持，积极推进燃料电池的研发进度，形成了政府牵头，汽车制造商联合开发的新局面。

跨国公司为开发燃料电池汽车结成联盟，企业结盟最有代表性的例子是戴姆勒-克莱斯勒和福特，两大汽车巨头共同宣布，为在世界燃料电池汽车技术上取得优势，两家企业联合收购了著名的加拿大巴拉德动力系统公司，并建立了新的集团联盟。

燃料电池汽车竞争分为两大阵营，丰田和通用为一方，戴姆勒-克莱斯勒、福特和三菱为另一方。其他厂商也在积极开发自己的燃料电池汽车。

任务四　燃气汽车

学习目标

1. 叙述燃气汽车的含义、特点与分类。
2. 识别燃气汽车的类型。
3. 叙述压缩天然气汽车的结构原理和特点。
4. 叙述液化石油气汽车的结构与工作原理。
5. 认识氢气汽车，说明其使用安全性的优缺点。

任务导图

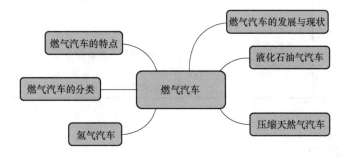

情景导入

以可燃气体为燃料的汽车称为燃气汽车，目前常用的燃气汽车有压缩天然气汽车（CNGV）、液化天然气汽车（LNGV）、液化石油气汽车（PGV）。它们分别以压缩天然气、液化天然气和液化石油气为燃料。也有与传统汽油、柴油配合使用的，则称为双燃料汽车。

图 2-60 所示为一汽-大众汽车公司生产的捷达 GX1.6-MCNG 双燃料汽车的外观，其主要技术参数见表 2-5。

图 2-60　捷达 GX1.6-MCNG 双燃料汽车的外观

表 2-5　捷达 GX1.6-MCNG 双燃料汽车主要技术参数

最高车速/(km/h)	170	0~100km/h 加速时间/s	13
发动机型式	4 冲程、直列、四缸、水冷、顶置气门、两气门、电子燃油多点喷射汽油机	发动机型号	EA211
最大功率/kW	55	发动机排量/mL	1595
升功率/(kW/L)	34.48	最大转矩/N·m	135
压缩比	9.3	综合油耗/(L/100km)	6.3
行程/mm	77.4	缸径/mm	81
燃料类型标号	无铅汽油 92 号/压缩天然气（CNG）	100~0km/h 制动距离/m	48.49
排放标准	国Ⅱ	发动机生产厂家	一汽-大众汽车公司

一、燃气汽车的特点

（1）CNGV 和 LNGV 的特点

1）有害气体排放低。天然气和液化石油气在常温下为气态，容易与空气混合形成均匀可燃混合气，燃烧完全，可以大幅度减少 CO、HC 和微粒的排放。天然气和液化石油气的火焰温度低，氮氧化合物的排放量减少。

2）热效率高。天然气辛烷值高达 130，可提高发动机的压缩比，进而获得较高发动机热效率。

3）冷起动性能和低温运转性能均良好，在暖机期间无须加浓混合气。

4）可以燃用稀混合气。其燃烧界限宽，稀燃特性优越，可以减少 NO_x 的生成。

5）延长润滑油更换周期。不稀释润滑油，可以延长润滑油更换周期和发动机使用寿命。

6）储运性能差。因为天然气在常温、常压下是气体，体积大，运动性能差。

7）一次充气的续驶里程短。

8）动力性能有所下降。CNG（压缩天然气）或 LPC（液化石油气）均呈气态进入气缸，使发动机充气系数降低；与汽油或柴油相比，CNG 或 LPC 的理论混合气热值小，燃用 CNG 或 LPC 将使发动机功率下降。

9）LNG（液化天然气）相比 CNG 具有更多的优点：

① LNG 通过深冷前的净化处理几乎除掉天然气中的全部杂质，纯度很高，甲烷体积分数为 5%~99.5%，而 CNG 中的甲烷体积分数只有 81.3%~99.5%。

② LNG 的能量密度是 CNG 的 3.51 倍，可以使车辆获得较长的行驶里程，更加有利于运输。

③ LNG 的储气瓶为具有绝热夹层的压力气瓶，储存温度一般为 -162℃，储存压力稍高于 1.0MPa，而 CNG 通常以 20~25MPa 的高压储存在高压气瓶中，因此使用 LNG 更安全。

④ 使用 LNG 可以充分利用其低温特性降低混合气体温度，从而降低燃烧温度，提高发动机的热效率，同时降低 NO_x 的排放。

⑤ 使用 LNG 易于使发动机对负荷变化获得更好的响应性。

10）LNG 的制取要比 CNG 更复杂，在常温下只有保持在 162℃ 以下才能呈现为液态，故 LNG 的气瓶和传输管路需要具有良好的绝热性能，其设计制造相当复杂，成本较高。

（2）氢气汽车的特点 氢气燃烧生成水，所以氢气汽车是一种真正实现零排放的交通工具；氢气来源广；氢气的提取需要消耗大量能源，成本高，氢燃料的存储和运输比较困难。

二、燃气汽车的分类

燃气汽车主要有压缩天然气汽车、液化天然气汽车、液化石油气汽车和氢气汽车。

（1）压缩天然气汽车（CNGV） 使用的燃料是压缩的天然气，是天然气压缩到 20MPa 并以气态储存在容器中。它的主要成分是甲烷，气体密度约为 $0.8 kg/m^3$，热值约为 $38 MJ/m^3$，燃点约为 450℃，无色、无味、无毒、无腐蚀性、易燃易爆、燃烧充分，被誉为"绿色燃料"。

（2）液化天然气汽车（LNGV） 使用的燃料是液化天然气，是天然气经过超低温深冷到 -162℃ 形成的，成分与压缩天然气相同，其液体密度约为 $450 kg/m^2$。

（3）液化石油气汽车（LPGV） 使用的燃料是液化的石油气，是从石油中提炼出来的，主要成分是丙烷。

（4）氢气汽车（HCEV） 这里所说的氢气汽车与任务三中介绍的燃料电池汽车不同，

虽然都以氢为能源,但是转换能量方式不同。燃料电池汽车将氢气化学能转化为电能驱动电动机运转,而氢气汽车则直接将氢气喷入气缸中进行燃烧,然后推动曲柄连杆机构,驱动汽车运动,即将氢气的化学能直接转化为机械能。

除此之外,还有使用煤气、沼气等气体燃料的汽车,最早发明的内燃机就是煤气机。

三、燃气汽车的发展与现状

1860年法国工程师雷诺尔制成了第一台煤气和空气混合物的煤气机(图2-61)。

图2-61 雷诺尔与煤气机

1876年,德国发明家奥托制成了第一台往复活塞式四冲程煤气内燃机(图2-62)。

1931年,意大利建成世界上最早的压缩天然气(CNG)加气站。

1938年,苏联研制出了两种压缩天然气汽车。

1939年,意大利生产了1万辆天然气汽车。

1947年,苏联开始批量生产吉-156和格斯-51B型压缩天然气汽车,有25000辆汽车改用天然气燃料,加气站网覆盖了伏尔加地区和乌克兰南部。

图2-62 奥托与煤气内燃机

1981年,苏联政府通过了天然气汽车运输发展规划。

1984年,美国福特汽车公司开始生产天然气概念车。

1986年,大约30个燃气企业在渥太华成立了国际天然气汽车协会(LANGV)。

1988年,我国在四川南充建立了第一座加气站。

1992年,美国颁布的《能源政策法》中对天然气汽车发展给予了更多的支持。

1994年年底,美国大约有4.1万辆天然气汽车在使用,CNG充气站也以每周三座的速度兴建。

1995年4月5—7日,ISO/TC22在法国巴黎召开年会,会议上形成了关于成立天然气车辆分委会(ISO/TC22/SC25)的决议。

1998年,日本共有LPG汽车45万辆,其中70%的出租车为LPG汽车。其中东京,96%以上的出租车都是LPG汽车,东京的LPG加气站有115个,车辆74500辆。

2000年，我国天然气汽车保有量3万辆，加气站131座，世界排名第八。

2007年，我国出台天然气利用政策，将天然气列入优先保证类。

2009年，全球天然气汽车超过1000万辆。

2010年，美国使用的CNGV增加到200万辆。

2017年4月，第十八届中国国际天然气车船、加气站设备展览会在北京国际展览中心举行（图2-63）。

图2-63　第十八届中国国际天然气车船、加气站设备展览会宣传海报

目前燃气汽车由于排放性能好，可调整汽车燃料结构，运行成本低，技术成熟，安全可靠，被世界各国公认为当前最理想的替代燃料汽车。燃气仍然是世界汽车代用燃料的主流，近10年来，世界天然气汽车年均增长超过25%。根据国际天然气汽车协会预测，到2020年，全球将有6500万辆CNG汽车。

我国天然气储存量丰富，西气东输工程已覆盖120个城市，推广使用天然气汽车有良好的资源条件。

四、压缩天然气汽车（CNGV）

1. 天然气的物理化学性质

天然气是由多种烃类物质和少量的其他成分组成的混合气体。天然气中最主要的成分是甲烷，甲烷在所有的碳氢化合物中具有最大的氢碳比，因此甲烷燃烧后产生的二氧化碳要低于使用汽油或甲醇的发动机所产生的二氧化碳量。甲烷的分子结构非常稳定，能够有效防止发生爆燃现象，天然气成为非常适宜的汽车燃料，可以产生比传统汽油发动机更高的热效率。

（1）密度　通常状态下，甲烷是一种非常轻的气态物质。常温、常压下，甲烷的密度只相当于空气密度的55%，天然气的密度约相当于空气密度的60%。由于天然气的密度远远小于空气的密度，当天然气从输送管道或储存容器中泄漏到空气中后，天然气向上运动，迅速得以扩散，因此天然气的安全性优于汽油等大多数燃料。

（2）颜色、味道和毒性　在原始状态时，天然气是没有颜色、味道和毒性的物质。基于安全的原因，在生产过程中，在天然气中加入了具有独特臭味的加臭剂。这样在使用和运输过程中，若天然气发生泄漏，由于其独特的臭味，可很容易地检测出泄漏点。

（3）状态和沸点　在常温常压下，天然气是一种气态物质，当温度达到-162℃和低于此温度时，天然气将转变成液态，以液态形式存在。由于沸点非常低，天然气是非常难于液化的，储存液态天然气也是非常困难的，因此一般以气体状态储存和运输天然气。

(4) 热值　甲烷是最简单的碳氢化合物，一个甲烷分子含一个碳原子和 4 个氢原子。在碳氢化合物中，分子中含有的碳和氢原子数越多，燃烧后产生的能量越多。同为气体状态，在相同的环境条件下，相同的体积中含有的分子数是相同的，因此分子中含碳和氢原子越多的物质，燃烧产生的能量越多。每千克天然气的热值略高于汽油，每立方米理论天然气混合气热值要比汽油混合气低，甲烷含量越高，相差越大，纯甲烷理论混合气热值比汽油低 10% 左右。

(5) 混合气发火界限宽　燃料和空气混合形成混合气，混合气的浓度在一定范围内才能够被点燃并产生能量。可被点燃的混合气浓度范围的上、下限分别是燃料点火极限的上限和下限。天然气与空气混合后的工作混合气具有很宽的发火界限。天然气点火极限的过量空气系数的变化范围为 0.6~1.8，可在大范围内改变混合比，提供不同成分的混合气。

(6) 自燃温度　在此温度下，燃料和空气接触会点燃并连续燃烧。对于一种燃料，自燃温度不是一个常数。汽油的自燃温度是 220~471℃，天然气的自燃温度是 630~730℃。自燃温度很高，表明天然气的安全性非常好。

(7) 起燃方式　天然气的自燃温度比汽油更高，不宜压燃而适宜用外火源点燃。同时由于其辛烷值远高于汽油，适宜于在较高的压缩比下点燃做功，因此天然气既可以用电火花点燃，也可以用在柴油-天然气双燃料车上，用柴油压燃方式引燃。

(8) 抗爆性和辛烷值　燃料的抗爆性是指燃料在发动机气缸内被点燃、燃烧时，避免产生爆燃的能力，以及抗自燃能力，是燃料的一个重要指标。燃料的抗爆性一般用辛烷值来表示，燃料的辛烷值越大，表示抗爆性越好。汽油的辛烷值一般为 81~89，天然气的辛烷值为 115~130。与汽油相比，天然气有较高的抗爆性能。

2. CNG 汽车燃料供给系统的结构与工作原理

(1) CNG 汽车燃料供给系统的总体组成　CNG 汽车燃料供给系统的总体组成如图 2-64 所示，主要有燃料供给系统和电控系统两大部分。前者主要由天然气瓶、充气阀、高压燃料切断阀、减压阀、混合器部件、压力表和高压电磁阀等组成，实现燃料压缩天然气的随车储存，在各种管路内输送、充装和向发动机喷射等功能；后者主要由气体压力传感器、温度传感器、电子节气门等组成，与原车的 ECU 配合，实现燃料 CNG 的定时定量喷射。如果带废气涡轮增压，则结构更为复杂。

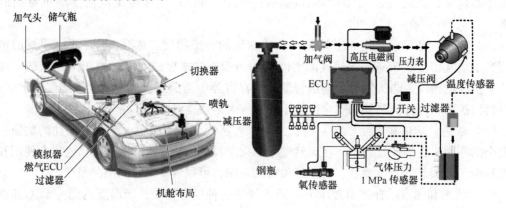

图 2-64　CNG 汽车燃料供给系统的总体组成

（2）CNG 汽车发动机的基本原理 如图 2-65 所示，发动机工作时，高压的压缩天然气从储气瓶出来，经过天然气滤清器过滤后，经高压电磁阀进入高压减压器，高压电磁阀的开合由 ECM 控制。高压减压器的作用是将高压的压缩天然气（工作压力为 25MPa 左右），经过减压加热将压力调整到 0.7~0.9MPa。高压天然气在减压过程中由于减压膨胀，需要吸收大量热量，为防止减压器结冰，将发动机冷却液引出到减压器对天然气进行加热，经减压后的天然气进入电控调压器。电控调压器的作用是根据发动机运行工况精确控制天然气喷射量。天然气与空气在混合器内充分混合，进入发动机气缸内，经火花塞点燃进行燃烧，火花塞的点火时刻由 ECM 控制，氧传感器即时传送燃烧后尾气的氧含量，ECM 根据氧气传感器反馈的信号，及时修正天然气喷射量。

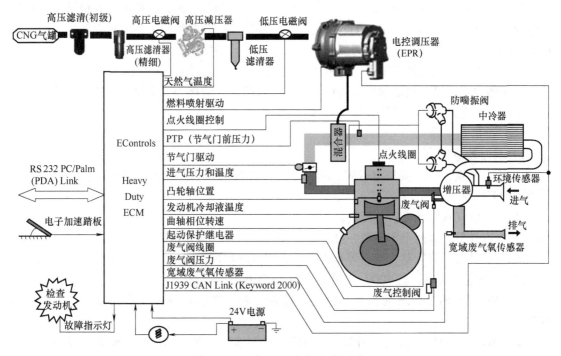

图 2-65 玉柴 CNG 汽车发动机原理

3. CNG 汽车燃气供给系统使用注意事项

（1）出车前的例行检查

1）检查充气量。接通全车电源，打开点火开关，将油气转换开关置于"气"的位置检查气量显示器指示的气量。

2）检查密封性。在出车前除执行通常例检外，还必须对 CNG 供给系统供气管路、接头组件是否泄漏进行检查，并闻有无臭味。

（2）发动机起动

1）用 CNG 起动。将油气转换开关置于"气"的位置，按一般操作程序用 CNG 起动汽车。起步时发动机冷却液温度应在 60℃ 以上，档位以低档为宜。

2）用汽油起动。将转换开关置于"油"的位置，可按一般操作程序起动。

（3）行驶中的燃料转换 建议起动后使用同一燃料进行行驶；进行燃料转换时，将会出现燃料供给的过渡期,此时发动机将出现转速下降或轻微的停顿现象。所以若在行驶中进行燃料的转换,不得在交通拥挤、上下坡、转弯或视线不好的地方进行。

(4) 驾驶时应注意的事项 双燃料汽车停车时,应选择阴凉通风处,防止暴晒,且远离火源和热源。行驶中如发现天然气有泄漏现象,应立即靠边停车,关闭天然气气瓶阀,并让管道中的天然气用完,然后改用汽油将汽车开到加装厂进行处理,泄漏排除后方可继续使用天然气行驶。如果在行驶中发生火灾,应迅速关闭电源、天然气储气瓶阀,并隔离火源,立即用灭火器灭火,应迅速将现场人员疏散到安全的地方(向上风方向撤离)。排放高压天然气时严禁现场存在明火。

(5) 车辆的充气与停放 充气前让乘客在加气区外下车,不能载客加气;检查有无泄漏,是否符合加气条件。充气结束,应先关闭充气阀手动截止阀,再拔出充气枪接头,插入防尘塞。检查高压管路、接头有无漏气现象。车辆停放时,必须检查系统有无漏气、损坏等现象。必须关闭电源开关,关闭天然气储气瓶截止阀,用完管道内的余气。长期停放时必须关闭电源开关、天然气储气瓶开关。将天然气用完,按汽油车的停放规定对车辆进行停放。停在停车场或车库里,保证通风效果良好,必须有防火、防爆等安全设备和措施。严禁在封闭的车库、厂房内拆卸、维修天然气供气系统。

(6) 维护和保养

1) 日常检查

① 检查气瓶、CNG 高压电磁阀、减压器、喷射共轨等部件安装完好紧固情况,紧固已经松动的紧固件。

② 检查供气软管和喷射分配管。

③ 检查气量,接通全车电源,打开点火开关,检查气量显示器指示的气量。

④ 检查供气系统管路、接头等是否泄漏,如发现有损伤应及时到专业维修服务站修理。

2) 一级维护(每行驶 5000~7500km 维护保养内容)

① CNG 气瓶固定装置的检查与紧固。检查气瓶固定装置有无变形、损伤;紧固固定装置。

② CNG 气瓶阀门的检查。用漏气检测仪或检测液,检测多功能充气阀是否泄漏,如有应及时处理。检查出液手动阀,开关应灵活,管接头应无泄漏。检查充液阀及管接头与管路卡箍,应无松动、无泄漏现象。

③ 系统各管路及接头的检查。管体应无损伤和龟裂现象。用检测仪或检测液检测有无泄漏,检查管接头及门连接是否牢固,应无松动、无泄漏现象。

④ 稳压蒸发器的检查与紧固。用检测仪或检测液检测稳压蒸发器及接头有无泄漏现象,检查装置支架有无松动现象,并予以紧固。

⑤ 稳压蒸发器循环水管及接头的检查。检查温水管有无污垢堵塞,如有应予以清除。检查水管有无老化、龟裂、破损及泄漏现象。检查供气软管有无老化、龟裂、破损及泄漏现象。

⑥ 电磁阀动作及安全检查。检查各电磁阀是否正常、灵敏、可靠,有无泄漏,电源接口是否稳固、接触良好。检查并紧固电磁阀支架。

⑦ 电源系统的检查。低压电路应连接可靠,无绝缘损坏,接触良好,无短路、短路现象。熔丝盒内的熔丝应齐全、可靠,符合要求,无私自搭接线。清洁检查火花塞,必须使用

燃气专用机油。

3) 二级保养：

① 所有一级维护项目。

② 检测标定减压器。

五、液化石油气汽车（LPGV）

1. 液化石油气（LPG）的物理化学性质

LPG 是石油炼制过程中的副产品或对油田伴生气处理过程中的轻烃产品。LPG 的主要成分为丙烷和丁烷，另外还含有少量丙烯、丁烯及其他烃类物质。LPG 大部分组分在常温下为气态，经过加压处理后，气态 LPG 可被液化。虽然不同的厂家生产的 LPG 的组成有差异，但在常温下，都能在 1.6MPa 的压力下被液化，具有储存容器压力等级低、重量轻、便于储存等优点。

（1）色、味和毒性　LPG 无色、无味，没有毒性，但过量吸入后会对人体安全造成危害。

（2）密度　液态密度：15℃时液态丙烷、丁烷的密度分别为 0.508kg/L 和 0.584kg/L，则液态 LPG 的密度约为 0.5kg/L，而汽油的密度为 0.6~0.75kg/L。气态密度：15℃时气态丙烷、丁烷的密度分别为 1.458kg/m^3 和 2.07kg/m^3，两者均大于空气密度，则气态 LPG 的密度也大于空气密度。

（3）沸点　汽油的沸点为 25~232℃，常温下呈液态。丙烷和丁烷的沸点分别为-42.7℃和-0.5℃，丙烷和丁烷以气态存在。LPG 有较好的挥发性，更容易和空气混合。可将 LPG 冷却到沸点以下，转变成液体，储存在隔热的容器内，这样既经济又方便。

（4）蒸发潜热　液体燃料蒸发成气体时，将从周围吸收热量，这就是蒸发潜热。在沸点时，丙烷和丁烷的蒸发潜热分别约为 425.5J/kg 和 385J/kg。LPG 汽车在工作时，LPG 在蒸发器内蒸发、汽化成气态，将使 LPG 的温度急剧下降，严重时将使 LPG 凝固、冻结蒸发器，需要利用具有较高温度的发动机冷却液为蒸发过程提供热量。

（5）蒸气压　LPG 被注入密闭容器内后，其中一部分液体蒸发成气体，同时，少部分气体转变成液体，随着密闭容器内压力的升高，蒸发量逐渐减少，液化量逐渐增多，最终蒸发和液化达到平衡，容器内压力稳定在固定值，此时的蒸气压力即为蒸气压。20℃时汽油的蒸气压几乎为零，而丙烷、丁烷的蒸气压分别为 0.8MPa 和 0.2MPa。

（6）自燃温度　汽油的自燃温度约为 220℃，丙烷、丁烷的自燃温度约为 470℃。

（7）热值　热值分为高热值和低热值。高热值包括燃烧生成物冷却到原始温度后放出的全部热量，由于燃烧后排出的水蒸气所含热量无法利用，发动机热力计算时用低热值。

（8）点火极限　燃料和空气混合后形成的混合气的浓度过浓（燃料过多）或过稀（燃料不足）均是难于被点燃的。浓度在一定的范围内，燃料与空气的混合气才能够被点燃，这一浓度范围的上、下限值分别是燃料的点火极限的上限和下限。点火极限之间的浓度范围为燃料的燃烧范围。LPG 的燃烧范围比汽油宽，可在大范围内改变混合比。采用稀薄燃烧技术后，可提高发动机的经济性，改善排放性能。

（9）理论空燃比　汽油的理论空燃比为 14.7，丙烷、丁烷的理论空燃比分别为 15.65 和 15.43。使相同质量的燃料完全燃烧，LPG 需要的空气量稍多于汽油。按照体积计算，丙烷、丁烷的理论空燃比分别为 23.81 和 30.95。

（10）辛烷值　燃料的抗爆性是燃料的一个重要指标。抗爆性用燃料的辛烷值表示，辛烷值越高，燃料的抗爆性越好。LPG的辛烷值高于汽油，可适应更高的压缩比。

（11）受热膨胀　温度升高时，LPG的体积有较大的膨胀，单位温度的膨胀量是水的15～20倍，约为铁的100倍。

（12）气/液容积比　15℃时，丙烷、丁烷的气液容积比（单位重量的丙烷、丁烷的气态容积和液态容积的比）分别为273和236。当液态LPG从储存容器或管道内泄漏出来时，其体积迅速膨胀并蒸发成气体。

（13）腐蚀性　LPG对天然橡胶、油漆等有腐蚀作用，LPG的储存、输送、减压等设备中的膜片、密封圈、软管等必须采用耐腐蚀橡胶。

2. LPG汽车燃料供给系统的总体组成与基本原理

（1）总体组成　LPG汽车燃料供给系统已经由以前的机械式改为电控式，其总体组成如图2-66所示，主要有燃料供给系统和电控系统两大部分。前者主要由储气瓶、充气阀、高压电磁阀、减压蒸发器、油气转换开关、混合器、喷油器等组成，实现燃料压缩天然气的随车储存，在各种管路内输送、充装和向发动机喷射等功能；后者主要由各种传感器、控制器和执行器组成，与原车的ECU配合，实现燃料LPG的定时定量喷射。

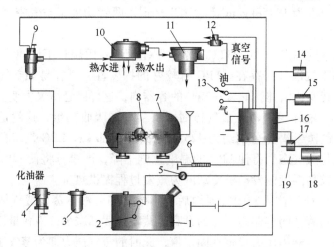

图2-66　LPG汽车燃料供给系统的总体组成

1—汽油箱　2—油位传感器　3—汽油滤清器　4—电动汽油泵　5—汽油表　6—辅助液面显示器　7—储气瓶
8—集成阀　9—LPG电磁阀　10—蒸发调压器　11—混合器　12—真空电磁阀　13—汽油/LPG转换开关
14—节气门位置传感器　15—发动机转速传感器　16—电控单元（ECU）　17—氧传感器
18—三元催化转换器　19—发动机排气管

（2）LPG汽车燃料供给系统基本原理　图2-67所示为LPG汽车燃料供给系统的工作原理。

液化石油气以液态储存于储气瓶中，发动机工作时，储气瓶和供液管截止阀打开，由储气瓶流出的液化石油气经调节器调压、计量后以气态输送到混合器中，与空气混合后被吸入气缸，经火花塞点火燃烧。

1）加气过程。将加气站加气枪和LPG充气阀连接，打开加气枪加气开关，LPG经加气枪、充气阀、加气管路、组合阀流入LPG钢瓶内。当钢瓶内LPG液面达到钢瓶容积80%位置

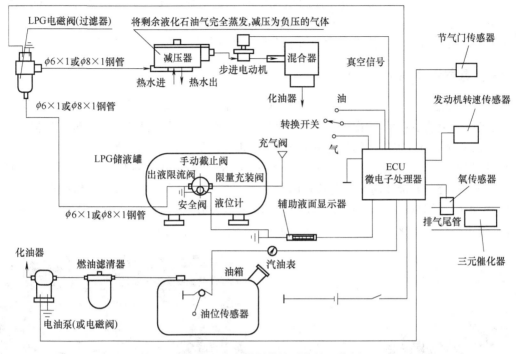

图 2-67 LPG 汽车燃料供给系统的工作原理

时,组合阀上的限充装置自动切断 LPG 进气通道,气枪加气开关自动跳开,完成加气过程。

2) LPG 工作过程。将油/气转换开关至于 LPG 位置,打开点火开关,起动发动机,当转速超过转换界限,LPG 截止阀打开 LPG 管路,电喷模拟器控制喷油器处于关闭状态,停止汽油供给,LPG 蒸发减压后进入混合器。当起动发动机后,油/气转换开关得到转速信号输入,条件达到时输出控制 LPG 电磁截止阀的开启信号,LPG 电磁截止阀打开 LPG 管路、储气瓶内 LPG 在压力作用下经过组合阀、LPG 管路、LPG 电磁截止阀输送到蒸发减压器。以液态的、具有一定压力的 LPG 在蒸发器内被蒸发减压成接近常压的气态 LPG,气态 LPG 经低压管路、功率调节器输送至混合器,与来自空气滤清器的空气混合,形成可燃混合气,可燃混合气通过进气歧管进入各个燃烧室,被点燃,完成做功过程。

3) 汽油工作过程。将油/气转换开关置于汽油位置,电喷模拟调节器接通汽油喷油器电路,LPG 电磁截止阀处在关闭位置,发动机按正常电喷方式工作。

4) 汽油至 LPG 的转换。使用汽油时,如果需要将燃料转换到 LPG,首先将油/气转换开关从汽油位置转换到 LPG 位置,此时电喷模拟调节器控制喷油器处于关闭状态,同时 LPG 电磁截止阀被打开,LPG 被供给至发动机,从而完成了从汽油至 LPG 的燃料转换。注意:在发动机起动时,不管油/气转换开关在什么位置,都是汽油起动,在超过预定的转速后再降到预定转速时才自动转到燃气状态。

5) LPG 至汽油的转换。汽车使用 LPG 时,如果要将燃料转换至汽油,将油/气转换开关从 LPG 位置按至汽油位置,此时 LPG 电磁截止阀关闭、电喷模拟调节器接通汽油喷油器电路,汽油被喷射供给发动机。

6) LPG 的闭环控制。为了实现对空燃比的精确控制,在系统中安装有一个用于控制

LPG供给量的闭环控制系统。闭环控制系统中的中央控制器读入安装在排气管上的氧传感器测得的尾气中的氧含量信号,然后控制安装在低压管路上的功率调节阀步进电动机动作,对LPG供给量进行调节,使进入发动机的混合气浓度始终在理论空燃比附近。

六、氢气汽车（HCEV）

(1) 认识氢气汽车　氢气汽车（HCEV）使用的燃料是氢气,它是一种环保高能材料,是航天飞机、火箭发射器等用的燃料,燃烧热能是汽油的3倍,排放是水,没有任何污染。

图2-68所示为日本丰田的氢燃料电池轿车Mirai,被丰田汽车视为"未来之车"。Mirai有两个储氢罐,总容量是122.4L,采用$700×10^5$Pa储存。为了保证安全,储氢罐被设计成四层结构,铝合金的罐体内部衬有塑料内胆（图2-69）,外面包裹一层碳纤维强化塑料的保护层,保护层外侧再增加一层玻璃纤维材料的减振保护层,并且每一层的纤维纹路都根据所处罐身位置进行了优化,使纤维顺着压力方向分布,提升了保护效果。

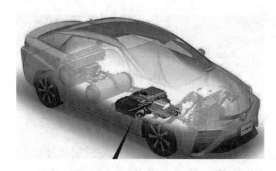
图2-68　日本丰田的氢燃料电池轿车Mirai

图2-69　丰田的氢燃料电池轿车Mirai内剖图

(2) 氢气汽车的优缺点　氢气的危险性与汽油和丙烷相当,在安全性方面,各种燃料均有不同的特点。氢燃料在安全性方面的优点如下:

1) 氢气的自燃温度高,若无高温火源一般不会着火。
2) 氢气的密度小,扩散系数大,即使发生泄漏也会很快扩散到空气中,在开放空间,氢气几乎不会着火燃烧。
3) 石油及煤燃烧时均发出强烈的红色辐射热而氢气燃烧时火焰为无色且辐射十分微弱,其下方和侧面的高温危险区十分狭窄。

氢燃料在安全性方面的缺点如下:

1) 氢气点燃所需的点火能量很低,能被高温炽热点燃。
2) 氢气的着火基线很宽广,即使是极为稀薄的氢气与空气的混合气也能被点燃着火。
3) 氢气能从很窄的缝隙中泄漏出来。

任务五　太阳能汽车

学习目标

1. 叙述太阳能汽车的优缺点。

2. 学习太阳能汽车的发展背景及现状。
3. 叙述纯太阳能汽车的基本结构和工作原理。

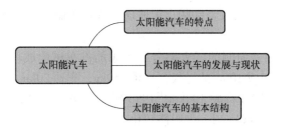

太阳能汽车（图2-70）是将太阳能转化为电能的汽车，具有节能、安全、环保的特点。由于其零污染，能源用之不尽，被人们称为"未来汽车"。

图 2-70　某车企太阳能概念车

一、太阳能汽车的特点

1）能源用之不尽。汽车能源来自太阳，物美价廉，太阳表面温度为6000K左右，太阳内部温度高达2×10^7K以上，是取之不尽、用之不竭的。

2）零排放，无污染。

3）结构简单，无复杂的内燃机、离合器、变速器、传动轴、散热器和排气管等零件，而是由电池板、储电器和电动机组成的。

4）缺点是依赖太阳，续航里程较短。

二、太阳能汽车的发展与现状

1839 年，法国物理学家 Alexander-Edmond Becquerel 发现了光伏特效应；1883 年，美国科学家 Charles Fritts 制造出第一个太阳能电池；1946 年，半导体研究学者 Russell Ohl 开发出现代化的太阳能电池；1978 年，英国研制成功世界上第一辆太阳能汽车，速度达到 13km/h。1982 年，澳大利亚人汉斯和帕金用玻璃纤维和铝制成了一部"静静的完成者"太阳能汽车。

1984 年 9 月，我国首次研制的"太阳号"太阳能汽车试验成功。太阳能汽车车顶上安装了 2808 块单晶硅片，组成 $10m^2$ 的硅板，自重 159kg，车速 20km/h，遇阴雨天或晚上，靠两个高效蓄电池供电，可连续行驶 100km。1996 年，清华大学研制了"追日"号太阳能汽车，重 800kg，最高车速达 80km/h，太阳能转化率为 14%。

1999 年 5 月，巴西圣保罗大学科研人员设计出一款新型太阳能汽车，最高速度超过 100km/h。2003 年，澳大利亚太阳能汽车比赛上，由荷兰制造的"Nuna Ⅱ"太阳能汽车取得了冠军，它以 30h 54min 的时间跑完了 3010km 的路程，创造了太阳能汽车最高速度 170km/h 的世界纪录。

由于太阳能汽车的诸多优点，世界各国都在加紧开发步伐。鉴于目前的技术水平，太阳能功率较小，一般太阳辐射功率至多 $1kW/m^2$，光电转换效率小于 30%，因此全部用太阳能驱动传统的汽车难以达到。作为传统汽车的辅助动力，减少常规燃料的消耗，已经得到较多应用，目前国内销售的车型当中，奔驰 E 级、奥迪 A8、A6L、A4，比亚迪 F3DM 等车型都已配备了太阳能辅助装置。

三、太阳能汽车的基本结构

太阳能汽车一般由太阳能电池组、自动阳光跟踪系统、驱动系统和控制器等组成。

（1）太阳能电池组　它是太阳能汽车的核心，由一定数量的单体电池串联或并联组成电池方阵。太阳能单体电池由半导体材料制成，当太阳光照射在该半导体材料时，半导体的电子空穴对被激发，形成"势垒"也就是 P-N 结。由于势垒的存在，在 P 型层产生的电子向 N 型层移动而带正电，而在 N 型层产生的空穴向 P 型层移动而带负电，于是在半导体器件两端产生的 P 型层为正的电压，即形成了太阳能电池。

太阳能电池的电流大小与太阳光照射强度的大小和太阳能电池面积有关，将很多太阳能电池排列组合成太阳能电池板，以产生所需要的大电流和高电压。

（2）自动阳光跟踪系统　太阳能电池能量的多少取决于太阳能电池板接收太阳辐射能量的数量，相对位置不断变化，太阳能电池板接收太阳能辐射能量也在不断变化。自动阳光跟踪系统的作用就是保持太阳电池板正对着太阳，最大限度地提高太阳电池板接受太阳辐射能的能力。

（3）驱动系统　太阳能汽车采用的驱动电动机主要有交流异步电动机、永磁电动机、直流电动机，其驱动系统与 EV 基本相同。

（4）控制器　主要实现对太阳能电磁组进行管理和对电动机的控制，其作用与 EV 控制系统相同。太阳能汽车由太阳能电池板在自动阳光跟踪系统的控制下始终正对太阳，接收太阳光，并转换成电能，向电动机供电，再由电动机驱动汽车行驶，它实际上是一种电动汽车，其工作原理与串联式混合动力汽车基本相同。

由于太阳能电池的能量较小，受天气的影响大，在阴天、下雨时，太阳能电池的转换效率降低或停止，太阳能汽车往往与蓄电池组共同组成太阳能混合动力电动汽车。当太阳光强烈，转换电能较充足时，通过充电器向动力电池组充电，也可以由太阳能电池板直接提供电能，通过电流变换器将电流输送到驱动电动机，驱动汽车行驶，其驱动模式相当于串联式混合动力电动汽车，一般采用智能控制系统来控制其运行。当太阳光线较弱或阴天，则靠蓄电池外供电。

任务六　新型燃料汽车

学习目标

1. 叙述醇类燃料汽车的来源、分类与主要特性。
2. 叙述生物柴油汽车的优缺点。
3. 叙述二甲醚汽车的特点和应用。

任务导图

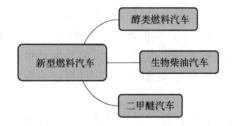

情景导入

新型燃料汽车主要是用新型清洁燃料全部或者部分取代内燃机中的汽油、柴油，再由内燃机驱动汽车。这类新能源汽车，以醇类燃料汽车、生物柴油汽车和二甲醚汽车为主。

必备知识

一、醇类燃料汽车

醇类燃料因来源广泛、丰富，抗爆性好，与石油燃料的理化性能相近，受到越来越多的关注。

1. 醇类燃料的来源

甲醇（木醇或木酒精）可以由一氧化碳和氢气合成，为无色透明的液体，具有高挥发性，易燃，主要由天然气（占78%）、重油（10%）、液化石油气（占3%）、煤炭（占2%）、油页岩和木材等物质提炼而成。乙醇俗称酒精，其工业生产方法主要有发酵法和乙烯水合法等。

2. 醇类燃料的分类

（1）按醇类燃料的成分和性质分类　醇类主要是指甲醇和乙醇。它们都是相对分子质量较小的单质，燃烧产物中基本没有碳烟，氮氧化物的排放浓度也很低，是一种低污染性燃料。

醇类燃料汽车是指以甲醇汽油、乙醇汽油、甲醇、乙醇为燃料的汽车。醇类燃料可以与汽油或柴油按一定比例配制而成混合燃料，也可以直接采用醇类燃料作为发动机的燃料。醇类燃料汽车与电动汽车、天然气汽车一样，都是新能源和清洁代用燃料汽车。

（2）按醇类燃料在汽车上的应用分类　主要有掺烧、纯烧和改质三类。

1）掺烧是醇类燃料在汽车上的主要应用方式，为使内燃机燃用甲醇时能有良好效果，可采用不同的掺烧方式。调整混合燃料性质，改进发动机结构，设计良好的掺烧及控制装置。

2）纯烧类型是指单纯燃烧甲醇或乙醇燃料。主要方式有6种：裂解法、蒸气法、火花塞法、电热塞法、炽热表面法和加入着火改善剂法。后三种方法仅用于柴油机上，其他方法既可用于柴油机上，又可用于汽油机上。

纯烧类型的优点是发动机可以根据燃料的特点进行改造，如按醇类燃料的理论空燃比设计和调整供油系统、加装发动机预热装置、加大油泵的供油量、改善零部件的耐蚀性等。通过改造发动机后，纯烧类型汽车的动力性和经济性比烧汽油时有较大的提高。

3）改质类型现在主要是指醇类燃料的改质。甲醇改质是利用发动机的余热将甲醇生成为氢气和二氧化碳，然后输送到发动机内燃烧，需要对发动机进行较大的改造，最好重新设计发动机。变性燃料乙醇是指乙醇脱水后再添加变性剂而生成的以乙醇为主的燃料。

3. 醇类燃料的主要特性

甲醇和乙醇均为无色透明、易挥发的可燃液体，能和乙醇与汽油相比，热值低、蒸发潜力大、抗爆性好、含氧量高。甲醇略带酒精味儿，有毒，接触人体会引起胃疼、肌肉痉挛、头昏、乏力等症状，严重时可导致失明甚至死亡。乙醇有强烈的酒精气味，对人体的大脑神经有麻痹作用。甲醇和乙醇性质类似之处很多，与汽油相比，缺点和优点几乎相同，只是在程度上略有差别。醇类燃料吸水性强，化学活性高，容易发生早燃等。甲醇、乙醇与汽油、柴油的理化性能不同。

醇类燃料在汽车上的应用主要有以下特点：

1）醇类燃料含氧量大，热值低，所需的理论空气量比汽油和柴油少，能保证发动机的动力性能不降低。

2）辛烷值比汽油高。醇类燃料是点燃式发动机的比较好的代用燃料，可作为提高汽油辛烷值的优良添加剂，采用高压缩比提高热效率。

3）常温下为液体，操作容易，携带方便。

4）可燃界限宽，汽油的着火极限为1.4~7.6。甲醇的着火极限为6.7~36，燃烧速度快，火焰传播速度比汽油快，可以实现稀薄燃烧，利于排气净化和空燃比控制。

5）与传统的发动机技术有继承性，特别是使用汽油-醇类混合燃料时，发动机结构的变化不太大,可以减少燃烧室表面的燃烧沉积物和改善排放性能。

6) 十六烷值低,着火性差,着火延长期长,在压燃式发动机中,采用醇类燃料要困难得多,在点燃式发动机中应用较广。

7) 蒸发潜热大,使醇类燃料低温起动和低温运行性能恶化。在汽油中混合低比例的醇,由燃烧室壁面给液体醇以蒸发热,可成为提高发动机热效率和冷却发动机的有利因素。

8) 热值低,甲醇的热值只有汽油的48%,乙醇的热值只有汽油的64%。与燃用汽油相比,在同等的热效率下,醇的燃料经济性低。

9) 沸点低,蒸汽压高,容易产生气阻。

10) 腐蚀性大,醇具有较强的化学活性,能腐蚀锌、铝等金属。甲醇混合燃料的腐蚀性随甲醇含量的增加而增强。

11) 醇混合燃料容易发生分层。醇的吸水性强,混合燃料吸入水分后易分离,醇混合燃料要加注助燃剂。

12) 甲醇有毒,会刺激眼结膜,也会通过呼吸道、消化道和皮肤进入人体,刺激神经,造成头晕、乏力、气短等症状。

二、生物柴油汽车

生物柴油是指以油料作物、野生油料植物、油脂、餐饮废油等为原料,通过酯交换工艺制成的有机脂肪酸酯类燃料。生物柴油汽车是指以全部或部分生物柴油为燃料的汽车。

生物柴油是以脂肪酸甲酯为主要成分的一种替代燃料,直接用于汽车动力上。生物柴油可以100%浓度用于柴油发动机。目前世界上主要还是将生物柴油用于矿物油调和行业上,生物柴油的规模应用普遍为B5(5%的生物柴油+95%的标准柴油)~B20(20%的生物柴油+80%的标准柴油)。

1. 生物柴油汽车的优缺点

(1) 生物柴油汽车的优点

1) 优异的环保性。生物柴油产生的二氧化硫和硫化物排放量低,不含芳香族烷烃,氧含量高,一氧化碳的排放与普通柴油相比减少约90%,无毒。

2) 高度的安全性。目前世界各地生产的生物柴油闪点均高于130℃,具备极好的热稳定性和抗爆性,在运输、储存和使用方面安全性很高。

3) 优异的低温起动性。无添加剂冷凝点达-20℃,可确保在低温环境下正常起动。

4) 较好的可燃性和润滑性。生物柴油的十六烷值一般不低于石化柴油,燃烧性能优良,润滑性好,可以降低喷油泵发动机缸体和连杆的磨损率,延长发动机使用寿命。

(2) 生物柴油汽车的缺点

1) 燃烧效果差。生物柴油的黏度约为石化柴油的12倍,影响喷射行程,导致喷射效果不佳。生物柴油的低挥发性易造成燃烧不完全,影响汽车的燃烧效率。

2) 制取成本较高,消耗大量的耕地资源,与石化柴油相比,加工制取的工艺较复杂。

3) 氧化稳定性差,给实际使用和储存都造成了很大的困难。

2. 生物柴油汽车的发展现状

英国是最早研究生物柴油的国家。1983年美国科学家Graham Quick首先将菜籽油甲酯用于发动机,并把来自动物或植物的可再生的脂肪酸甲酯定义为生物柴油。

美国对生物柴油的关注始于1990年的空气清洁法案。美国能源署及环保署要求联邦政府部门车辆部分使用生物柴油代替石化柴油。2005年3月,美国海军要求其符合条件的车船均使用B20燃料,许多联邦政府、州政府和地方政府相继效仿,目前美国大部分政府车辆、公共汽车和校车已经用上了B20生物柴油。

欧盟是全球最大的生物柴油生产组织,目前欧洲生物柴油份额已占成品油市场的5%以上。德国作为欧盟的代表,已成为全球最大的生物柴油生产国,其生产和消费的生物柴油占世界总量的1/3。

我国生物柴油发展较晚,系统研究始于中国科学院的"八五"重点研究项目"燃料油植物的研究与应用术"。2007年颁布的《柴油机燃料调和用生物柴油(BD100)国家标准》,使得生物柴油作为替代能源有了正式身份,但该标准只是一种化学品的产品标准。

三、二甲醚汽车

1. 二甲醚及其来源

二甲醚(DME)简称甲醚,属于醚的同系物,虽然对皮肤有轻微的刺激作用,但二甲醚毒性极低,具有优异的环境性能指标。在大气中二甲醚能够在短时间内分解为水和二氧化碳,不会对环境造成破坏。作为柴油机代用燃料,二甲醚具有十六烷值高的特点,二甲醚不含硫和氮等杂质,组成中含氧,尾气排放造成的环境污染少,其一氧化碳和碳氢的排放比以柴油为燃料的柴油机有较大幅度的下降,是城市车辆比较理想的清洁燃料。研究表明,大规模生产二甲醚的成本不会高于柴油,成本和污染都低于丙烷和压缩天然气等低污染替代燃料。

自然界中不存在二甲醚,必须用原料来制成。其制取原料主要有天然气、煤和生物质等。

2. 二甲醚的特点

二甲醚的理化性能与柴油的比较见表2-6。

表2-6 二甲醚的理化性能与柴油的比较

比较项目	二甲醚	0号柴油	比较项目	二甲醚	0号柴油
十六烷值	55~60	40~60	气/液容积比(15℃)	624	150
氢碳原子比	3	2~2.3	理论空燃比	8.98	14.3
含氧量(%)	34.8	0	低热值/(MJ/kg)	27.6	42.5
密度(kg/m^3)	66(-24.81℃)	780~860	理论混合气热值(MJ/m^3)	3.71	3.79
沸点(常压)/℃	-24.8	200~300	着火极限(%)	3.4~19	1.5~8.2
蒸发潜热/(kJ/kg)	467(-24.8℃)	270	着火温度(常压)/℃	235	250

二甲醚的理化性质有以下特点:常温常压下,二甲醚是一种无色、无味、无毒的气体。二甲醚是简单的醚类化合物,只有C—H和C—O键,又是含氧(氧质量分数为34.8%)燃料,容易完全燃烧,燃烧时不会像柴油那样产生炭烟,既有利于减少燃烧生成的烟度和威力,还可以使用更大的废气循环,降低碳氧化物排放。

二甲醚的十六烷值为55~60,一般柴油只有40~55。二甲醚的着火温度为235℃,着火性能优于柴油,在柴油机上燃用二甲醚不需要采取助燃措施。二甲醚不发生光化学反应,对人体无毒，当体积分数超过10%时，才会产生轻微的麻醉作用，对环境和人体无害。

二甲醚是一种可再生燃料，不仅可以从石油及天然气中提取合成，而且可从煤、植物、生活垃圾中提取合成。醚的低热值只有柴油的64.7%，为达到柴油机的最佳动力性，必须增大二甲醚的循环供应量。

二甲醚的分子式与乙醇相同，单分子结构不同，因此其性质与乙醇有很大差异。乙醇属于高辛烷值类燃料，主要应用于点燃式发动机；而二甲醚属于高十六烷值类燃料，主要应用在压燃式发动机上。乙醇常态下是液态，常态储运；二甲醚常态下是气态，加压储运。乙醇的沸点为78.3℃，储存容器无须专门密封；二甲醚的沸点为-24.8℃，需要设置专门的密封装置。

课后习题

1. 纯电动汽车的应用现状和类型是什么？
2. 纯电动汽车的结构原理和特点，以及关键技术和节能机理是什么？
3. 典型纯电动汽车的工作原理是什么？
4. 混合动力汽车的概念、应用现状、类型及特点是什么？
5. 混合动力汽车的节油控制策略是什么？
6. 认识典型混合动力汽车的结构与工作原理。
7. 燃料电池汽车的概念、优缺点和结构原理是什么？
8. 列举燃料电池汽车的关键技术。
9. 归纳燃料电池汽车发展亟待解决的问题。
10. 燃气汽车的含义、特点与分类是什么？
11. 简述压缩天然气汽车的结构原理和特点。
12. 简述液化石油气汽车的结构与工作原理。
13. 列举氢气汽车使用安全性的优缺点。
14. 简述太阳能汽车的优缺点。
15. 简述纯太阳能汽车的基本结构和工作原理。
16. 醇燃料汽车的来源、分类与主要特性是什么？
17. 列举生物柴油汽车的优缺点。
18. 简述二甲醚汽车的特点和应用。

单元三 汽车发动机节能技术

学习指南

目前发动机节能技术有发动机稀燃技术、增压技术、燃油掺水节油技术、发动机可变配气正时技术、可变进气歧管技术、可变压缩比技术、汽油机燃油喷射与点火系统的电子控制技术、柴油机燃油喷射系统电子控制技术、电子节气门技术、陶瓷发动机以及 EcoBoost 发动机技术等。本单元重点阐述新能源汽车发动机的节能技术。

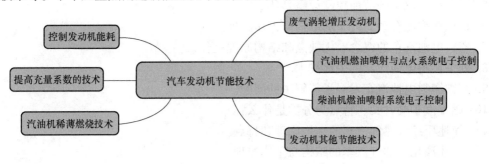

任务一 控制发动机能耗

学习目标

1. 叙述发动机的工作性能及评价指标。
2. 叙述发动机的节能原理和途径。

任务导图

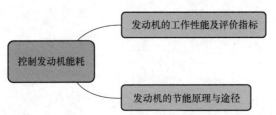

单元三 汽车发动机节能技术

随着我国节能减排政策的不断推进,汽车行业的节能减排是一个大趋势,也是一个大的系统工程,它涵盖了汽车从设计、制造、使用到报废的整个过程。发动机是汽车最重要的核心部件,在汽车的节能减排中占有举足轻重的地位。

从节能的角度来看,既要提高发动机的热效率,又要设法使发动机节材轻量化,并使其具有更高的可靠性和更长的使用寿命。从环境保护的角度来看,为了减少有害气体排放和降低燃烧噪声,除了改进工作过程外,还必须降低燃油消耗。同时,考虑到发动机燃烧是复杂的化学反应过程,各性能参数与改善措施之间的关系是复杂的,有些方面还存在矛盾,因此在设计产品及采取措施提高发动机性能时,只有理解主要性能参数之间的关系及矛盾,才能采取适当的措施,有时不得不采用折中方案,或者采用辅助措施的综合方案。

此外,还要考虑到发动机只是汽车的动力来源,汽车的经济性既取决于发动机自身的经济性,还依赖于发动机与整车的合理匹配,它是改善整车行驶经济性的关键环节之一。

一、发动机的工作性能及评价指标

1. 发动机的工作性能

发动机的工作性能包括动力性、经济性、运转性能和可靠性等几个方面。其中动力性和经济性与节能的关系最为密切,也是发动机最为重要的两个性能,它们相互联系,又相互制约。在研究节能技术时,只有在满足动力性要求的前提下,经济性才有意义。

2. 发动机的评价指标

评价指标主要有动力性能指标、经济性能指标及运转性能指标。衡量一台发动机性能的好坏,主要是对以上指标进行评价,但在评价时不仅要考虑性能指标,还要把可靠性、耐久性、结构工艺、生产实际条件以及使用特点等诸多方面予以综合评定,并把各种性能有机地结合起来。

(1) 动力性能和经济性能指标 发动机的动力性和经济性指标有指示性能和有效性能指标两种。

1) 指示性能指标:以工质在气缸内对活塞所做的功作为计算基准的指标称为指示性能指标,简称指示指标。

2) 有效性能指标:以发动机曲轴输出功为计算基准的指标称为有效性能指标,简称有效指标。有效指标被用来直接评定发动机实际工作性能的优劣,因而在生产实践中获得广泛应用。在对发动机节能效果的优劣进行评定时,主要采用有效性能指标。发动机的有效性能指标主要包括发动机的有效功率、有效转矩和燃油消耗率。

① 有效功率:发动机通过飞轮对外输出的功率,称为发动机的有效功率。它等于有效转矩与曲轴运转角速度的乘积。

② 有效转矩:发动机通过飞轮对外输出的转矩称为发动机的有效转矩。

③ 燃油消耗率：发动机每发出 1kW 的有效功率，在 1h 内所消耗的燃油的质量，称为燃油消耗率。燃油消耗率越低，发动机的经济性越好。

(2) 运转性能指标　发动机的运转性能指标主要指排气品质、噪声、起动性能等。

二、发动机的节能原理与途径

1. 提高充气效率

(1) 减小进气系统的流动损失

1) 减小进气门座处的流动损失。

① 可以增大进气门的直径，并选择合适的排气门直径。发动机充气效率的大小，与通过进气门座处的气流的平均马赫数密切相关。平均马赫数是进气门处气流平均速度与该处音速之比，该比值超过 0.5 后充气效率便急剧下降。

② 可以增加气门数目，采用小气门。增加气门数是增大进气门流通面积、降低排气损失的有效措施。

③ 可以改善进气门处流体动力学性能，减少气门处流动损失；适当增大气门的升程，改进配气凸轮形状，在惯性力允许的情况下，使气门开闭尽可能地快；适当加大气门杆身与头部的过渡圆弧，减少气门座密封面的宽度，修圆气门座密封锥面的尖角等措施，均可改善进气门处流体力学性能，减小流动损失。

④ 还可以采用 s（活塞行程）/d（缸径）值较小的发动机以减小进气门处的流动损失。

2) 减小整个进气管道的流动阻力。进气道应能够使新鲜气体充入气缸内形成涡流，应有足够的流通截面积，表面光洁，避免急转弯和流通截面的突然变化，空气滤清器的阻力应随着结构和使用时间的延长而不同。

(2) 减少对新鲜充气量的加热　对新鲜充气量的加热与很多因素有关，其中大部分属于运转因素。凡是能降低活塞、气门等热区零件的温度和减小接触面积的措施都有利于减小对新鲜充气量的加热。增压发动机的燃烧室扫气、油冷活塞、柴油机进、排气管分别置于气缸盖两侧等措施，也有利于减少对新鲜充气量的加热，具有节能效果。

(3) 减小排气系统的阻力　减小排气系统中排气门座、排气道、排气管、排气消声器的阻力，对降低排气压力和减小排气损失均有利。减小排气系统的阻力虽然效果不如减小进气系统阻力那么有效，但设计中仍需给予足够的重视。

(4) 合理选择配气相位　选择配气相位需要考虑进气迟闭角、进排气门重叠角、排气提前角的影响。

2. 提高发动机的机械效率

(1) 减小机械损失　发动机机械损失主要有机械摩擦损失、附件消耗损失和泵气损失等。机械摩擦损失包括活塞组件的摩擦损失、轴承摩擦损失、配气机构摩擦损失和其他损失。附件消耗损失主要指发动机运转时必不可少的辅助机构，如水泵（风冷机则为风扇）、机油泵、高压喷油泵、调速器、点火装置等所需的驱动功率。泵气损失指进、排气两个冲程中，由于工质流动时节流和摩擦等因素造成的能量损失。

(2) 影响机械效率的主要因素

1) 转速：所有机型的机械效率都随转速或活塞平均速度的上升而下降。

2）负荷：负荷越小，机械效率越低。

3）润滑条件：发动机机油选用的原则是在保证各种环境和工况均能可靠润滑的前提下，尽量选用低黏度的机油以减小摩擦损失，改善起动性能。

3. 可燃混合气含量与发动机工况的合理匹配

发动机的经济性主要取决于它的燃烧过程。对燃烧过程的要求是：燃烧要迅速、及时、完全。这就要求发动机所获得的可燃混合气应满足燃烧迅速和彻底的要求。

可燃混合气的成分通常用过量空气系数 α 来表示，即

$$\alpha = \frac{燃烧 1kg 燃料实际供给的空气质量}{完全燃烧 1kg 燃料所需的理论空气质量} \tag{3-1}$$

α=1 的可燃混合气叫作理论混合气；α>1 的可燃混合气叫作浓混合气；α<1 的可燃混合气叫作稀混合气。

不同成分的混合气，对发动机的动力性和经济性的影响，是通过试验获知的。为了保证发动机可靠地运转，汽油机正常工作时，所用的可燃混合气的过量空气系数 α 值应在能获得最大功率和最低油耗值之间，即在节气门全开的情况下，过量空气系数 α 为 0.88~1.1，以兼顾动力性和经济性。

4. 提高循环热效率和压缩比

发动机将燃料的化学能转换为有效输出功的过程，是决定发动机动力性和经济性最关键的环节。这当中主要有三个环节：燃烧负荷、机械效率和循环热效率。循环热效率是核心环节，热功转换是热能动力机械最本质的体现。

导致循环热效率下降的因素有：工质向外传热的损失、早燃损失及后燃损失、换气损失、不完全燃烧损失、缸内流动损失和工质泄漏损失。可以根据这些因素采取有针对性的措施提高循环热效率。

发动机有效功率的热当量与单位时间所消耗燃料的含热量之比称为热效率（有效效率），用以评定发动机作为热机的经济性。

汽油机定容加热循环的热效率为

$$\eta_{tv} = 1 - \frac{1}{\varepsilon^{k-1}} \tag{3-2}$$

低速柴油机定压加热循环的热效率为

$$\eta_{tp} = 1 - \frac{1}{\varepsilon^{k-1}} \frac{\rho^k - 1}{k(\rho - 1)} \tag{3-3}$$

高速柴油机混合加热循环的热效率为

$$\eta_{tm} = 1 - \frac{1}{\varepsilon^{k-1}} \frac{\lambda \rho^k - 1}{(\lambda - 1) + k\lambda(\rho - 1)} \tag{3-4}$$

式中 ε——压缩比；

k——绝热指数；

λ——压力升高比；

ρ——预胀比。

从以上三种理想循环热效率公式可知，要提高发动机的热效率，应尽量提高压缩比 ε 和绝热指数 k，在混合加热循环中，当加热量和压缩比不变时，应尽量提高压力升高比 λ（此

时预胀比 ρ 下降）。

发动机的压缩比是指压缩前气缸内的最大容积与压缩后气缸内的最小容积的比值。发动机的热效率是随压缩比的提高而提高的。同排量的发动机，选择较大的压缩比，不仅能获得较大的热效率，而且燃料的使用也很经济。

汽油发动机压缩比的选择，应以不发生爆燃为原则。在气缸直径小、转速高、燃烧室紧凑、燃料辛烷值高、爆燃性小的汽油发动机上，可以选择较大的压缩比。柴油发动机压缩比的选择，应以保证柴油机冷起动性能和最大负荷为原则，还要考虑排放气体对环境的污染。

影响压缩比提高的因素主要是爆燃，随着压缩比的提高，压缩终了的温度升高较多，使混合气的自燃倾向增大，以致火焰前锋尚未到达之前，便出现自燃而产生爆燃。实际发动机循环受到各种损失和因素的影响：工质具有不同的成分、比热、分子数和不同的高温分解特性等，因此，直接影响发动机工作过程的组织和热效率，由于换气损失、传热损失、时间损失、燃烧损失、涡流和节流损失、泄漏损失、机械损失等不可避免损失的存在，发动机的热效率远远小于理想循环的热效率。

提高发动机的热效率的关键是组织好进气过程、排气过程、喷油过程、燃烧过程，减少各种损失，主要措施有：提高压缩比，采用稀燃技术、直喷技术、增压技术、中冷技术、可变进气技术，改善进排气过程，改善混合气在气缸中的流动方式，改进点火配置提高点火能量，优化燃烧过程，采用电控喷射技术、高压共轨技术和绝热发动机技术等。

任务二　提高充量系数的技术

1. 叙述充量系数的定义。
2. 叙述提高充量系数的技术。

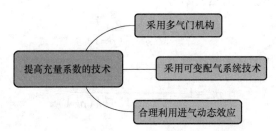

充量系数又称为充气效率 Φ_c，是表征实际换气过程完善程度的一个极为重要的参数，是衡量发动机性能的重要指标。

必备知识

一、充气效率

充气效率是指在发动机进气行程中实际进入气缸内的新鲜气体（空气或可燃混合气）的质量 M 与在进气系统进气状态下充满气缸工作容积的气体质量 M_0 的比值，用 η_V 来表示，即

$$\eta_V = \frac{M}{M_0} \times 100\% \qquad (3\text{-}5)$$

在同样大小的气缸容积 V_h 下，提高充气效率可使进入气缸的新鲜气体量增多。当保持混合气浓度一定时，允许进入气缸的燃料量增加，在同样燃烧条件下，发动机发出的功率增大。另一种情况，当燃料供给量一定时，η_V 的提高，使混合气的浓度变稀，即过量空气系数 α 适当加大，使燃烧时供氧充分而改善燃烧条件，此时有利于经济性能的提高。

要提高充气效率 η_V，需要改进内燃机的换气过程（包括进、排气过程），具体应从改进气门配气机构、凸轮外形、配气相位及减小进排气管道流动阻力等方面着手。

二、提高充气效率的技术

1. 采用多气门机构

增加进、排气门的流通面积，从而减小进、排气阻力，可以提高充气效率；使火花塞中央布置，以缩短火焰传播距离，进而提高发动机的抗爆性。

提高发动机性能的核心问题是改善燃烧，而改善燃烧的关键是扫气好、提高充气量及形成良好的混合气。现代发动机已经多气门化，每缸三气门、四气门、五气门或六气门，相应的进排气道的数量、气门的排列形式及气道形式的种类也较多。理论分析、试验结果及实践都表明，多气门能明显地提高发动机的性能。

采用多气门不只是增加进、排气流动面积，减小流动阻力损失，对于汽油机，这种方案可以使火花塞中央布置，以缩短火焰传播距离，提高发动机的抗爆性，可以采用更高的压缩比，提高汽油机的燃油经济性；对于柴油机，可以实现喷油器的垂直中置，对混合气形成和空气利用极为有利。现代小型高速发动机越来越多地采用多气门方案。

图 3-1 所示是一个 2L 排量的四气门发动机与同排量二气门发动机的性能比较。显然，采用顶置凸轮轴四气门技术，可以使发动机的功率提高 15%~30%，转矩增大 5%~10%，经济性能也能得到改善。

对于气缸直径 $D<80$mm 的点燃式内燃机，若采用二进二排的四气门结构，在气缸盖中间部位往往难以布置，即便是最小尺寸的火花塞，这时只能适当缩小进气门直径。而若采用三进二排的气门结构，既能充分利用气缸外围尺寸，又能在气缸中心布置火花塞。图 3-2 所示为采用五气门（三个进气门，二个排气门）的发动机与四气门发动机的比较，其高速性能得到进一步改善。

图 3-3、图 3-4 所示为使用 VE 分配泵的轿车直喷机由二气门改为四气门后，动力性、经济性及排放性改善情况。

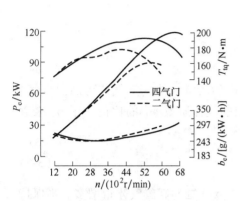

图 3-1 四气门与二气门发动机的性能比较

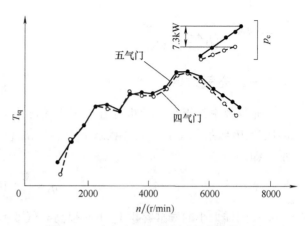

图 3-2 五气门与四气门发动机的性能比较

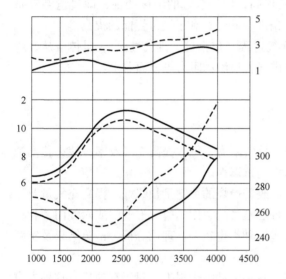

图 3-3 二气门与四气门柴油机的性能指标比较

注：实线表示四气门，虚线表示二气门。

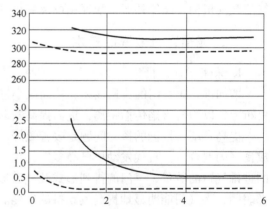

图 3-4 二气门与四气门柴油机油耗及
有害排放物的比较

注：实线表示二气门，虚线表示四气门。

2. 采用可变配气系统技术

可变配气系统按驱动方式分为机械式和电子控制无凸轮机构两类。控制发动机充量交换过程的特性参数主要有三个：气门开启相位、气门开启持续角度和气门升程。这三个特性参数对发动机的性能、油耗和排放有重要的影响。

1) 进气门开启相位提前，一方面为进气过程提供了较多的时间，特别有利于解决高转速时进气时间不足的问题，另一方面，气门叠开角增大，有更多的废气进入进气管，随后又同新鲜充量一起返回气缸，造成了较高的内部排气再循环率，可降低油耗和 NO_x 排放，但同时也导致起动困难、怠速不稳定和低速工作粗暴。

2) 进气门关闭相位推迟，一方面在高转速时有利于利用高速气流的惯性提高体积效率，另一方面在低转速时又会将已经吸入气缸的新鲜充量重新推回进气管中。

3)气门升程增大,一方面在高负荷时有利于提高体积效率,另一方面在低负荷时又不得不将节气门关得更小,造成更大的泵气损失和节流损失。

由此可见,为了提高标定功率,要提早开启、推迟关闭进气门,并提高进气门升程;为了提高低速转矩,要提早关闭进气门;为了改善起动性能并提高怠速稳定性,则要推迟开启气门,减小气门重叠。显然,进气门特性参数对发动机的影响比排气门特性参数更大;进气门关闭相位的影响比开启相位大。气门特性参数可变的进、排气门系统即可变配气系统应运而生了,这样各种工况都能优化的目的就达到了。

3. 可变配气系统的效果

可变配气系统的效果可归纳为:提高标定功率,提高低速转矩,改善起动性能,提高怠速稳定性,提高燃油经济性和降低排放。

(1) 可变气门正时技术(VVT) 将气门开启相位和气门开启持续角度称为气门正时。

根据负荷和转速调节配气相位可以控制充量系数和缸内残余废气量,如果发动机用不同凸轮轴分别驱动进、排气门,而且一根凸轮轴不是通过另一根驱动,则可以用图 3-5 所示的相位可变凸轮轴达到移动配气相位的目的,凸轮轴的相位借助一个螺旋花键套的移动来改变,花键套内孔的直齿花键与凸轮轴端头的花键啮合,它的外螺旋花键与驱动链轮的螺旋花键孔啮合,当花键套在油压作用下克服复位弹簧

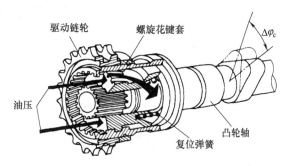

图 3-5 相位可变的凸轮轴的结构

的弹力轴向移动时,凸轮轴与驱动链轮相对角位移为 $\Delta\varphi_c = 10° \sim 20°$。油压用电磁阀控制,机油通过中空凸轮轴供给。

从图 3-6 上可以看出,采用 VVT 技术可以使发动机的低速转矩得到大幅度的提高。

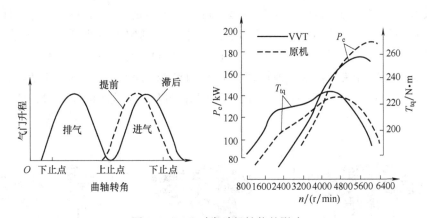

图 3-6 VVT 对发动机性能的影响

(2) 气门升程可变技术 可变凸轮机构一般都通过两套凸轮或摇臂来实现气门升程与持续角的变化,即在高速时采用高速凸轮,气门升程与持续角都较大,而在低速时切换到低速凸轮,升程与持续角均较小。

日本三菱公司为减少泵气损失,更多地提高汽车的动力性能及降低有效燃油消耗率,研发了多模式可变气门正时机构(MIVEC)。它有三种运行模式,即高速、低速和排量可变。

该机构采用两根顶置凸轮轴,凸轮外形轮廓设计为高速及低速两类,控制两个进气门及两个排气门的开关。由电控单元根据发动机工况改变的需要,发出指令给专用液压泵及液压电磁阀,让液压油进入对应该凸轮的摇臂油压活塞上,将摇臂卡紧在摇臂轴上,让摇臂能跟随凸轮动作,分别实现上述三类工作模式及表 3-1 中的气门正时升程的变化。设置专用液压泵的目的是根据发动机工况需要,在上述三种模式中进行迅速而稳定的切换。

表 3-1　发动机多模式可变气门正时机构参数

项 目		MIVEC		常规的配气机构
		低速凸轮	高速凸轮	
发动机型式		四缸直列		四缸直列
缸径×行程		ϕ81.0mm×77.5mm		ϕ81.0mm×77.5mm
排量/cm^3		1597		1597
燃油		优质		优质
压缩比		11.0		11.0
气门驱动		四气门双顶置凸轮轴		四气门双顶置凸轮轴
气门正时及升程	进气门	开(BTDC)	17°	47.5°	19°
		关(ABDC)	31°	72.5°	53°
		升程/mm	5.5	10	9.2
	排气门	开(BBDC)	41°	70°	60°
		关(ATDC)	15°	35°	16°
		升程/mm	6.8	9	9.5

发动机在高速工况,压力高的液压油进入摇臂轴的右端油道(图 3-7a),将其中活塞-H 向上推,使高速摇臂杆与摇臂轴卡紧在一起,高速凸轮通过高速摇臂杆及 T 形杆,控制气门的开关。此时摇臂轴左端并无压力高的液压油进入,其中液压小活塞-L 并未被压上去,左端低速摇臂杆并未起作用。发动机低速工况,液压油进入摇臂轴左端油孔,将其中小活塞向上压,使低速凸轮能带动左端低速摇臂杆工作。此时右端高速摇臂杆中小活塞并无液压油将其压上去,因此不工作(图 3-7b)。当摇臂轴两端都无高压液压油输入时,两个气门都不工作(图 3-7c)。

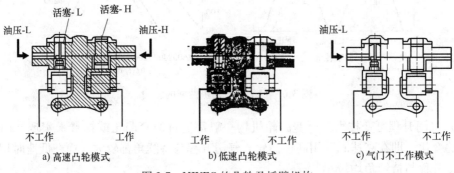

a) 高速凸轮模式　　b) 低速凸轮模式　　c) 气门不工作模式

图 3-7　MIVEC 的凸轮及摇臂机构

图 3-8 所示为一种可使进气门升程曲线连续变化的凸轮机构。一个特殊形状的杠杆 2 插在凸轮轴 3 与气门摆臂 6 之间。杠杆受偏心轴 1 控制。通过偏心轴移动杠杆 2 的位置即可改变气门升程曲线和开启持续角，从而改变发动机进气量和负荷高低，无需节气门控制负荷。

（3）电磁气门机构　电磁气门驱动是利用电磁铁产生的电磁力驱动气门，电磁气门驱动机构主要由两个相同的电磁铁（共用一个衔铁）、两个相同的弹簧和气门组成，如图 3-9 所示。

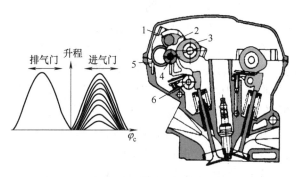

图 3-8　进气门升程曲线连续变化的凸轮机构
1—偏心轴　2—杠杆　3—凸轮轴　4—杠杆的滚轮
5—回位扭簧　6—气门摆臂

发动机不工作时，励磁线圈 2 和 5 均不通电，气门 1 半开半闭，发动机起动时，气门驱动装置初始化，控制系统根据曲轴转角，判定气门在这一时刻应有的开、关状态，使两励磁线圈中的一个通电，电磁力克服弹簧力，将气门 1 关闭或开启，气门处于开启状态时，励磁线圈 5 断电，励磁线圈 2 通电，使电磁力大于或等于弹簧力，以保持气门开启，要使气门关闭时，励磁线圈 2 断电，衔铁和气门在弹簧力的作用下向上运动，在气门接近关闭位置时，励磁线圈 5 通电，电磁力帮助气门（衔铁）快速运动至关闭位置，此后励磁线圈 5 继续通电，使气门保持在关闭状态，需要开启时，励磁线圈 5 断电，衔铁和气门在弹簧力作用下向下运动，如此循环往复。

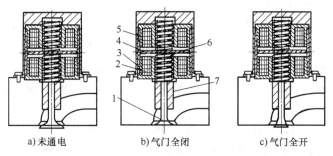

a) 未通电　　　　b) 气门全闭　　　　c) 气门全开

图 3-9　电磁气门驱动原理
1—气门　2、5—励磁线圈　3—电磁铁　4—衔铁　6—弹簧　7—气门导管

电磁气门驱动控制方便，结构较为简单，是比较容易想到的无凸轮轴气门驱动方式。主要问题是气门落座冲击大，电磁响应速度不够高，能量消耗及尺寸过大。

（4）电液气门驱动　电液气门驱动的工作原理是，将气门与一个液压活塞相连，通过电磁阀控制液压缸内高压和低压液体的流入和流出，从而控制液压活塞—气门的运动。福特公司的电液气门驱动系统，液压活塞与气门相连，活塞上端面的液压腔可连通高、低压油源，下端面的液压腔则只能连通高压油源。通过两个电磁阀的适时开、闭可实现气门的开启和关闭。利用所谓液压摆时可使气门在比较理想的加速特性下运动，可得到比较理想的气门落座速度。驱动单个气门的实验表明,该电液气门驱动系统可达到相当于发动机转速在8000r/min下的响应速度,气门落座速度可下降到0.1m/s以下。

电液式无凸轮轴气门驱动系统,可使发动机气门的正时、升程与速度连续变化。不需要凸轮和弹簧,而是利用压缩油液的弹性能,在气门开启与闭合期间,使气门加速或减速。利用液压摆或液压振动体的原理:加速时,液体压力能转化为气门的动能;减速时,气门运动的动能转换为液体压力能。这样的转化发生在气门开启、关闭过程。对动能的再利用是此系统低能耗的关键,据统计,16气门2.0L的发动机,在低负荷时平均耗能125W,发动机转速为1500r/min,能量转化效率可达80%。

图3-10所示为福特公司的电液气门驱动原理。该系统有高压油源和低压油源。一个双作用、单活塞杆的液压缸的活塞与发动机气门导杆顶部相连。活塞上腔既可以与高压油源相连,也可以与低压油源相连,活塞下腔始终与高压油源相通。活塞无杆腔的油压作用面积,比有杆腔的油压作用面要大。发动机气门开启由一个高压电磁阀控制,气门加速时开启,减速时关闭。低压电磁阀的开关控制气门的闭合,还包括高压单向阀和低压单向阀。

福特公司的电液式气门驱动系统的气门运动过程如图3-11所示。

气门要开启时,高压电磁阀开启,高压油液经由电磁阀推动活塞使气门向下加速。当高压电磁阀关闭时,高压油液被切断,此时低压单向阀由于活塞上腔的油压还比较高,使其不能开启。因此,当活塞由于惯性而继续运动时,液压活塞上腔压力下降,然后活塞继续下降并减速,而当活塞上腔的油压下降到足以使低压单向阀开启时,低压油源会经此单向阀向活塞上腔充油。当气门向下运动停止时,低压单向阀关闭,发动机气门锁在开启的位置。

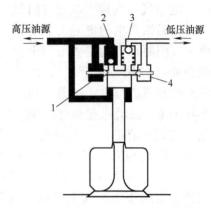

图3-10 福特公司的电液气门驱动原理
1—高压电磁阀 2—高压单向阀
3—低压单向阀 4—低压电磁阀

气门关闭过程与气门开启在原理上是类似的。低压电磁阀打开,活塞上面压力下降到低压油源的压力,作用于活塞上、下作用面的压力差使发动机气门加速向上。然后,低压电磁阀关闭,而高压单向阀由于开启压力比较高,此时高压单向阀打不开,因此活塞上升使其上腔的油液受到压缩而油压升高,使活塞减速。当活塞上腔油压升高到足够高时,推开高压单向阀,活塞上腔的油液通过高压单向阀流回高压源。

4. 合理利用进气动态效应

进气门的开启和活塞的运动是一种扰动,会在进气系统中产生膨胀波。这个膨胀波从进气门出发,以当地声速传播到管端。进气系统的管端是敞开的,膨胀波在此膨胀变成压缩波并同样以当地声速反向传回进气门。如果这个压缩波传到进气门时进气门开启,由压缩波引起的质点振动方向与进气气流方向一致,进气气流因此而得到增强,气缸充量系数将会提高,转矩也将增大,这种现象称为进气管动态效应。四冲程发动机要利用好这一效应必须满足以下条件:

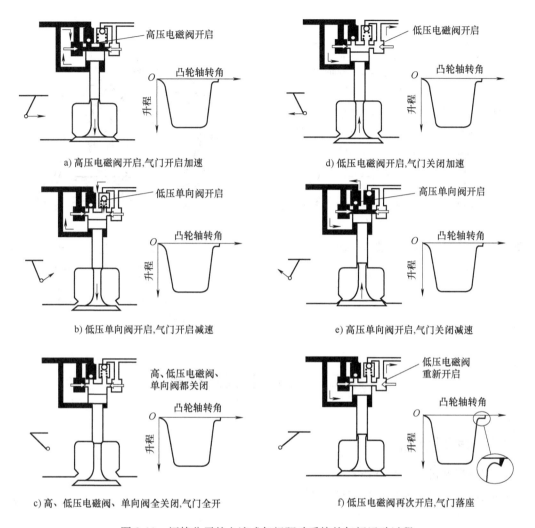

图 3-11 福特公司的电液式气门驱动系统的气门运动过程

$$L = \frac{c\varphi_{se}}{24n} \quad (3\text{-}6)$$

式中 L——进气管长度（m）；

c——当地声速（m/s）；

φ_{se}——进气有效持续角（°）；

n——发动机转速（r/min）。

由此可见，为获得最佳充气系数，应使进气管的长度与发动机转速相匹配。当 φ_{se} 为定值时，为提高低速转矩，应增大进气管长度；反之，提高高速转矩（进而提高额定功率），应减少进气管长度，如图 3-12 所示。若要两者兼得，必须使进气管长度随转速调整。

图 3-13 所示为进气管长度无级变化的进气系统示意图。这种系统可利用动态效应充气，在发动机的所有转速范围内都能达到最佳效果。

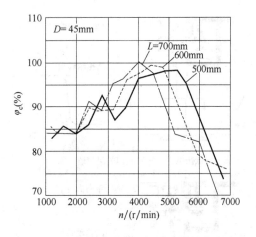

图 3-12 进气管长度对进气波动效果的影响

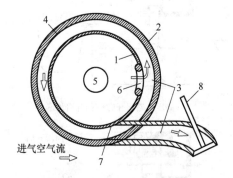

图 3-13 进气管长度无级变化的进气系统示意图
1—可活动的圆筒（空气分配器） 2—固定的壳体
3—进气道 4—侧壁（用于圆筒的支承）
5—圆筒中的空气进口 6—进气道中的空气进口
7—密封垫（如弹簧片） 8—进气门

任务三　汽油机稀薄燃烧技术

1. 叙述汽油机稀薄燃烧技术。
2. 叙述汽油机稀薄燃烧技术的类型。

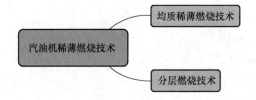

稀薄燃烧汽油机是一个范围很广的概念，只要 $\alpha>17$，且保证动力性能，就可以称为稀薄燃烧汽油机。与常规汽油机相比，稀薄燃烧汽油机同时兼顾了燃油经济性和低排放特性。不同燃烧方式的性能对比如图 3-14 所示。

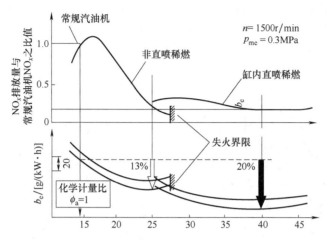

图 3-14 不同燃烧方式的性能对比

必备知识

稀薄燃烧汽油机可分为两大类：一类是均质稀燃，另一类为分层稀燃。而分层稀燃又可分为：进气道喷射分层稀燃方式和缸内直喷分层稀燃方式。

一、均质稀薄燃烧技术

增大过量空气系数 ϕ_a，使用稀薄混合气工作，可以提高压缩比 ε，增大绝热指数 k，保证燃料完全燃烧，所以是提高汽油机经济性、降低排气污染的有效方法。目前，采取的主要措施是增强紊流、缩短火焰传播距离、依次多点喷射等以加速燃烧。

（1）火球燃烧室　如图 3-15 所示，燃烧室主要部分位于缸盖上凹入的排气门下方，它的直径很小，所以结构紧凑并有一定挤气面积，可以形成较强的挤气紊流，同时，在进气门的浅凹坑处开有一个浅槽与主燃烧室连通。在上止点前，一部分进入进气门凹坑的充量通过浅槽切向进入主燃烧室，产生一个有控制的涡流运动；当活塞下行时，燃气又以高速形成反挤流运动，这样就大大提高了燃烧速度。这种燃烧室在燃用研究法辛烷值为 97 的汽油时，试验汽油机的压缩比可以从 8.5 提高到 16，一般可达 13~14，有与一般汽油机相同的 P_{zmax}，可以燃烧稀薄均匀混合气，空燃比最高达到 26，最经济的空燃比为 19。图 3-16 给出这种燃烧室性能与一般汽油机的比较，可见它的耗油率低，甚至比分隔式燃烧室的柴油机还好，污染排放可达欧洲标准，比质量仍处在汽油机范围内，制造成本也不比一般汽油机高。但是，它必须使用高辛烷值汽油，对缸内积炭比较敏感，需要严格控制压缩比、混合气浓度和点火正时，并应有爆燃反馈系统来控制爆燃发生。

（2）碗形燃烧室　如图 3-17 所示，它采用很紧凑的活塞顶凹坑，火焰传播距离短，挤气面积大，紊流强，火花塞位于凹坑内。这种形式的里卡多 HRCC 燃烧室（高压缩比紧凑型燃烧室）在使用研究法辛烷值为 99 的汽油时，压缩比从 9 提高到 13，最经济的空燃比为 21.5，可以在 $\alpha = 16$~22.5 的范围内运行。由于压缩比提高和挤流增加，滞燃期明显缩短，火焰传播速度增加，因而采用推迟点火（上止点前 5°~6°），这也使爆燃不易产生，并有利于稀混合气着火。HRCC 燃烧室的燃油经济性明显提高，排污降低。HRCC 发动机和常规发动机的性能比较如图 3-18 所示。碗形燃烧室已经在轿车发动机上得到应用，与普通型燃烧室相比较，油耗可降低 10%～12%。

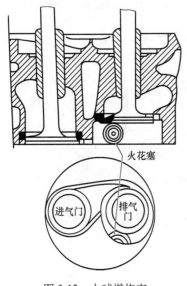

图 3-15 火球燃烧室

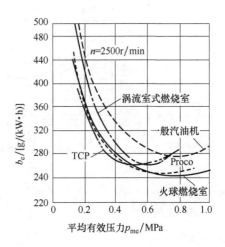

图 3-16 各种发动机油耗比较

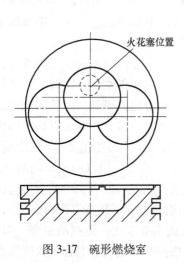

图 3-17 碗形燃烧室

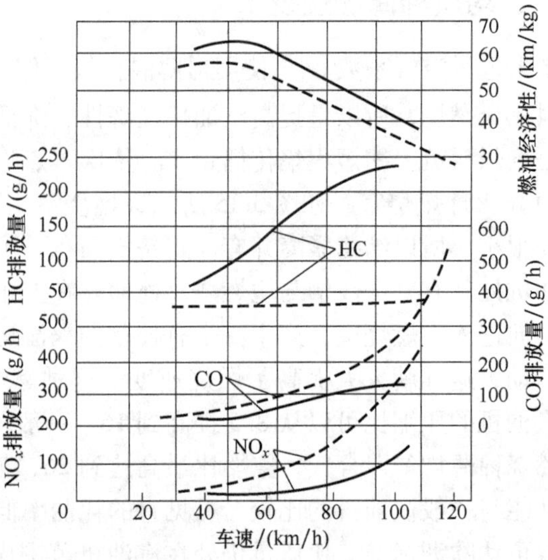

图 3-18 HRCC 发动机与常规发动机的性能比较
注：实线为 HRCC，虚线为常规。

二、分层燃烧技术

1. 分层燃烧系统

为了合理组织燃烧室内的混合气分布，即在火花间隙周围局部形成具有良好着火条件的较浓混合气，空燃比为 12~13.4，而在燃烧室的大部分区域是较稀的混合气，两者之间，为了有利于火焰传播，混合气浓度从火花塞开始由浓到稀逐步过渡，这就是所谓的分层燃烧系统。

分层燃烧可分为进气道喷射的分层燃烧方式和缸内直喷分层燃烧方式。分层燃烧方式又分为轴向分层燃烧系统和横向分层燃烧系统两类。

（1）进气道喷射的分层燃烧方式

1）轴向分层燃烧系统。如图 3-19 所示，此燃烧系统利用强烈的进气涡流和进气过程后期进气道喷射，有利于火花点火的较浓混合气留在气缸上部靠近火花塞处，气缸下部为稀混合气，形成轴向分层，它可以在空燃比为 22 下工作，燃油消耗率可比均燃降低 12%。

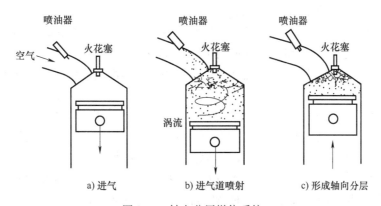

图 3-19 轴向分层燃烧系统

2）横向分层燃烧系统。横向分层燃烧系统是利用滚流来实现的。图 3-20 所示为四气门横向分层燃烧系统工作示意图。在一个进气道喷射的汽油生成浓混合气，在滚流的引导下经过设置在气缸中央的火花塞，其两侧为纯空气，活塞顶做成有助于生成滚流的曲面。此燃烧系统经济性比常规汽油机提高 6%~8%，NO_x 含量（体积分数）下降 80%。

（2）缸内直喷分层燃烧方式 缸内直喷（GDI）燃烧系统可实现均质混合气燃烧、分层混合气燃烧以及均质混合气压燃燃烧（HCCI）。以下主要介绍缸内直喷分层混合气燃烧系统。

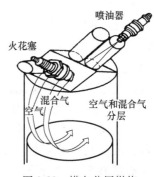

图 3-20 横向分层燃烧系统工作示意图

缸内直喷分层混合气燃烧主要依靠由火花塞处向外扩展的由浓到稀的混合气，目前实现方法有三种，即借助燃烧室形状的壁面引导方式、依靠气流运动的气流引导方式和依靠燃油喷雾的喷雾控制方式。前两种方式都有可能形成壁面油膜，是造成碳氢排放高的主要原因；后一种方式则与喷雾特性、喷射时刻关系密切，但控制起来比前两种要难。

GDI 发动机部分负荷时在压缩行程后期喷油，形成分层混合气，空燃比 $\alpha = 25 \sim 40$ 或更大；高负荷时在进气行程早期喷油，形成均质混合气，$\alpha = 20 \sim 25$ 或理论空燃比，或最大功率空燃比。

1）GDI 发动机的优点：

① 燃油经济性提高，部分负荷经济性改善可达 30%~50%，一般为 20%。

② 由于燃油直接喷射到缸内，使发动机瞬态响应得以改善。

③ 起动时间短。

④ 冷起动 HC 排放改善。

2) 采用 GDI 方式燃油消耗率低的主要原因是接近柴油机的燃烧及负荷调节方式（但保持外源点火），具体分析如下：

① 由于稀混合气燃烧时 N_2 和 O_2 双原子分子增多，气体的比热容增大，可使理论循环热效率有较大提高。

② 由于燃油在气缸内汽化吸热使压缩终点温度降低，因而产生爆燃的可能性减小，压缩比可以提高，由此可使燃油消耗率改善 5% 以上。

③ 由于燃烧放热速率提高等，燃油消耗率改善 2%~3%，而怠速改善 10% 以上。

④ 由于取消了进气节流阀，泵气损失可降低 15%。

⑤ 中小负荷时，周边区域参与燃烧的程度较小，气体温度降低，使传热损失减小。

3) GDI 发动机存在的问题：

① 难以在所要求的运转范围内使燃烧室内混合气实现理想的分层。分层燃烧对燃油蒸气在缸内的分布要求很高，通常喷油时刻、点火时刻、空气运动、喷雾特性和燃烧室形状配合必须控制得十分严格，否则很容易发生燃烧不稳定和失火。

② 喷油器内置气缸内，喷孔自洁能力差，容易结垢，影响喷雾特性和喷油量。

③ 低负荷时 HC 排放高，高负荷时 NO_x 排放高，有炭烟生成。

④ 部分负荷时混合气稀于理论空燃比，三元催化器转化效率下降，需采用选择性催化转化 NO_x。

⑤ 气缸和燃油系统磨损增加。

2. 典型缸内直喷燃烧系统

(1) 三菱缸内直喷分层充量燃烧系统　图 3-21 所示为三菱公司 GDI 发动机的结构。与传统的进气道喷射 4G93 汽油机相比，三菱公司的 GDI 发动机采用了很有特色的立式进气道，以保证高度的滚流（纵涡）及充量系数，滚流与单坡屋顶型加极富特征的弯曲顶面活塞形成的燃烧室配合，在火花塞周围形成浓混合气，为追求喷油雾化特性使用了旋流式广角度（伞喷）喷油器，喷射压力为 5.0MPa。

三菱公司 GDI 发动机相对于同系列的进气道喷射式汽油机的性能改善效果如图 3-22 所示。由图可知，转矩波动的改善，使稀燃界限扩大至空燃比 α 在 40 以上，比普通汽油机节油 35%（图 3-22b）。由于采用稀燃方式并能保证燃烧稳定性，怠速时的稳定工作转速可由 750r/min 降低

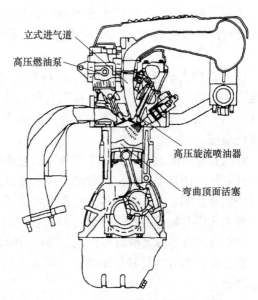

图 3-21　三菱公司 GDI 发动机的结构

到 600r/min，由此可节油 40%（图 3-22a）。同时，在 $\alpha=40$ 的稀燃条件下，NO_x 可降低 60% 以上，若同时采用 EGR（废气再循环系统），将降低 90% 左右，如果再采用选择还原型稀燃催化剂，则可降低 97%（图 3-22c）。

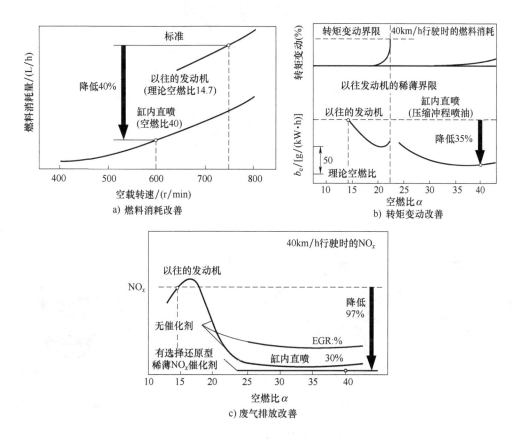

图 3-22　三菱公司 GDI 发动机性能改善效果

（2）丰田缸内直喷分层充量燃烧系统　丰田公司的 D-4 缸内直喷式稀燃汽油机燃烧系统如图 3-23 和图 3-24 所示。通过安装在进气道上的电子涡流控制阀（E-SCV），形成不同角度的斜向进气涡流。燃烧室为半球屋顶形，活塞顶部设有唇形深皿凹坑，与进气涡流旋向以及高精度的喷油时间和喷油方向控制相配合，在火花塞周围形成较浓的易点燃混合气区域。为抑制扩散燃烧所产生的黑烟，采用高压（8~13MPa）旋流喷油器，可实现高度微粒化（喷雾粒度小于 5μm）。为控制分层燃烧时 NO_x 的产生，采用了电控 EGR 系统。装有紧凑耦合三效催化器和吸附还原型稀燃催化器。

缸内直喷式稀燃汽油机都采用灵活的电控控制系统，以保证所有工况下都能稳定燃烧。图 3-25 给出了 D-4 缸内直喷式稀燃汽油机的控制方法。低速低负荷时，在压缩行程后期喷油，形成明显的分层燃烧，而在高速大负荷时，进气行程就开始喷油，以形成完全的均质化学计量比燃烧。在分层燃烧与均质化学计量比燃烧领域之间，有弱分层燃烧和均质燃烧两个区域。

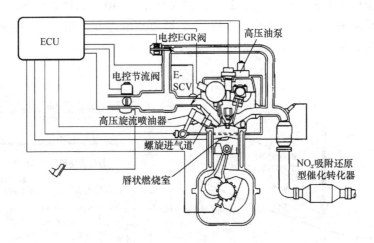

图 3-23 丰田公司 D-4 缸内直喷式稀燃汽油机

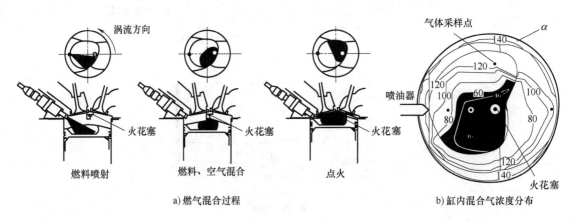

图 3-24 丰田公司 D-4 燃烧室混合气形成

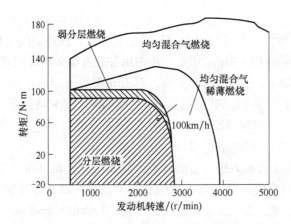

图 3-25 D-4 缸内直喷式稀燃汽油机的控制方法

在装用 D-4 缸内直喷式稀燃汽油机、车重 1250kg 的自动变速器轿车上所做的热起动试验中，实现了 17.4km/L 的低燃油消耗率，比同排量的传统汽油机轿车节油 35%。

任务四　废气涡轮增压发动机

1. 叙述增压发动机的性能。
2. 认识增压压力控制。
3. 认识可变涡壳通道及喷嘴环流通截面的涡轮。

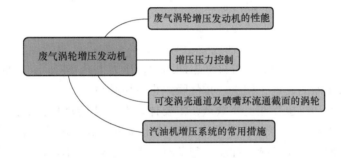

目前，国内外通常采用由排气驱动的涡轮机拖动压气机来提高进气压力、增加进气量的废气涡轮增压技术，它是目前世界上最成熟、应用最广泛的一项增压技术，一般增压压力可达 180~200kPa，最高甚至达到 300kPa。

废气涡轮增压可以明显提高发动机动力性，降低油耗及排放，因此，现代缸径小于 100mm 的汽车发动机越来越多地采用废气涡轮增压技术。

一、废气涡轮增压发动机的性能

（1）增压柴油机　增压的目的在于提高功率，因为伴随着空气量的增加，相应增加了循环供油量，即可增加功率。同时，在排量和发动机质量基本不变的条件下，比质量、升功率和平均有效压力等指标也大大提高。

就改善经济性而言，柴油机增压后，平均指示压力 p_{mi} 大大增加，而其平均机械损失压力 p_{mm} 却增加不多，因此，机械效率 η_m 提高；同时，由于增压适当加大了过量空气系数 ϕ_a，使燃烧过程得到一定改善，其指示热效率 η_{it} 往往也会有所提高。此外，增压机大多做泵气正功，也会使指示热效率提高（图3-26）。如果增压和非增压发动机功率相同，则增压发动机可以减少排量，显然，这样使机械损失减少，燃油消耗率降低。由于发动机排量减少，整台发动机体积、质量都会减少，对降低整车油耗也有利。发动机采用增压后，可以在保证原有功率和一定转矩下，适当降低转速。由于机械损失和磨损减少，因此对改善燃油经济性有利。

从排气污染和噪声角度来看，由于增压柴油机有较充足的过量空气系数，有害气体（HC、CO）排放量一般为非增压机的1/3~1/2；由于增压适当加大了过量空气系数 ϕ_a，使燃烧过

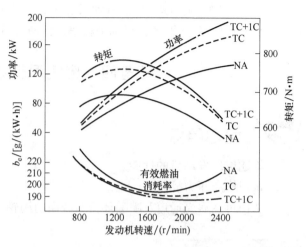

图3-26 增压后发动机性能的提高
NA—自然吸气　TC—涡轮增压　TC+1C—增压+中冷

程得到一定改善，其指示热效率 η_{it} 往往也会有所提高；如果采用增压中冷技术，可显著减少 NO_x 排放。由于增压后，柴油机着火延迟期缩短，压力上升率降低，因此可以使燃烧噪声减少；由于涡轮增压器的设置，使进、排气噪声也有所减少。

涡轮增压柴油发动机也存在一些缺点，主要体现在低速转矩特性和加速性下降等方面。低速时，由于增压压力下降，转矩 T_q 的增量明显比高速时低，这就使转矩特性的低速段很不理想，影响汽车加速性能及爬坡性能。起动时，由于未建立增压压力，而增压机的压缩比 ε 又比较低，所以起动、着火有一定困难。动态过程中，气体压力反应缓慢，增压器叶片也有较大惯性，致使各种响应都变慢，进一步影响了加速及起动性能，也因过渡过程拖长而使此时的排放和经济性能变差。

（2）增压汽油机　汽油机增压同样可以提高功率和转矩。但汽油机增压后，压缩终点和温度都加大，实质上相当于压缩比提高；另一方面，汽油机混合气浓度范围窄，其空燃比接近化学当量空燃比，爆燃倾向加剧，热负荷更加严重。若燃料辛烷值不提高，就必须采取降低压缩比、推迟点火等相应措施，其结果会导致热效率下降。汽油机增压同样存在低速转矩特性和加速性能下降的问题，这也是汽油机增压的普及程度不如柴油机的原因。

汽、柴油机增压技术存在的共同问题由于电子技术及增压中冷技术的广泛应用已得到较好的解决。例如：电子可变涡轮喷嘴环截面控制、电控增压压力控制等技术的应用可以有效改善低速转矩特性和动态特性；电控燃油喷射技术，实现了定时和转矩特性（油量特性）的优化；特别是电控爆燃控制、电控废气再循环控制以及增压中冷技术的采用，对防止增压汽油机爆燃和降低热负荷十分有利。

在电控汽油喷射以及电控爆燃控制的汽油机上进行涡轮增压，将是一次内燃机的技术革命，其燃油经济性可以与柴油机相媲美。

二、增压压力控制

发动机增压时要防止增压器超速及增压压力过高。涡轮增压器超速可能损坏压气机及涡

轮旋转零部件，造成严重事故。增压压力过高则可能使汽油机发生爆燃，使柴油机机械负荷及热负荷过高。控制增压压力有三种办法：排气旁通，减少进入涡轮的排气及其能量；部分增压空气返回到压气机入口或大气中，减少进入气缸的空气量；通过ECU自动控制。

（1）排气旁通　涡轮增压发动机的离心式压气机，通常在1/4发动机额定转速以下的转速范围内，出口空气压力增加甚微。高于该转速后，压力逐步上升，如果不采用排气旁通，则压力沿着虚线上升，会超过发动机能承受的最高增压压力。因此要采取排气旁通或别的措施，使其压力控制在允许值以下。在一定条件下，采用大的涡轮及涡壳，也可以使压力较低，如图3-27中虚线所示，但不经济。

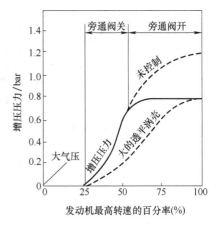

图 3-27　控制增压压力与发动机转速

注：$1bar=10^5Pa$。

为了防止涡轮增压器超速及增压压力过高，可以采用提升阀（图3-28）等措施来控制排气旁通的通道。旁通阀的开、关是由膜片作用器控制的。后者通过涡壳或排气管中压力的变化使其工作。在一些负荷高的特别运转工况下，将会有30%左右的排气从旁通阀排出，以保持适度的增压压力。

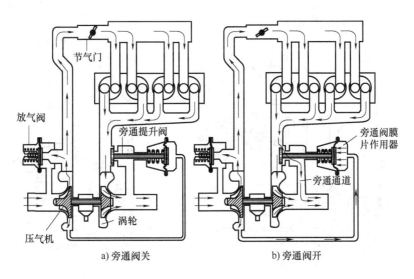

图 3-28　排气旁通增压系统

提升阀的阀杆较长且与排气直接接触，壳体外部应设计散热翅片，以提高散热效果。还有用空气冷却旁通阀的结构，如图3-29所示。提升阀杆的上部有中心孔通道，将从压气机出口排出的有压力的空气引入旁通阀的壳体内，经过冷却阀后排出。从阀杆与阀导向管间隙渗入的排气，由压缩空气从排气旁通管路中压到排气管中，减轻旁通阀及膜片作用器的热负荷。

控制排气旁通阀的开、关有两种方法：一是由压气机出口的增压空气控制（图3-30），

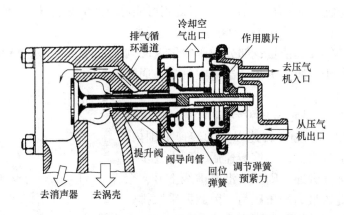

图 3-29 旁通阀及膜片作用器的冷却

另一方法是由排气背压及压气机入口处形成的真空度联合控制（图 3-30）。前一种方法是用软管将压气机涡壳空腔与膜片作用器的空腔连接起来，传递压气机出口处空气压力变化信号。发动机在正常的稳定状态下工作时，增压压力不高，提升阀是关闭的（图 3-30a）。当增压压力超过某一规定值时，提升阀打开，部分排气不进入涡轮，而由旁通管直接排入大气中，因此涡轮转速不会上升，压气机出口压力也保持在限定值以下。

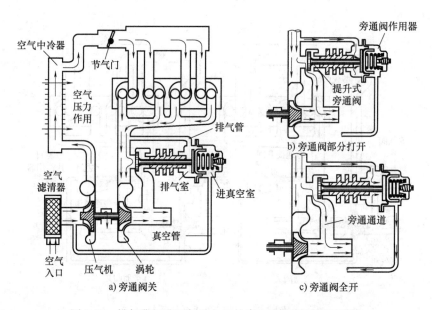

图 3-30 排气背压及压气机入口处真空度控制的增压系统

在用排气背压及压气机入口处真空度联合控制时，当发动机在中等转速部分负荷工作时，排气背压通过钢管传递，作用在膜片作用器的膜片上，使旁通阀部分打开（图 3-30b），实现控制增压压力的目的。如果发动机在中速、高速大负荷工况下工作，输入涡轮的排气能量增加，使压气机转速及出口压力进一步上升，此时压气机入口处真空度增大，其影响与排气背压同时作用在膜片作用器上，使旁通阀打开（图 3-30c），更多的排气从旁通阀排入大气中，使增压压力保持在一定范围内。

（2）空气旁通　控制增压压力的另一种方法是让部分增压空气不进入气缸，仍然回到压气机入口处（图3-29）或者是限制进入压气机的空气（图3-31）。前一种方法由于部分增压空气未被利用，又消耗了部分涡轮的功，对增压发动机的效率有一些影响。后一种方法是将化油器的节气门通过杆件与空气直接进入气缸的旁通进气道中的一个阀门连接在一起。当节气门开度很小，例如小于1/3开度时，旁通进气道中的阀门打开（图3-31a），大部分空气不经过压气机直接进入气缸中。当节气门开度大于1/3开度时，旁通进气道中的阀门关闭，空气进入压气机，发动机在一定增压压力下工作（图3-31b）。

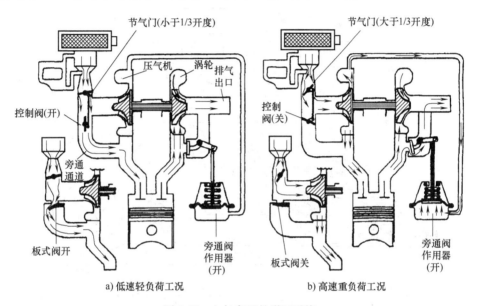

图3-31　空气旁通的增压系统

（3）自动控制　上述控制旁通阀的弹簧有一定的刚度，对发动机转速、缸内燃烧状态迅速变化的反应灵敏度差，因此最好采用较弱的弹簧以及电磁线圈控制旁通阀，如图3-32所示。

该系统主要由微处理机、压力传感器、转速传感器及敲缸传感器组成。输入信号经过处理后，微处理器给电磁线圈发出指令，控制旁通阀打开或者关闭。

由于采用了微处理器控制方式，在发生敲缸征兆时，可以自动推迟点火提前角，避免爆燃，因此采用这种控制系统的汽油机增压后，可以不降低压缩比，采用原先使用的汽油。

三、可变涡壳通道及喷嘴环流通截面的涡轮

为了使涡轮增压器适应发动机工况的变化，进一步提高性能，可以采用可变涡壳通道及喷嘴环流通截面技术。

（1）双涡壳通道的涡轮　涡轮的涡壳入口通道由壁板分隔成两个通道，然后再汇总到涡轮叶轮边缘入口处。于是涡壳入口流道分成两部分入口 A_1 及 A_2（图3-32）。在涡壳总入口通道外，有与转换开关控制阀相连的开关平板阀。平板阀的开关是由微处理器及电磁阀控制的。当平板阀关闭时，涡壳 A_2 通道被关闭，排气仅从 A_1 通道流向涡轮喷嘴环（图3-32a）。当

平板阀打开时,排气则从 A_1 及 A_2 两个通道流向涡轮(图 3-32b)。

发动机在低速工作时,排气仅通过 A_1 通道流向涡轮(图 3-32a)。由于流通截面积较小,排气流速增加,并以接近 90°的角度冲向涡轮的叶片,推动叶轮旋转的能量大,于是涡轮及压气机的转速都迅速增加。而在发动机转速较高时,平板阀门开启,排气经过 A_1 及 A_2 通道时,实现涡轮增压器转速及增压压力的自我调节,并且可以减小排气背压,改善发动机的充气及热效率。

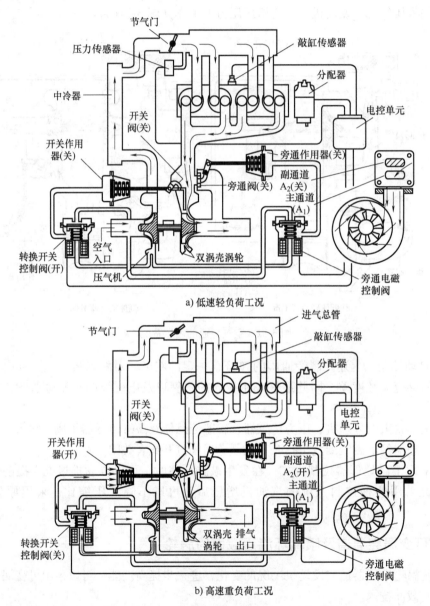

图 3-32 双通道涡壳增压系统

(2)可变涡壳通道的涡轮增压系统 涡壳通道流通截面积根据曲面形阀门不同开度而改变(图 3-33a 及 b)。如果压气机叶轮直径为 53mm,涡轮直径为 49.9mm,那么通过曲面形阀门的转动,可以将通道由最小的流通截面积 $313mm^2$ 变到最大的流通截面积 $858mm^2$。

曲面形阀门由膜片作用器操纵,后者本身由可变阀门角度控制器控制。控制器可以让增压空气的压力传递到膜片上,使曲面形阀门开启,让通道打开。需要时,放走增压空气,让曲面形阀门关掉部分通道(图 3-33a)。流通截面积减小后排气流速及撞向涡轮叶片的冲量增加,于是涡轮增压器涡轮转速及增压压力上升。如果流通截面积扩大(图 3-33b),其结

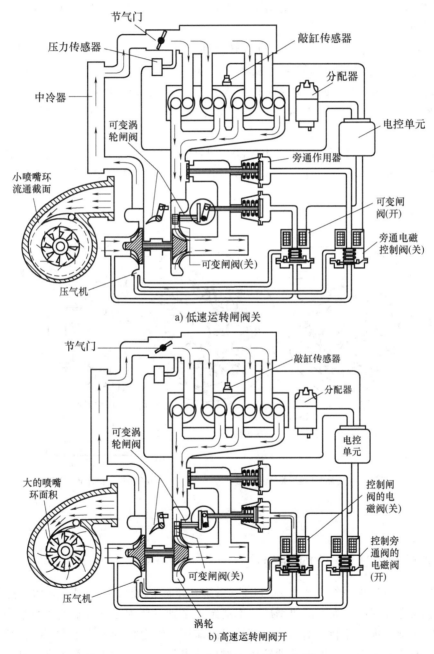

图 3-33 可变涡壳通道的涡轮增压系统

果则相反。

由于曲面形阀门的转动是逐步连续的,也就是说流通截面积大小的变化可以是连续无级的,并且由微处理器控制。另外,同样可以通过排气旁通阀控制增压器的转速及增压压力,这样就在较大程度上改善了增压系统的工作性能。

(3) 可变喷嘴环流通截面的涡轮　可变喷嘴环流通截面的涡轮可用通常的涡壳,然而在叶轮圆周上面,安装一个或多个叶片角度在上面可以同步转动的圆盘(图3-34),叶片转动角度一般可达30°。叶片的转动是由微处理器通过执行机构实现的。这样就形成了流通截面可变的喷油器。

在发动机低速、低负荷工况下,叶片转动使流通截面积变小,排气流速增大,并以较小的角度、较大的冲量推动涡轮高速旋转(图3-34a)。而当发动机在高速及较大负荷条件下工作时,叶片的转动使流通截面积变大,于是排气流速减小,并以较大的角度、较小的冲量推动涡轮旋转(图3-34b)。于是增压器的转速及增压压力被控制在适当的水平上。

这种增压方案结构较复杂,成本也较高,但是它可以改善涡轮增压器的响应特性,可以在发动机高负荷时减小排气背压,提高冲量系数及热效率;可以将增压器设计得更佳合理,匹配得更好。

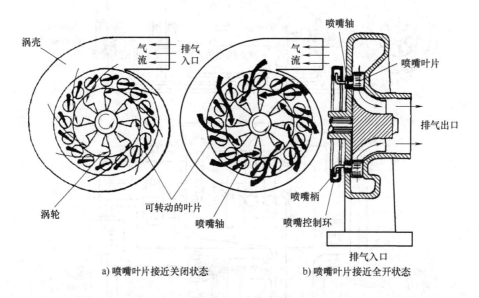

图3-34　可变喷嘴环流通截面的涡轮

四、汽油机增压系统的常用措施

(1) 电控汽油喷射系统　电控汽油喷射系统在增压汽油机上应用,成功地摆脱了增压器与化油器匹配的困难,为汽油机增压技术奠定了基础,还为在汽油机增压系统中实现爆燃控制、放气控制、排放控制、增压器可变技术的应用等综合控制带来了方便。现代汽油机上多气门机构的普遍采用,更加充分地发挥了增压技术的优势,对改进整机高速动力性能起到了重要的作用。

（2）电控爆燃控制 为了克服因增压而带来爆燃增大的倾向，可采用为消除爆燃的点火提前角自适应控制方式。图 3-35 所示为爆燃控制过程的波形。通过爆燃传感器检测其爆燃信息，将输出波形进行滤波处理，并判定有无爆燃发生以及爆燃发生的强弱，然后由微机进行分缸控制。首先延迟发生爆燃那一缸的点火提前角，待爆燃消除后，自适应地逐步加大点火提前角，使发动机既不发生爆燃，又处于较为理想的工作状态。采用爆燃控制以后，可以在避免发生爆燃的前提下，最大限度地发挥整机潜力。图 3-36 所示为点火时刻和爆燃的关系。

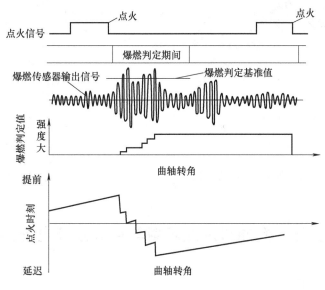

图 3-35　爆燃控制过程的波形

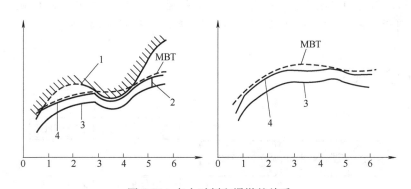

图 3-36　点火时刻和爆燃的关系

1—爆燃范围　2—余量幅度　3—无爆燃控制时　4—有爆燃控制时　MBT—最大转矩的点火提前角

（3）增压中冷 增压空气进行中冷，对增加充量、降低热负荷、消除爆燃均十分有利。例如，对增压的爆燃极限进行系统试验表明（图 3-37）：对于确定的燃料辛烷值及确定的 ϕ_a 值，降低增压空气温度，可提高增压压力。在图 3-38 中，增压压力为 0.184MPa，增压空气温度从 110℃下降到 66℃，则汽油机功率从 260kW 上升到 300kW，有效燃油消耗率从 245g/

(kW·h)下降到 210g/(kW·h),点火提前角从 23°提前到 30.5°。由此可见,增压汽油机采用中冷后,对提高功率、降低油耗、减轻爆燃都是有利的。

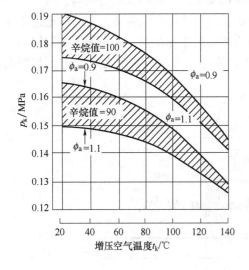

图 3-37　t_k 对 p_k、ϕ_a、燃料辛烷值的影响

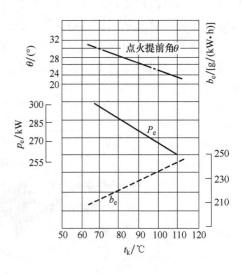

图 3-38　增压空气温度对发动机性能的影响

任务五　汽油机燃油喷射与点火系统电子控制

 学习目标

1. 叙述汽油机电控燃油喷射系统和电控点火系统的组成、工作过程及优缺点。
2. 正确判断汽油机电控燃油喷射系统和电控点火系统的具体类型。

 任务导图

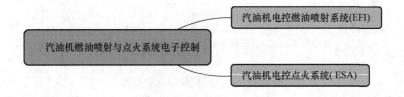

 情景导入

采用传统燃油供给方式和点火系统的发动机远不能满足现代汽车发动机在动力性、排放性,特别是经济性等方面的要求而逐渐被淘汰,取而代之的是电子控制发动机,电控汽油发

动机技术中的两个重要组成是电控汽油喷射系统和电控点火系统。电控汽油喷射系统则是通过采用大量的传感器感受各种工况，根据直接或间接检测的进气信号，经过计算机判断和分析，计算出燃烧时所需的燃油量，然后将加有一定压力的燃油经喷油器喷出，以供发动机使用。而电控点火系统则能够向火花塞电极提供足够高的击穿电压，使火花塞电极间产生的火花具有足够的能量，同时保证在发动机运行的大部分工况应始终具有较佳的点火提前角。电控燃油喷射和点火系统的配合工作使发动机气缸得以在恰当的时间得到适量的燃料并能保证准时、充分的燃烧，这对于提高汽车的动力性、排放性，特别是降低油耗具有非常重要的意义，是汽油机节能技术的主要实现途径。

一、汽油机电控燃油喷射系统（EFI）

随着汽车保有量的迅速增加，汽车排放对大气造成的污染日益严重，石油这种不可再生的资源日趋紧张。降低燃料消耗，节省能源，减少排放，改善人们生存的自然状况，节能减排的汽油机电控燃油喷射系统应运而生。这项技术能使发动机在任何工况下均处于最佳工作状态，能使空燃比达到较理想的状态，从而较好地解决了节能和排放污染的问题。目前几乎所有的轿车均装用了电控燃油喷射系统。

电控燃油喷射系统使用各种传感器来检测发动机的运行参数，如发动机转速、温度、进气量等，并通过计算机对各参数进行分析、比较、计算，从而准确地控制燃油喷射量，使发动机在各种工况下均能获得较理想的空燃比，使发动机处于最佳工况，并使燃料完全燃烧，进而降低燃料消耗和排放污染物。

1. 汽油机电控燃油喷射系统的组成及工作过程

汽油机电控燃油喷射系统主要由燃油箱、汽油滤清器、压力调节器、压力缓冲器、冷起动阀、输油管和主喷油器等组成。其工作过程是：电动汽油泵将油压至滤清器，再经压力缓冲器输入到油管中，并将燃油分配到装在进气歧管上的各缸喷油器中。在输油管上，装有燃油压力调节器，能自动调节燃油压力，使其保持在0.3MPa左右，多余的燃油流回油箱。当喷油器得到电控单元（ECU）的喷油指令时，燃油便喷至进气门的上方。在进气门打开时，燃油与空气混合，同时被吸入气缸。在发动机冷起动时，因温度低，温度开关触点闭合，冷起动喷油器通电，燃油喷入进气歧管，混合气加浓，使冷起动过程变得很容易。

2. 汽油机电控燃油喷射系统的分类

（1）按喷射系统执行机构的不同划分

1）多点喷射（MPI）（图3-39）：多点喷射系统是在每缸进气口处装有一只喷油器，由电控单元（ECU）控制顺序地进行分缸单独喷射或分组喷射。其控制过程更为精确，使发动机无论处于何种状态，其过渡过程的响应及燃油经济性都是最佳的。

2）单点喷射（SPI）（图3-40）：由1~2个安装在化油器所在的节气门段的喷油器，将燃油喷入进气流，形成混合气进入进气歧管，再分配到各个气缸中。单点喷射系统的结构简单，故障源少，可采用较低的喷油压力（只有0.1MPa），成本较低。

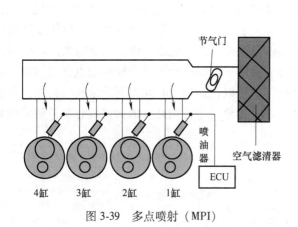

图 3-39 多点喷射（MPI）

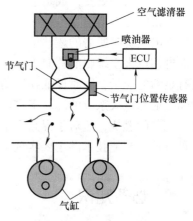

图 3-40 单点喷射（SPI）

(2) 按喷射控制方式不同划分

1) 间歇喷射（图 3-41）：对每一个气缸的喷射都有一限制的喷射持续期，喷射是在进气过程中的某段时间内进行的，喷射持续时间相应就是所控制的喷油量。对于所有的缸内直接喷射系统和多数进气道喷射系统都采用了间歇喷射的方式。间歇喷射又可细分为同时喷射、顺序喷射和分组喷射。

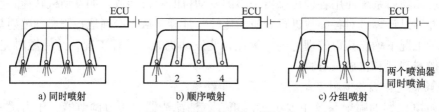

图 3-41 间歇喷射的三种方式

2) 连续喷射：燃料喷射的时间占有全工作循环的时间，连续喷射都是喷在进气道内，而且大部分燃料是在进气门关闭后喷射的，因此大部分燃料是在进气道内蒸发的。

(3) 按喷射位置的不同划分

1) 进气道喷射（图 3-42）：它是指在进气歧管内喷射或进气门前喷射。在这种喷射方式中，喷油器被安装在进气歧管内或进气门附近，因而汽油在进气过程中被喷射后与空气混合形成可燃混合气再进入气缸内。这种喷射方式一般采用低压喷射。

2) 缸内喷射：它是将喷油器安装在气缸盖上直接向气缸内喷油，这种喷射方式需要较高的喷油压力（3~12MPa）。相比而言，由于缸外喷射方式汽油的喷油压力（0.1~0.5MPa）不高，且结构

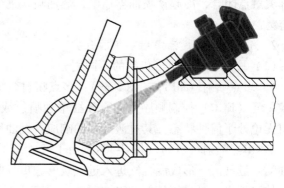

图 3-42 进气道喷射

简单，成本较低，故目前缸外喷射方式应用较为广泛。

(4) 按空气流量测量方式划分

1) 速度密度控制法（D 型 EFI）（图 3-43）：它是通过检测进气歧管的压力（真空度）和发动机的转速，推算发动机吸入的空气量，并计算燃油流量的速度密度控制方式。D 型 EFI 是最早的、典型的多点压力感应式喷射系统。美国通用、福特、克莱斯勒，日本的丰田、本田、铃木和大发等公司都有类似产品。由于空气在进气管内的压力波动，这种方法的测量精度稍差。

2) 质量流量控制法（L 型 EFI）（图 3-44）：这种方式是用空气流量传感器直接测量发动机吸入的空气量。其测量的准确程度高于 D 型 EFI，故可更精确地控制空燃比。L 型 EFI 系统常用的空气流量传感器有叶片式、热式和卡门涡旋式三种类型。

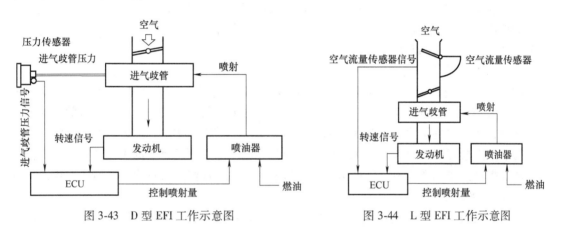

图 3-43 D 型 EFI 工作示意图　　　　图 3-44 L 型 EFI 工作示意图

3) 节流速度控制法：节流速度控制法是利用节流阀开度和发动机转速，推算每一循环吸入发动机的空气量，根据推算的空气量，计算汽油喷射量。由于这种控制方式是直接测量节流阀开度的角位移，所以过渡响应性能好，在竞赛车辆中得到广泛应用。但是，由于吸入的空气量与节流阀开度和发动机转速是复杂的函数关系，所以不容易测量吸入的空气量。

3. 电控燃油喷射系统的优缺点

电控燃油喷射系统取消了化油器供油系统中的喉管，喷油位置在节气门下方，直接喷射在进气门附近或气缸内，并有计算机控制喷油器精确供油。与化油器式发动机相比，采用电控燃油喷射系统的发动机具有以下优点：

1) 提高了发动机的充气系数，增加了发动机的输出功率和转矩。这是因为汽油喷射系统没有化油器的喉管，减少了进气压力的损失；汽油喷射发生在进气歧管附近，只有空气通过歧管，这样可以增加进气歧管的直径，增加进气歧管的惯性作用，提高充气效率。

2) 能根据发动机负荷的变化，精确控制混合气的空燃比，适应发动机的各种工况，使汽油燃烧充分，降低油耗，减少排气污染，而且响应速度也比较快。

3) 可以均匀分配各气缸所需的燃油，减少了爆燃现象，提高了发动机工作的稳定性。同时，也降低了废气排放和噪声污染。

4) 提高了汽车驾驶性能。在寒冷的季节里，化油器主喷油管的附近容易结冰，会造成发动机输出功率不足，而汽油喷射供油不经过节气门和进气歧管，所以没有结冰现象，从而提高了冷起动性能；另外，汽油喷射是高压供油，喷出的汽油雾滴比较小，汽油不经过进气歧管，所以，当突然加速时，雾滴较小的汽油能与空气同时进入燃烧室混合，因而比化油器供油的响应速度快，加速性能好。

电控燃油喷射系统可以使汽车燃油消耗率降低5%～15%，废气排放量减少20%左右，发动机功率提高5%～10%。电控汽油喷射系统无论从燃油经济性、发动机动力性，还是从排气和噪声污染等方面，都具有优越性，但电控汽油系统的缺点在于价格偏高、维修难度大。

二、汽油机电控点火系统（ESA）

电控点火系统（ESA）最基本的功能是点火提前控制。该系统能够根据各相关传感器信号，判断发动机的运行工况和运行条件，选择最理想的点火提前角点燃混合气，从而改善发动机的燃烧过程，以实现提高发动机动力性、经济性和降低排放污染的目的。此外，电控点火系统还具有通电时间和爆燃控制功能。

1. 汽油机对点火系统的要求

（1）点火系统必须向火花塞电极提供足够高的击穿电压　火花塞电极间产生火花时的电压称为击穿电压，汽油机正常工作时所需要的击穿电压与汽油机的运行工况有关。在低速大负荷时，所需要的击穿电压为8～10kV，而在起动时所需要的击穿电压最高可达17kV。为了能可靠地点燃可燃混合气，点火系统提供的击穿电压除必须满足不同工况的要求外，点火系统所能提供的电压还应有一定的宽裕度，目前大多数电控汽油机点火系统所能提供的击穿电压已超过28kV。

（2）火花塞电极间产生的火花必须具有足够的能量　要可靠地点燃混合气，除了需要足够高的击穿电压外，火花塞产生的电火花还应具有足够的能量。电火花的能量可用公式表示为

电火花的能量＝火花塞电极间的电压×火花塞电极间流过的电流×电火花持续时间

一般情况下，电火花的能量越大，混合气的着火性能越好。点燃混合气所必需的最低能量与混合气的浓度、火花塞电极间隙及电极的形状等因素有关。发动机正常工作时，由于接近压缩终点时混合气已经具有很高的温度，因此所需的火花能量较小，一般为1～5mJ。在起动工况、急速工况、节气门开度快速变化的非稳定工况，则需较高的火花能量。为了使混合气有良好的着火性能，电火花一般应具有50～80mJ的点火能量，目前电控的高能点火装置能提供的点火能量都达到了80～100mJ。

（3）在汽油机运行的大部分工况应始终具有较佳的点火提前角　点火系统除了应按各气缸的工作顺序依次点火外，还必须保证具有较佳的点火提前角。较佳的点火提前角不仅能提高汽油机的动力性，降低燃油消耗率，而且能减少汽油机有害物的生成量。

对于以上三项要求，传统的机械式有触点点火系统只能基本满足，普通电子点火系统只能在提高击穿电压方面有所改善，只有电控点火系统，才有可能在以上三个方面都取得突破，并在发展中不断提高。

2. 电控点火系统的组成

电控点火系统是现代轿车汽油机广泛采用的一种新型点火系统。如果把电控点火系统作为一个独立控制系统来看待，那么电控点火系统像其他电控系统一样，由传感器、电控单元

（ECU）及执行元件三部分组成，如图3-45所示。事实上，由于电控点火系统是汽油机电控系统的一个组成部分，因此，除了点火系统专用的部件（如点火控制模块、点火线圈、火花塞等）和传感器（如爆燃传感器）外，其他所有传感器（包括ECU）都是共用的。

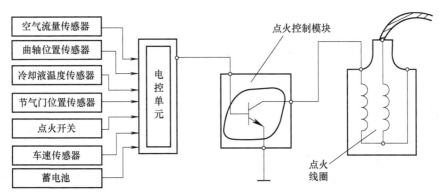

图3-45 电控点火系统的组成

电控点火系统不但具有普通电子点火系统的所有优点，而且它取消了真空式和机械离心式点火提前角调整装置，由ECU根据汽油机的运行工况对点火提前角进行调整和控制。同时，电控点火系统采用爆燃传感器对爆燃进行检测，ECU根据检测结果对点火提前角实施反馈控制。上述两项技术的应用，在需要进行最佳点火提前角控制的运行工况，电控点火系统都能提供最佳点火提前角，使汽油机的动力性、经济性、排放等方面的性能都达到较佳的水平。

3. 电控点火系统的分类

按照有无分电器，电控点火系统可分为有分电器电控点火系统和无分电器电控点火系统两种类型。

（1）有分电器电控点火系统　这种点火系统的主要特点是：点火线圈二次绕组产生的高压，通过分电器按发火顺序，依次输送到各缸火花塞。对于点火提前角、闭合角和爆燃反馈的控制，与其他类型ECU控制点火系统基本相同，如图3-46所示。随着无分电器电控点火系统的出现，有分电器电控点火系统已趋于淘汰。

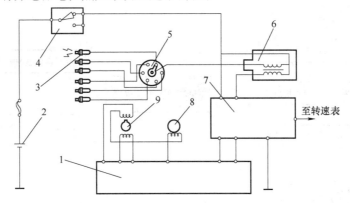

图3-46 微机控制有分电器电控点火系统的构成

1—ECU　2—蓄电池　3—火花塞　4—点火开关　5—分电器　6—点火线圈　7—点火控制模块
8—N转子及信号线圈　9—G转子及信号线圈

（2）无分电器电控点火系统　这种点火系统最主要的特点是完全取消了传统的分电器，由 ECU 中附加的点火控制电路和分电电路控制点火控制模块，实现对点火的控制。对于 ECU 控制无分电器电控点火系统，按点火方式可分为同时点火方式和独立点火方式两种类型。

4. 电控点火系统的优点

电控点火系统的优点是：有能够提供足够高的点火高压；能够提供准确的点火正时；持久耐用。

电控发动机故障诊断的一般步骤：
1）判断故障原因是在电控部分还是在机械部分。
2）根据故障记忆的内容分析产生故障的原因，确定系统中的故障部位，这些故障部位大多发生在各类信号传感器及连接导线和插接件上。
3）在没有故障记忆或排除了电控系统故障的情况下，可按照通常的发动机故障排除规律，根据发动机的故障现象，并通过对发动机工作状况的检查，如电动燃油泵的供油能力、油路的压力状况、火花塞工作状况、点火线圈工作状况和气缸压力等来确定可能引起故障的部件。

任务六　柴油机燃油喷射系统电子控制

1. 叙述柴油机电控燃油喷射系统的优点、主要功能和类型特点。
2. 叙述柴油机高压共轨系统的工作原理和各组成部件的作用。

现在的柴油发动机大多采用了电控喷射系统，与传统的机械喷射系统相比，电控喷射系统可以有效地提高柴油机的动力性和经济性，同时大幅度地降低尾气的排放。这里我们就来

学习柴油机电控燃油喷射系统的相关知识。

必备知识

一、柴油机燃油喷射系统发展简述

目前，能源危机和环境污染问题是全世界人们关注的焦点。随着汽车和动力机械的保有量迅速增加，汽车排放的有害气体和微粒已超过工业污染物的排放量而成为一大公害，人们对这两个问题越来越重视，各国都相继制定了越来越严格的汽车排放规定。发生在1973年的石油危机，使人们更深刻地认识到自然资源的有限性与合理利用的必要性。同时，随着社会的发展，人们对汽车的经济性和舒适性要求也越来越高。迫于各方面的压力，人们开始寻找新的途径来解决排放和油耗问题。其中，排气净化和节能是决定汽车能否继续生存和发展的两大课题，这样内燃机的电子控制技术就蓬勃发展起来了。

首先发展起来的是汽油机的电控技术。到目前为止，主要轿车生产国的汽油机已经全部实现了电子控制。而柴油机则可以通过改进燃烧系统和增压中冷等技术措施来改善排放、降低油耗、提高功率。传统的柴油机是采用机械控制系统来控制柴油机的喷油正时和喷油量，也具有优越的控制性能。另一方面由于研制快速、大功率、高性能的电控执行器技术要求高，难度大，柴油机电控技术的发展要晚于汽油机。

20世纪80年代以来，微电子技术的迅速发展及其在汽油机电控方面的成功应用，解决了柴油机电控技术的瓶颈，使得柴油机电控技术也能够发展起来。采用电控技术可以改善驾驶性能，降低油耗、噪声和振动，提供舒适、易操作的行驶控制功能；可以借助于故障显示和自诊断功能改善车辆的安全性和维护保养的方便性；可以改善冷起动、稳定怠速和良好的加速等性能，从而推动和加速了柴油机电控燃油燃油喷射系统的发展。

提高柴油机动力性，实现低污染、低油耗的中心任务就是改善柴油机的燃烧过程。也就是要保证组成燃烧过程的进气、喷油、燃烧三要素中的油、气良好混合和在不同工况下满足不同的燃烧和放热要求。其中，喷油是最重要的因素，喷油系统的控制成为柴油机电控的核心。

要使柴油机达到各项标准，电控燃油喷射是一项关键技术。虽然柴油机电控技术的发展比汽油机晚了很多年，但起点较高，最近几年发展尤为迅速，到现在为止已经发展了三代，并向喷射压力高压化及灵活调整、喷射量及喷油定时自由控制、喷油速度最佳控制的方向发展，最终实现柴油机的全电子控制。高压电控燃油喷射系统对控制排放十分有利，共轨式电控喷射系统的供油和燃油计量是完全分开的，从而其喷油压力、喷油过程和喷油持续期不受负荷和转速的影响。

二、柴油机电控燃油喷射系统的优点

（1）改善低温起动性　电子控制系统能够以最佳的程序替代驾驶人进行比较麻烦的起动操作，使柴油机低温起动变得更容易。

（2）降低氮氧化物和烟度的排放　采用柴油机电控技术，可以精确地将喷油量控制在不超过冒烟界限的适当范围内，同时根据发动机工况调节喷油时刻，从而有效地抑制排烟。

(3) 提高发动机运转稳定性　采用柴油机电控系统，无论负荷怎样变化，都能保证发动机在怠速工况下以最低的转速稳定运转，这有利于提高其经济性。

(4) 提高发动机的动力性和经济性　在柴油机电控系统中，ECU 根据传感器信号精确计算喷油量和喷油正时，从而提高发动机的动力性和经济性。

(5) 控制涡轮增压　采用电子控制技术可以对增压装置进行精确的控制。

(6) 适应性广　只要改变 ECU 的控制程序和数据，一种喷油泵就能广泛应用在各种柴油机上，而且柴油机燃油喷射控制可与变速器控制、怠速控制等各种控制系统进行组合实现集中控制，有利于缩短柴油机电控系统开发周期，并降低成本，从而扩大柴油机电控系统的应用范围。

三、柴油机燃油喷射系统电子控制部分的主要功能

(1) 目标喷油量控制　可按要求来设计任何模式（全程、两极或其他）的油量调速曲线，以及包括起动加浓、转矩校正在内的"校正外特性"曲线。若有需要，还可利用转速反馈达到调速率为零的等速控制曲线。柴油机加速踏板的位置只是一种控制信号，反映驾驶人的一种意愿。不像汽油机那样加速踏板控制的是节气门，反映了进气充量随转速变化的物理特性。

(2) 目标喷油定时控制　根据排放、油耗、功率和其他性能指标如噪声、冷起动等多方面的综合要求来确定各工况所需的最优化定时值。

(3) 油量及喷油定时的补偿控制　根据环境状态及某些运行状态参数的变化对目标喷油量和定时进行补偿控制。这些参数包括大气压力、大气温度、冷却液温度、柴油油温等，此时将实验归纳出的经验公式或数据输入 ECU 供其发出执行指令时选用。

(4) 冷起动及怠速稳定性控制　冷起动油量和定时都由起动转速、加速踏板位置以及冷却液温度、燃油温度共同决定，并按照一定程序实现冷起动—暖机—怠速的全过程。

怠速转速波动较大的主要原因是各气缸供油不均，燃烧不匀所引起的。此时可通过检测怠速时各气缸所对应的曲轴转速信号的波动情况进行分缸油量补偿以稳定转速。这是负荷反馈检测的一种方法，在低速、怠速时比较准确，但高速时因惯性对转速信号的影响加大而转速信号波动变小，以致难于准确检测各气缸的转速偏差。

(5) 过渡性能与烟度控制　可通过对过渡过程中油量和定时的综合补偿来满足最佳过渡性能和降低烟度的要求。例如，增压柴油机在开始加速时，通过加大供油提前角可使加速转矩加大，并减小冒烟量，控制喷油量不超过冒烟界限等。

(6) 喷油规律与喷油压力的控制　对于时间控制式的共轨喷射系统，可以通过控制电磁阀升程和调节共轨腔中的压力达到控制喷油率、喷油压力和预喷射油量的目的，这是其他类型的系统难以做到的。

(7) 其他参数及性能的控制　目前能实现的控制项目很多，但并非每个项目都是需要的，取决于具体的要求。这些项目有：增压油量与增压时进气量的补偿控制，废气再循环控制，增压器涡轮机喷口的可变截面控制、可变气门定时、可变进气涡流、可变进气管长度的控制，暖机时对进、排气的节流控制，部分停缸控制等。

此外还有柴油机低油压保护、增压器工作状态保护、传动系统的配套控制、故障自动诊断功能和故障保险功能等。

四、柴油机电控燃油喷射系统的主要类型和特点

柴油机的电控燃油喷射系统在一二十年间，已由第一代的位置控制式系统向第二代的时间控制式系统发展，其中时间控制式系统又由传统的柱塞脉冲式喷油系统发展出与之共存的共轨式喷油系统。

1. 位置控制式电控燃油喷射系统

这种系统的特点是不改变传统燃油喷射系统的工作原理和基本结构，只是由电控装置取代机械调速器和提前器，对油量调节杆（直列泵）和溢流环套（VE 分配泵）的位置以及油泵主从动轴的相互位置进行低频连续调节，以实现油量和定时的控制，所以叫作位置控制式系统。

位置控制式系统生产继承性强，安装方便，在西方国家已投产多年。但是，它只是对传统喷油系统的初步电控化改造。由于没有变更原有喷油装置，喷射特性保持不变，一般不能对喷油率和喷油压力进行调控。此外，由于它不对油量和定时进行直接控制，存在不少中间环节，控制响应比较慢，也做不到对各气缸的独立控制。

2. 时间控制式电控燃油喷射系统

这类系统的特点是利用安装在高压油路中的高速、强力电磁溢流阀来直接控制喷油始点和喷油量，与汽油机的电控喷油系统原理相似。不同点在于还可通过实时变更电磁阀升程或改变高压油路中的油压来实现喷油率和喷油压力的控制。它具有每缸一阀（直列泵）、能分缸调控和响应速度快等优点，已成为当前柴油机电控喷油系统的主要发展方向。

时间控制式系统又分为柱塞泵脉冲喷油系统和电子控制分配式喷油泵两种类型。

（1）时间控制式柱塞泵脉冲喷油系统　这种系统仍保持传统的柱塞往复运动脉冲供油方式，直接由电磁溢流阀控制油量和定时，柱塞副只起加压、供油作用，没有油量调节功能。为此取消了专用于调节油量和定时的机构，如调速器、提前器、供油调节杆、柱塞斜槽及出油阀组件等，这使得喷油泵机械系统的结构大为简化，油泵缸体及柱塞副的刚度得到加强，承压能力相应提高。

（2）时间控制式电子控制分配式喷油泵　与位置控制式电子控制分配式喷油泵相比，时间控制式电子控制分配式喷油泵取消了原 VE 泵上的溢油环，而在泵的泄油通路上设置了一个电磁溢流阀，在柱塞泵油阶段，当电磁溢流阀断电时，溢流阀打开，高压燃油立即卸压，停止喷油。喷油始点并不取决于电磁溢流阀关闭的时刻，而是取决于分配泵平面凸轮的行程始点，这与机械控制采用溢油环来改变喷油终点以控制油量方式是一样的。电磁溢流阀打开越晚，喷油量就越多。泵油角度传感器安装在滚轮环上，这样即使喷油正时有变化时，由于泵油角度传感器随着滚轮环一起移动，泵油角度并不改变，泵油始点与无齿段终点相对位置也始终不会改变。

五、柴油机高压共轨系统

现在的柴油电控系统大多采用高压共轨系统，如图 3-47 所示。也有部分车型使用单体泵和泵喷嘴的。高压共轨系统由高压油泵、共轨腔及高压油管、喷油器、电控单元、各类传感器和执行器五个部分组成。

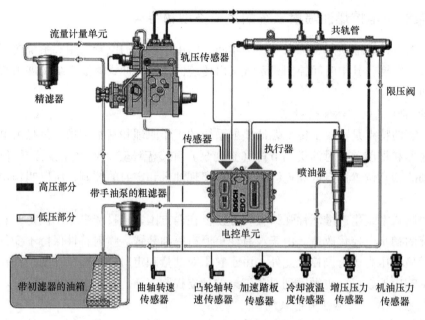

图 3-47 柴油机高压共轨系统

1. 柴油机高压共轨系统的工作过程

供油泵从油箱将燃油泵入高压油泵的进油口,由发动机驱动的高压油泵将燃油增压后送入共轨腔内,再由电磁阀控制各缸喷油器在相应时刻喷油。在共轨电控喷射系统中,最重要的控制就是喷油器喷射过程的控制,一般都采用带有电磁阀、具备预喷射功能的电控喷油器。

具体喷射过程如图 3-48 所示。预喷射在主喷射之前,将小部分燃油喷入气缸,在气缸内发生预混合或者部分燃烧,缩短主喷射的着火延迟期。这样气缸内压力升高率和峰值压力都会下降,发动机工作比较缓和,同时气缸内温度降低使得 NO_x 排放减小。预喷射还可以降低失火的可能性,改善高压共轨系统的冷起动性能。主喷射初期降低喷射速率,也可以减少着火延迟期内喷入气缸内的油量。提高主喷射中期的喷射速率,可以缩短喷射时间从而缩短缓燃期,使燃烧在发动机更有效的曲轴转角范围内完成,提高输出功率,减少燃油消耗,降低碳烟排放。主喷射末期快速断油可以减少不完全燃烧的燃油,降低烟度和碳氢排放。

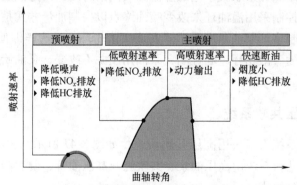

图 3-48 柴油机高压共轨系统的燃油喷射过程

2. 柴油机高压共轨系统的主要传感器

图 3-49 所示为柴油机高压共轨系统的传感器。

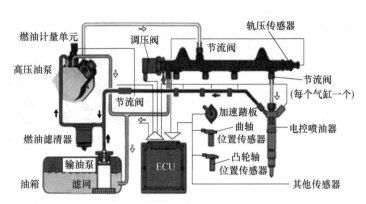

图 3-49 柴油机高压共轨系统的传感器

（1）加速踏板位置传感器 又称为负荷传感器，用来检测加速踏板被驾驶人踩下的位置及位置变化。

（2）凸轮轴/曲轴位置传感器 凸轮轴位置传感器用来检测曲轴转角基准，曲轴位置传感器检测曲轴转角，产生的信号用于供（喷）油正时控制，安装位置在曲轴、凸轮轴或飞轮处。

（3）供（喷）油量传感器 用来检测柴油机的实际供（喷）油量，产生的信号用来实现供（喷）油量的闭环。

（4）供（喷）油正时传感器 用来检测柴油机的实际供（喷）油正时，产生的信号用来实现供（喷）油正时的闭环控制。

（5）压力传感器 主要包括：进气管绝对压力传感器、增压压力传感器、大气压力传感器、排气压力传感器、压差传感器和燃油压力传感器。常用类型有压敏电阻式、压电式和电容式三种。

（6）温度传感器 主要包括：检测进气温度传感器、冷却液温度传感器、燃油温度传感器和排气温度传感器等。用来检测发动机各部位的温度，以修正供油量和供油时刻，还可以控制发动机的排气污染。

（7）空气流量传感器 测量进气量，用于进气控制和废气再循环控制。

3. 柴油机高压共轨系统的主要附件

（1）低压输油泵 低压输油泵的输出油压一般在 1MPa 以下，其作用是将柴油从油箱中吸出来供给高压油泵。

（2）高压输油泵（图 3-50） 高压油泵的主要作用是供给柴油机足够的高压柴油，同时保证柴油机迅速起动所需的额外供油量和压力要求。

（3）柴油滤清器（图 3-51） 柴油滤清器主要用来滤除柴油中的杂质和水分，常用的柴油滤清器为整体不可拆式，它安装在滤清器座上，一般有粗滤和细滤两种。

（4）共轨（图 3-52） 储存高压输油泵提供的高压燃油，并根据需要分配给各喷油器，即起蓄压器的作用。此外，共轨应能抑制高压油泵供油和喷油器喷油时引起的压力波动，以保持共轨中压力的稳定。

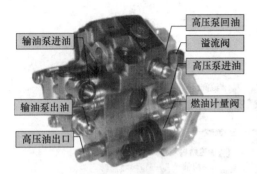

图 3-50 高压输油泵

图 3-51 柴油滤清器

（5）共轨—流量限制器　在非常情况下它可以防止喷油器常开并持续喷油，即一旦某喷油器常开并持续喷油，导致共轨输出的油量超过一定限值，流量限制器则会关闭该喷油器的供油通道。

在工作过程中，由于弹簧和节流孔的作用，使限制阀向下移动的量随喷油速率增加而增大。喷油器异常泄漏使"喷油"速率和喷油量超过正常喷油最大值，限制阀完全关闭停止给喷油器供油，如图 3-53 所示。

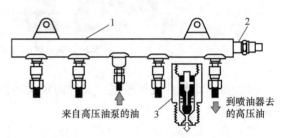

图 3-52 高压共轨
1—高压共轨　2—共轨压力传感器　3—流量限制器

（6）共轨—限压阀　共轨—限压阀一般安装在输油泵内或共轨上，用来限制共轨中的最高压力。弹簧的预紧力可根据规定的共轨最高压力进行调定。阀左侧承受的共轨压力超过右侧的弹簧力时，阀右移离开阀座，共轨中的燃油经限压阀流回油箱或输油泵进油侧，使共轨压力下降，如图 3-54 所示。

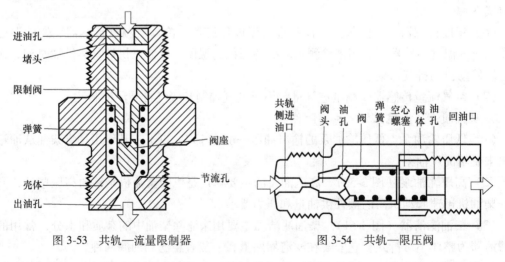

图 3-53 共轨—流量限制器　　图 3-54 共轨—限压阀

（7）调压阀　调压阀一般安装在输油泵出口或共轨上，可以根据 ECU 的指令实现对共轨压力的闭环控制，是占空比控制型电磁阀。

调压阀与限压阀的主要区别是，限压阀限制的最高压力取决于弹簧力，只能在其限制的最高压力附近调节压力且响应速度慢；调压阀则可在较宽范围内按ECU指令调节油压且响应速度快。

（8）喷油器 电磁阀式喷油器的结构如图3-55所示，其由孔式喷油器和电磁阀（喷油器电磁阀的灵敏度为0.2ms左右）等组成。喷油器喷孔的数量一般为6个左右。来自高压共轨的高压燃油，经油道流向喷油器，同时经节流孔流向针阀控制腔，针阀控制腔通过球阀控制的泄油孔与回油管路相连。

当喷油孔电磁阀不通电时，泄油孔关闭，作用在针阀控制活塞顶部的压力大于作用在针阀承压面上的压力，针阀被迫进入阀座而将高压油道与燃烧室隔离。当喷油器的电磁阀通电时，泄油孔被打开，针阀控制腔内的压力降低，作用在针阀控制活塞顶部的压力也随之下降。一旦压力降至低于作用在喷油器针阀承压面上的压力，针阀上升，燃油经喷油器喷孔喷入燃烧室。在控制柱塞处泄漏的燃油，通过回油管和高压油泵出来的回油一起流回燃油箱。

柴油机电控喷射系统压力更高，喷油器更复杂，并且没有点火控制。同时采用电控

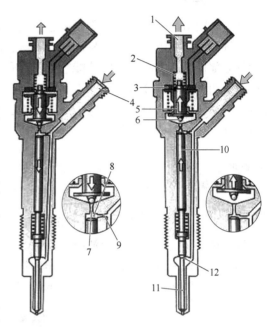

图3-55 电磁阀式喷油器的结构
1—球阀 2—电枢轴 3—线圈 4—高压燃油连接管
5—回位弹簧 6—回油管 7—针阀控制活塞 8—承压腔
9—喷油器 10—针阀 11—进油口 12—承压腔

喷射系统版本很多，有博世的、电装的、德尔福的等，各家的结构和控制方式略有差别，但基本的功能是一样的。

任务七　发动机其他节能技术

学习目标

1. 学习发动机的其他节能技术。
2. 分析相关节能技术的工作原理和特点。

 **情景导入**

随着我国节能减排政策的不断推进，汽车行业的节能减排是一个大趋势，同时也是一个大的系统工程，它涵盖了汽车从设计、制造、使用到报废的整个过程。而发动机是汽车最重要的核心部件，所以在汽车的节能减排中占有举足轻重的地位。目前，发动机技术的发展方向就是节约能源和提高效率，如本书前面讲到的提高充气系数、可变压缩比、汽油机稀薄燃烧技术、燃油喷射和点火系统电子控制等均已成熟应用，除了上面讲到的这些节能技术和措施，发动机还有哪些节能技术，通过本次任务进行梳理。

 **必备知识**

一、进气量电子控制

进气量电子控制俗称电子油门（E-GAS），又称为导线驾驶（Drive-by-Wire）。目前一般都采用节气门调节进气量，用节气门作为进气量电子控制的执行器，如图 3-56 所示，所以称之为节气门电子控制（Electronic Throttle Control，缩写成 ETC）。

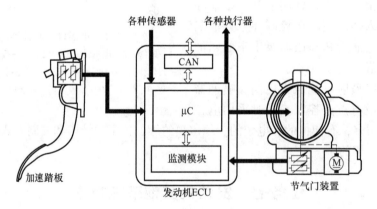

图 3-56　进气量电子控制系统

在进气量电子控制系统中，加速踏板不再以机械方式直接与节气门连接。这类系统的加速踏板实质上是一个电位计，称为加速踏板模块，它的输出电压信号反映了加速踏板的位置，起到了传感器的作用。在采用自动变速器的场合，加速踏板终端开关也纳入加速踏板模块之中。ECU 将它的信号看作驾驶人关于对发动机的转矩需求的一种表达。但加速踏板的位置和节气门的位置之间并不存在一一对应的关系，这与传统的模式不同。ECU 除了根据加速踏板位置及其改变速度以外还要考虑其他传感器的信号，如节气门转角、进气量、转速、冷却液温度等以及汽车底盘电子控制信号，经过计算后确定节气门应有的开度，然后发出指令给节气门装置的直流电动机。该直流电动机通过一台两齿轮减速器驱动节气门轴。节气门位置信息通过节气门位置传感器反馈给 ECU，借此实现节气门位置的闭环控制。这种控制方式避免了机械式加速踏板杆系中诸如间隙、摩擦和磨损等引起的误差。

由于 ETC 提高了经济性、动力性、安全性,并降低了排放,它正在被越来越多的轿车发动机所采用。

二、分缸断油

由"汽车理论"课程学习可知,汽车的行驶阻力由坡度阻力、加速阻力、滚动阻力和空气阻力四部分组成。其中,空气阻力与车速的二次方成正比,滚动阻力随车速增大而略有增加,其余两项与车速无关。汽车低速行驶时,以前面三项为主,阻力几乎与车速无关,所以对发动机的功率要求与车速成正比。汽车高速行驶时,阻力以空气阻力为主,大体上与车速二次方成正比,所以对发动机的功率要求与车速的三次方成正比。经济型轿车对车速要求较低,而豪华型轿车对车速要求很高,甚至可达 200km/h 以上,所以后者装备的发动机功率甚至可达前者的 10 倍。这种大功率轿车在都市中行驶时,功率要求不会比经济型轿车大许多,所以只利用了发动机标定功率的很小一部分。汽油机在这种低工况下运行时,经济性和排放都极差。如果在低工况下切断一部分气缸的燃油供应,那么,其余各缸就会工作在经济性和排放都大为改善的工况区域,一旦这几个气缸不能满足功率要求,停油的各气缸便单独地或成组地恢复供油并点火工作。这种工作方式称为分缸断油或闭缸技术,如图 3-57 所示。

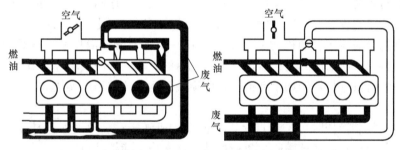

图 3-57　分缸断油电子控制

在国外,分缸断油技术在装备六缸发动机的大功率轿车上已有应用。在结构上,燃油供给系统中有阀门可以切断部分气缸(一般是三个气缸为一组)的燃油供给,进气总管中的阀门可以将部分气缸的进气歧管分隔开,以上两个阀门均由 ECU 控制。在发动机全负荷运行时,各气缸一起工作,ECU 控制进气总管中的阀门将各气缸的进气歧管接通,各气缸都得到新鲜空气和燃油供应。当发动机部分负荷运行时,ECU 控制燃油系统中的阀门切断部分气缸的燃油供应,只有部分气缸得到燃油供应并点火工作,燃烧后的一部分废气进入断油气缸用于保证发动机整体上温度分布均匀,提高断油气缸中的机油温度,保证润滑效果。

三、与变速器换档相关的发动机控制

变速器换档控制可降低油耗、改善换档舒适性并提高可传递的功率和变速器寿命。它可与发动机电子控制系统做成一体,如图 3-58 所示。所需的输入信号由发动机负荷传感器 7、发动机转速传感器 8、节气门开关 6 以及变速器输出轴转速传感器 9、变速器档位开关 2、程序模块开关 3 和加速踏板终端开关 4 等提供。执行器是变速器液压系统压力调节器、电磁阀 14 和故障信号灯 15。

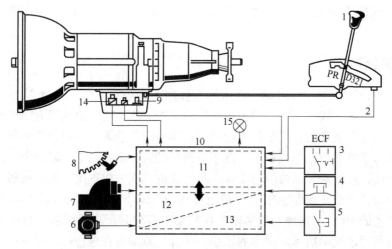

图 3-58 变速器电子控制系统

1—变速杆 2—档位开关 3—程序模块开关 4—加速踏板终端开关 5—牵引力控制开关 6—节气门开关
7—发动机负荷传感器 8—发动机转速传感器 9—变速器输出轴转速传感器 10—电子控制单元
11—变速器控制 12—点火控制 13—喷油控制 14—换档阀和变矩器阀 15—故障信号灯

在平路上行驶时，汽车对发动机的功率需求由车速唯一地确定。发动机功率等于转矩和转速的乘积。为了实现某一车速，发动机功率和转速可以有不止一种的组合，由变速器速比决定。每一种组合对应于发动机的一个工况点和一个有效燃油消耗率。ECU 会选择其中比油耗最低的一种组合所对应的变速器速比。为此目的设置的程序模块称为节油程序模块。还有其他程序模块可供选择，例如手动换档程序模块和运动驾驶程序模块等，分别适应不同的要求。

变速器电子控制换档时可推迟点火以降低发动机转矩；全负荷时换档本来是特别危险的，推迟点火使得全负荷换档跟部分负荷换档一样平稳，换档结束后，点火正时恢复正常。

四、停车—起动（自动起停）运行电子控制

汽车在城市工况行驶中，停车时常常不关闭发动机，怠速运行时间占总运行时间的比例可高达 20%~30%，而怠速油耗占总油耗的 5%左右。因此，如果停车时关闭发动机，取消怠速，对改善整车燃料消耗损失大有好处。如前所述，怠速转速电子控制是为了减少怠速燃油消耗和怠速稳定。达到同样目的的另一种办法是采取停车—起动运行。当离合器脱开、汽车停住或只是以大约 2km/h 的速度行驶时，发动机在几秒钟内就自动关闭。这种情况主要发生在都市交通信号灯前面或堵车时，借此可节省燃油并减少排放。重新起动发动机时只要将离合器踏板踩到底，并将加速踏板踩下其行程的 1/3 以内就可以了。此时 ECU 会令起动机转动，并按照起动程序模块控制喷油和点火，省去了人工起动操作的麻烦。

停车—起动运行虽然节省了怠速燃油，但增加了起动燃油的消耗，因此严格限制起动燃油的消耗就成了特别重要的任务。

五、发动机冷却风扇控制

冷却系统的主要任务是保证发动机在正常的温度下良好工作。由于汽车发动机的使用工

况和工作环境千变万化，因此对于冷却系统的工作要求也是很不相同的。在大部分运转工况下，冷却系统的能力往往是过剩的。一般情况下，汽车在90%以上的运行时间仅靠迎面风就能保证正常冷却，并不需要风扇冷却。传统的结构，只要发动机运转，风扇就被驱动，而驱动风扇消耗的功率与转速的三次方成正比，通常占发动机有效功率的5%~10%，并且产生较大的风扇噪声。由此可知，冷却风扇是汽车发动机中耗能较多、噪声较大而利用率较低的附件。

近年来在汽车发动机上采用各种自动式（如硅油式、机械式、电磁式和电动式）风扇离合器控制风扇的风量以改变冷却强度的方法日益增多，结构日趋完善。这不仅能减少发动机功率损失，节约燃油，而且还能提高发动机使用寿命，降低发动机的噪声。

目前电动风扇应用较广，其优点是没有了风扇传动带而使结构简单，布置方便，发动机燃油经济性得到改善。很多轿车发动机的水冷系统都采用了电动风扇，尤其是横置发动机前轮驱动的汽车，电动风扇由风扇电动机驱动并由蓄电池供电，所以风扇转速与发动机转速无关。我国生产的红旗CA7220、奥迪100、捷达和桑塔纳等轿车均采用了电动风扇，且风扇转速均为两档，风扇转速由温控热敏电阻开关控制。当冷却液流出散热器的温度为92~97℃时，热敏开关接通风扇电动机的一档，风扇转速为2300r/min；当冷却液温度升高到99~105℃时，热敏开关接通风扇电动机的二档，这时风扇转速为2800r/min；若冷却液温度下降到92~98℃时，风扇电动机恢复一档转速；当冷却液温度下降到84~91℃时，热敏开关切断电源，风扇停转。在有些轿车发动机上，电动风扇由微机控制。如受发动机舱尺寸所限，冷却风扇通常不是直接安装在曲轴前端，而是与散热器做成一体，散热器常为长方形，两台冷却风扇并列布置，各由一台电动机驱动，ECU根据输入信息控制冷却风扇电动机。

冷却风扇电子控制系统控制原理

如图3-59所示，当ECU未给冷却风扇继电器2、3和4发出信号时，两台电动机都不通电，当ECU只发出信号给冷却风扇继电器2并使它接通时，冷却风扇电动机5和6串联，风扇低速旋转；当ECU同时发出信号给冷却风扇继电器2、3和4并使它们都接通时，冷却风扇电动机5和6并联，风扇高速旋转。

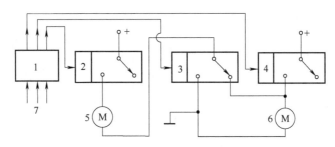

图3-59 冷却风扇电子控制系统

1—ECU 2、3、4—冷却风扇继电器 5、6—冷却风扇电动机 7—输入信号

课后习题

1. 发动机的工作性能包括：（　　）、（　　）、（　　）和（　　）几方面。
2. 什么是发动机的有效功率？
3. 发动机的节能途径有哪些？
4. 什么是充气效率？
5. 如何提高充气效率？
6. 稀燃汽油机分为哪两类？
7. 稀薄燃烧技术的类型有哪些？
8. 废气涡轮增压发动机的类型有哪些？
9. 控制增压压力的办法有哪些？
10. 可变涡壳通道及喷嘴环流通截面的技术有哪些？
11. 叙述电控汽油喷射发动机的优点。
12. 比较柴油机电控燃油喷射系统与汽油机电控燃油喷射系统的异同。
13. 上网了解柴油机电控燃油喷射系统的技术发展趋势。
14. 除发动机节能技术之外的，汽车其他节能技术还有哪些？请查阅相关资料进行了解。

单元四　汽车底盘节能技术

学习指南

　　汽车底盘将发动机的动力转变为牵引力使汽车行驶，并满足汽车转向、制动等各种行驶工况的要求。由于发动机的动力必须经过汽车底盘传动系统——离合器、变速器、传动轴、减速器、差速器和半轴传递给驱动车轮，传动系统效率的高低，直接影响到汽车动力性和燃油经济性的好坏，因此，汽车底盘传动系统与汽车节能有着密切的关系。

　　本章主要阐述汽车传动系统与发动机匹配、自动变速器、超越离合器和制动能量回收等汽车底盘节能技术和原理。要求能熟知汽车底盘技术与汽车节能的基本关系，汽车传动系统与发动机匹配节能、自动变速器、超越离合器和制动能量回收等技术的主要内容，叙述其节能的基本原理。

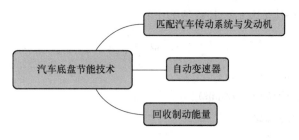

任务一　匹配汽车传动系统与发动机

学习目标

1. 解释汽车传动系统传动比的选择对汽车燃油经济性的影响。
2. 说明变速器参数的选择对汽车性能的影响。
3. 概述驱动桥参数的选择对汽车燃油经济性的影响。
4. 归纳变速器与主减速器传动比的匹配对节能的影响。

117

汽车新能源与节能技术

任务导图

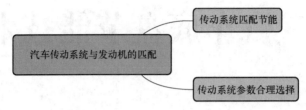

情景导入

发动机的转速和输出转矩不能满足车辆驱动轮所需的转速和转矩，必须设立传动系统，通过传动系统改变传动比，调节发动机的性能，将动力传至车轮，以适应外界负荷与道路条件变化的需要。因此，汽车动力性能的好坏，不仅取决于发动机，而且在很大程度上依赖于传动系统以及传动系统与发动机的匹配。同样，汽车经济性能也与传动系统与发动机的匹配密切相关。

必备知识

一、传动系统匹配节能

汽车传动系统的功能是将发动机发出的动力传递给驱动车轮，使两者良好匹配。传动系统中对燃油经济性有重要影响的是变速器和驱动桥。发动机的转矩、转速与汽车牵引力和速度之间的匹配，主要通过主减速器和变速器的减速作用，提高汽车的牵引力。传动系统的这种减速增扭程度用传动比 i 表示，其数值如下：

$$i = i_D i_k = \frac{n}{N} \tag{4-1}$$

式中　n——发动机转速（r/min）；

　　　N——汽车驱动轮转速（r/min）；

　　　i_D——主减速器传动比；

　　　i_k——变速器传动比。

作用在汽车驱动轮上的牵引力 F 为

$$F = \frac{i M_e \eta}{r_k} \times 9.81 \tag{4-2}$$

式中　M_e——发动机转矩（N·m）；

　　　η——传动系统效率；

　　　i——传动系统传动比；

　　　r_k——驱动轮半径（m）。

传动系统的最小传动比 i_{min} 应保证汽车能在平直良好路面上克服滚动阻力和空气阻力用相应的最高车速行驶，而传动系统的最大传动比 i_{max} 应保证汽车能克服最大行驶阻力并具有适当大小的最低车速。为了达到最大传动比，需要通过变速器与主减速器串联传动，因此传动系统最大传动比$i_{max}=i_D i_{kmax}$。一般机械式变速器的传动比档数为3~5档。在起动及爬坡时，选用传动比较大的（低速）档位，在平路高速行驶时，可选用传动比较小的（高速）档位。当变速器高速档传动比$i_k=1$时，变速器不起减速作用，仅靠主传动器减速，即$i=i_D=i_{min}$。

在汽车设计过程中，当发动机的性能和汽车的常用行驶工况确定后，合理选择传动比，进行传动系统与发动机的匹配优化，可使汽车的使用性能最大限度地发挥出来，从而改善燃油经济性。如图4-1所示，AB线为发动机万有特性的最佳燃油消耗曲线，R区为发动机的常用工作区，显然R区距AB线越近，发动机燃油经济性越好。

当车速一定时，发动机的转速可以在等功率线P上任一点工作。因此可以通过减小i_D或i_k使发动机在较低转速下工作，即使发动机万有特性曲线上的工作点沿着该节气门开度下的等功率曲线由下向上、由右向左移动，实现节油。例如当发动机在转速n_3下工作时，离经济区较远，要使发动机切换到燃油经济性较好的转速n_4下工作，可通过减小传动比来实现。

变速器的传动比范围、档位数、传动比分配规律和主减速比等参数都影响到整车的燃油经济性，在满足汽车动力性能的前提下，优化传动系各参数，使汽车常用工况处于发动机最佳经济区或接近最佳经济区，则可有效地降低汽车的燃油消耗。

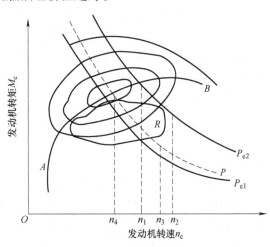

图4-1 发动机与传动系统匹配示意图

二、传动系统参数的合理选择

汽车动力传动核心部分为发动机、变速器、驱动桥、轮胎。对于汽车的燃油经济性而言，在很大程度上受这些总成的影响。因此，在整车参数和发动机确定后，必须根据汽车不同用途进行传动系统的优化匹配，才能得到节能的效果。

> 发动机与传动系统的合理匹配，是指根据汽车的使用条件和要求，由给定的发动机特性，确定变速器的档数及各档传动比，以保证汽车在经常使用工况下，发动机能在万有特性曲线中的经济油耗区工作，并保证有足够的动力性。合理匹配对汽车的动力性能和经济性能有很大的影响，故如何设计传动系统的参数以达到与汽车发动机的合理匹配已成为汽车设计中一个重要的组成部分。

1. 合理选择变速器参数

在汽车动力传动部分设计中，变速器的最小传动比是由汽车最高车速确定的。确定最大传动比时，要考虑3方面问题，最大爬坡度、附着力及汽车最低稳定车速。汽车性能对于传动比有以下几点要求：

1)最大传动比(最低档传动速比)应能保证实现给定的最大爬坡度和正常行驶中在最大爬坡度条件下顺利起步。

2)最小传动比(最高档传动速比)应能达到设计要求的最高车速。

3)应使汽车能顺利而迅速地加速,具有较好的坡道行驶性能以及保证汽车在常用工况下的行驶经济性;同时在最高档与最低档之间,应有适当数量的中间档以及传动比的合理分配。

变速器的传动比范围、档位数以及传动比间隔等参数与汽车的动力性、经济性有着密切的关系。不同类型的汽车,由于其使用条件不同,对整车性能要求不同,且汽车本身的比功率不同,因此具有不同的档位数及传动比间隔。所以,在传动系统参数匹配中,确定变速器的传动比范围、档位数以及传动比间隔是一项非常重要的工作。

(1)传动比范围与档位数 最低档传动比与最高档传动比之比(即传动比范围)的扩大可以明显地改善汽车的燃油经济性和动力性。传动比间隔过大会造成换档困难。因此,扩大传动比范围的最好做法是增加档位数,例如增加一个超速档,或者增加一个直接档。

就动力性而言,档位数多,可增加发动机发挥最大功率附近高功率的机会,从而提高汽车的加速与爬坡能力。就燃油经济性而言,档位数多,可增加发动机在低燃油消耗率区工作的可能性,从而降低油耗。所以增加档位数会改善汽车的动力性和燃油经济性。

轿车的行驶车速高,比功率大,最高档的后备功率也大,即相对而言最高档的驱动力与Ⅰ档驱动力间的范围小,即i_{tmax}/i_{tmin}小。因此以前美国装备手动变速器的轿车,常采用操纵方便的三档变速器;而对于注重节约燃油的国家,如欧洲各国,选用发动机的排量较小,则常采用四档变速器。近年来,为了进一步省燃油,装用手动变速器的轿车普遍采用五档变速器,也有采用六档变速器的。

轻型货车和中型货车比功率小,所以一般采用五档变速器。重型货车的比功率更小,使用条件也更复杂,如矿山用重型汽车,行驶道路变化很大。重型牵引车要拖带挂车,有时要求有很大的驱功力。重型车辆发动机工作时间长,油耗量大,且本身自重很大,增加档位数不会过多地增加汽车的制造成本,所以一般采用六档至十几个档位的变速器,以适应复杂的使用条件,使汽车具有足够的动力性与良好的燃油经济性。

越野汽车遇到的使用条件更为复杂,还要经常牵引挂车或其他装备,所以i_{tmax}/i_{tmin}的比值很大,其传动系统的档位数较同吨位的普通货车要多1倍左右。

在变速器中,档位数超过5个(指前进档)会使结构大为复杂,同时操纵机构也相应复杂。为此常在变速器后接上一个两档或三档位的副变速器。越野汽车因要求多轴驱动,故采用分动器。

(2)传动比间隔 档位数影响到档与档之间的传动比,即传动比间隔。传动比间隔过大,会造成换档困难。一般认为传动比间隔不宜大于1.8。变速器各档传动比的确定一般有两种方法:等比级数分配或渐进式传动比分配。

1)采用等比级数分配时,传动比间隔为常数。以四档变速器为例,各档传动比之间的关系为

$$i_1 = i_2 q = i_3 q^2 = i_4 q^3 \tag{4-3}$$

图4-2所示为等比级数分配传动比的特性。由图可见,等比级数分配传动比使得相邻两档特性场与理想转矩曲线间形成的空隙(又称为变速器空隙)是均匀的,且面积相等。

等比级数分配传动比的优点是使发动机总在同一转速范围内工作,因而可以从动力性和经济性角度选定最佳转速范围。但实际上,换档不可能在瞬间完成,换档必然带来车速降低,由于空气阻力影响,高速区域换档车速降低量远大于低速区域。因此,只有较高档间传动比小于较低档间传动比,才能保持发动机工作的转速范围不变。载货汽车的车速范围较窄,可以基本上采用等比级数分配传动比。

2) 现代轿车使用车速范围大,多采用渐进式传动比分配。以四档变速器为例,其各档传动比之间的关系为

$$\frac{i_3}{i_4}=q_1q_2^0, \frac{i_2}{i_3}=q_1q_2^1, \frac{i_1}{i_2}=q_1q_2^2 \tag{4-4}$$

其中, $q_2 = 1.1 \sim 1.2$。

渐进式传动比分配与等比级数分配相比较,高档间的车速差明显减小。图 4-3 所示为渐进式传动比分配的特性,可以看出,低档变速器空隙比高档大得多。

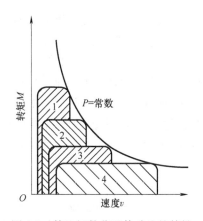

图 4-2 等比级数分配传动比的特性

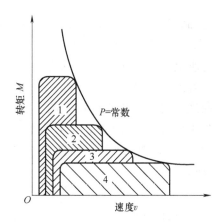

图 4-3 渐进式传动比分配的特性

现代汽车理论认为:传动比间隔越小越节油,换档也越轻便;而且汽车多工作在高档位置,换档频次也大大多于低档,因此,高档的传动比间隔应比低档小。鉴于这种原因,英国马丁博士提出了偏置等比级数的传动比分配方法。

这种传动比分配方法的特点是发动机在各档的工作转速范围均不一样,低档宽、高档窄。这样在低档时由于转速范围过宽会使燃油经济性恶化,但因其利用率较低(例如五档变速器一、二、三档的路程总利用率仅为 10%~15%),影响不大。同时,在高档时,发动机的转速范围可以限制在较窄的经济转速区工作(因其利用率较高),因此总的燃油经济性有所改善。

2. 合理选择驱动桥的参数

选择驱动桥参数,主要就是确定主减速器的传动比。在动力装置其他参数不变的条件下,若要选定最佳主减速器传动比,可根据燃油经济性与动力性的计算,绘制如图 4-4 所示的不同 i_0 时的燃油经济性—加速时间曲线。该曲线通常大体上呈 C 形,所以又称之为 C 曲线。图中的纵坐标是 0~96.6km/h 时的加速时间(单位为 s),横坐标为 EPA 循环工况的燃油经济性,单位为 km/L (或 mile/gal)。计算出不同 i_0 值时的加速时间与每升燃油行驶里程

数后，即可作出该特性曲线。曲线表明，i_0 值较大时，加速时间较短但燃油经济性下降；i_0 值较小时，加速时间延长但燃油经济性改善。若选定 2.6 作为主减速器传动比，则能兼顾汽车的燃油经济性与动力性。若以动力性为主要目标，则可选用较大的 i_0 值；若以燃油经济性为主要目标，可选较小的 i_0 值。

3. 变速器与主减速器传动比的匹配节能

在初步选择变速器与主减速器参数之后，可拟定供选用参数值的范围，进一步具体分析计算不同参数匹配下汽车的燃油经济性与动力性，然后综合考虑各方面因素，最终确定动力装置的参数。在不改变发动机的条件下，可利用 C 曲线从数种变速器中选择合适的变速器和合适的主减速器传动比。

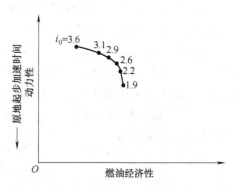

图 4-4 燃油经济性—加速时间曲线

图 4-5 绘制了数种变速器的 C 曲线。图 4-5a 是三档变速器与四档变速器 C 曲线，图 4-5b 是四档变速器与五档变速器的 C 曲线。三档变速器与四档变速器均具有直接档，由于四档变速器的变速范围广，所以汽车动力性有所提高。五档变速器具有超速档，汽车的燃油经济性与动力性均有显著提高。图 4-5c 是装用 3 种不同传动比的五档变速器 A、B、C 时汽车的 C 曲线。可以根据设计汽车的主要目标选用其中的一个，并根据其 C 曲线确定主传动比。图 4-5c 上还画出了 3 条 C 曲线的包络线，称为"最佳燃油经济性—动力性曲线"，它表示 3 种五档变速器与不同传动比主减速器匹配时，在一定加速时间要求下燃油经济性的极限值。

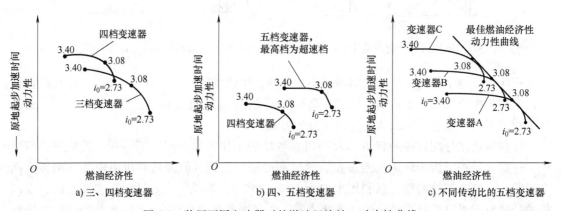

a) 三、四档变速器　　b) 四、五档变速器　　c) 不同传动比的五档变速器

图 4-5 装用不同变速器时的燃油经济性—动力性曲线

任务二　自动变速器

 学习目标

1. 辨认自动变速器。

单元四　汽车底盘节能技术

2. 叙述综合式液力变矩器的结构和工作原理。
3. 叙述锁止离合器的锁止方式和控制类型。
4. 叙述机械无级变速器的特点、结构和工作原理及机械无级变速器的应用。
5. 叙述双离合器式自动变速器的工作原理。

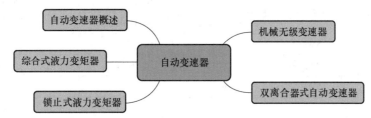

汽车驾驶性能的好坏，除与汽车本身的结构有关外，还取决于正确的操纵与控制。自动变速器能通过系统设计，使整车能根据使用要求，实现行驶时离合器的操纵与换档操纵的自动化，以获得最佳的燃料经济性和动力性。

一、自动变速器概述

机械齿轮变速器因采用机械传动，故传动效率高、工作可靠、结构简单。但是，整车的驾驶性能与驾驶人的技术水平有很大关系。例如，发动机处于非经济转速区域内运转与处于经济转速区域内运转相比较，其油耗率相差近一倍。此外，变速器档位不同，传动效率的高低也有所不同。要让汽车在每一种负荷、路况下都能同时兼顾发动机的最低油耗和变速器的最高效率，即使对职业驾驶员而言也不是一件容易的事，而依靠自动变速技术，按照预先设定的最佳规律变换档位就能很容易得以实现。

汽车自动变速器主要有三种类型：电控机械式自动变速器（Automated Mechanical Transmission，AMT）、液力自动变速器（Automatic Transmission，AT）和机械无级变速器（Continuously Variable Transmission，CVT）。近年来，在电控机械式自动变速器领域又出现了一种新的变速传动方式，即双离合器式自动变速器（Dual Clutch Transmission，DCT）。

（1）液力自动变速器（AT）　这种变速器消除了离合器操作和频繁地换档，使驾驶操作简便省力。驾驶人只需控制加速踏板与制动踏板，减轻了驾驶人的劳动强度，提高了行车的安全性。同时，因采用液力传动，发动机和传动系统是弹性连接，能缓和冲击，使档位变换不但便捷而且平稳，提高了汽车乘坐的舒适性。

由于液力传动存在着液力损失，与机械传动相比其效率较低，最高效率也只有 0.85～0.9，因而在正常行驶时油耗较高，经济性差。但是，通过与发动机的匹配优化，采用综合

123

式液力变矩器、锁止式液力变矩器，增加档位数等措施，可使液力自动变速器接近机械变速器的效率水平。此外，随着汽车技术的迅速发展，尤其是汽车液力自动变速器性能的不断改进和提高，最佳换档理论的实践，使液力自动变速器能按照汽车所获得的最佳油耗规律进行自动换档。因此，在城市内使用时，已经有可能比装用机械式自动变速器的车辆更省油。表4-1是同一轿车安装液力和机械两种变速器时的油耗比较。

表4-1 同一轿车安装液力和机械两种变速器时的油耗比较

公司、车型	变速器	等速油耗/（L/100km）		城市油耗/（L/100km）
		$v=90$km/h	$v=120$km/h	
RENAULT30TS（法国）	5MT	8.5	11.6	17.3
	3AT	9.1	12.1	16.3
AUDOI100GL5E（德国）	5MT	6.4	8.3	13.3
	3AT	8.3	10.5	13.2
BMW728（德国）	5MT	8.1	10.4	17.8
	3AT	9.6	12.1	17.4
BENZ-280SE（德国）	4MT	9.1	11.3	17.4
	4AT	9.4	11.7	16.8

（2）机械无级变速器（CVT） 这种变速器可以实现传动比的连续改变，从而得到传动系统与发动机工况的最佳匹配，提高整车的燃油经济性和动力性。同时由于无换档跳跃，减缓了汽车变速过程中的换档冲击，从而改善了驾驶人的操纵方便性和乘员的乘坐舒适性，所以它是理想的汽车传动装置。

（3）双离合器式自动变速器（DCT） 这种变速器在德国被称为DSG（Direct Shift Gearbox，中文直译为"直接换档变速器"）。DCT使用两个离合器，各离合器单独运转。在整个换档期间，DCT最少有一组齿轮在输出动力，不存在换档瞬间出现转矩中断的现象，使换档过程更加流畅、圆滑平稳，车辆加速性及其响应特性更强，车辆乘坐舒适性也大大提高。同时，DCT基于机械变速器结构，没有AT的液力变矩器和无级变速器的带/链传动装置，进而在动力传递过程中具有转矩损失少、传动效率高的特点，有效地改善了整车燃油经济性。装备DCT的汽车的耗油量比装备其他自动变速器的低，甚至比装备手动变速器的同种车型还要低。

本节将对液力自动变速器中综合式液力变矩器、锁止式液力变矩器和机械无级变速器、双离合器式自动变速器的有关结构和原理进行介绍。

1908年，福特T型车最早采用一种2个速比的自动变速器。其构造是采用多组齿轮，并且分成中央齿轮和周边齿轮，最外边则是一个转轮，随着中央齿轮从发动机引入的转矩不同，齿轮组得到高低不同的转速，包括倒车档的反向旋转。从那以后，自动变速器的构造原理并无大的改变，但材料技术的进步与润滑油性能的提高，使这种变速器的速比更为丰富。美国在第二次世界大战之前就生产过一种3个速比的自动变速器，只要把变速杆推至 D 位，便可由加速踏板随意改变车速。传统离合器由一个涡轮转换器所取代。后来，又有人发明了涡流转换器的锁止机构，消除了加速时打滑的感觉，从而大大地降低了油耗。转轮式自动变速器存在一个缺点，即起步加速时令人有一种车轮打滑的感觉，于是驾车人会猛踩加速踏板，但车速并不随即增高。驾车者根本无须扳动变速杆，便可以轻松自如地改变车速。随着发动机燃油喷射与点火装置的不断完善，自动变速器也有新的花样，如设置了"运动式"或"雪地行驶"等不同的操控方式，有的在仪表板上设有一个印有"S"字母的按钮，可以在加速时变得格外迅捷；或者印有雪花图案代表雪地行驶的按钮，可避免在起步时打滑。甚至，新一代变速器还可以顺应驾车人不同的习惯，相应地做出反应，使驾驶变得更加得心应手。近年，保时捷公司又发明了一种"手控/自动变速器"，凭靠一组复杂的电子装置，可以使驾车者在自动与手动变速之间任意选择。例如，在市内行驶时，由于需要频繁地变换速度，使用自动变速器便显得非常方便；而一旦来到高速公路或其他开阔的地方，则又可将自动变速的功能关掉，转为由手控制，以此来领略驾车中的多种乐趣。这一点已逐渐成为高档车的特性。

二、综合式液力变矩器

综合式液力变矩器和普通液力变矩器的结构基本相同，仍由泵轮、涡轮和导轮组成。不同之处在于，它的导轮不是完全固定不动的，而是通过单向离合器支承在固定于变速器壳体的导轮固定套上。单向离合器对导轮有单向锁止作用，使导轮只能朝顺时针方向旋转（从发动机前面看），但不能朝逆时针方向旋转。液力变矩器的工作特性主要有转矩放大特性、耦合工作特性、失速特性等。

（1）转矩放大特性 将变矩器三个工作轮假想地展开，得到泵轮、涡轮和导轮的环形平面图，如图 4-6 所示。为便于说明，设发动机转速及负荷不变，即变矩器泵轮的转速 n_B 及转矩 M_B 为常数。

当发动机运转而汽车还未起步时，涡轮转速 n_W 为零，如图 4-6a 所示。变速器油在泵轮叶片的带动下，以一定的绝对速度沿图中箭头 1 的方向冲向涡轮叶片，对涡轮产生一个作用力，同时产生绕涡轮轴的转矩。因为此时涡轮静止不动，液流则沿着叶片流出涡轮并冲向导轮，其方向如图中箭头 2 所示，该液流对导轮产生作用力矩。然后液流再从固定不动的导轮叶片沿箭头 3 的方向流回到泵轮中。当液流流过叶片时，对叶片作用有冲击力矩，液流此时也受到叶片的反作用力矩，其大小与作用力矩相等，方向相反。作用力矩与反作用力矩的方向及大小与液流进出工作轮的方向有关。设泵轮、涡轮和导轮对液流的作用力矩分别为 M_B、M_W 和 M_D，方向如图中箭头所示。根据液流受力平衡条件，三者在数值上满足关系式 $M_W = M_B + M_D$，即涡轮转矩 M_W 等于泵轮转矩 M_B 与导轮转矩 M_D 之和。显然，此时涡轮转矩 M_W 大于泵轮转矩 M_B，即液力变矩器起了增大转矩的作用。

当液力变矩器输出的转矩，经传动系传到驱动车轮上所产生的牵引力足以克服汽车起步阻力时，汽车即起步并开始加速，与之相连的涡轮转速 n_W 也从零起逐渐增加。设液流沿叶片方向流动的相对速度为 ω，沿圆周方向运动的牵连速度为 u，设泵轮转速不变，即液流在涡轮出口处的相对速度不变，如图 4-6b 所示，冲向导轮叶片的液流的绝对速度 v 将随牵

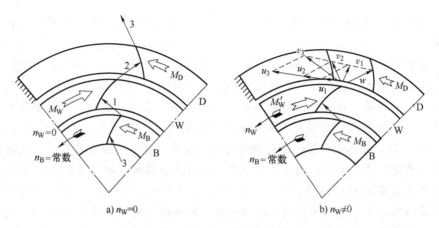

图 4-6 液力变矩器的工作原理

连速度 u 的增大而逐渐向左倾斜，使导轮上所受转矩值逐渐减小，即液力变矩器的转矩放大作用随之减小。

（2）偶合工作特性 当涡轮转速增大到泵轮转速的 90% 时，由涡轮流出的液流正好沿导轮出口方向冲向导轮，由于液体流经导轮时方向不变，故导轮转矩 M_D 为零，即涡轮转矩与泵轮转矩相等，$M_W = M_B$，处于偶合工作状态。

若涡轮转速继续增大，液流绝对速度方向继续向左倾斜，冲击导轮叶片的反面，导轮转矩方向与泵轮转矩方向相反，若导轮仍然固定不动，则涡轮转矩 $M_W = M_B - M_D$，即变矩器输出转矩反而比输入转矩小。为此绝大多数液力变矩器在导轮机构中增设了单向离合器，也称为自由轮机构。单向离合器在液力变矩器中起单向导通的作用，当涡轮与泵轮转速差较大时，单向离合器处于锁止状态，导轮不能转动。涡轮转速升高到一定程度后，单向离合器导通，即导轮空转，变矩器不能改变输出转矩，液力变矩器进入偶合工作区。

常见的单向离合器有楔块式和滚柱式两种结构形式。

楔块式单向离合器如图 4-7d 所示，由内座圈、外座圈、楔块、保持架等组成。导轮与外座圈连为一体，内座圈与固定套管刚性连接，不能转动。当导轮带动外座圈逆时针转动时，外座圈带动楔块逆时针转动，楔块的长径与内、外座圈接触，如图 4-7a 所示。由于长径长度大于内、外座圈之间的距离，所以外座圈被卡住而不能转动。当导轮带动外座圈顺时针转动时，外座圈带动楔块顺时针转动，楔块的短径与内、外座圈接触，如图 4-7b 所示，由于短径长度小于内、外座圈之间的距离，所以外座圈可以自由转动。

滚柱式单向离合器如图 4-8 所示，由内座圈、外座圈、滚柱和叠片弹簧等组成。当导轮带动外座圈顺时针转动时，滚柱进入楔形槽的宽处，内、外座圈不能被滚柱楔紧，外座圈和导轮可以顺时针自由转动。当导轮带动外座圈逆时针转动时，滚柱进入楔形槽的窄处，内、外座圈被滚柱楔紧，外座圈和导轮固定不动。

随着涡轮转速的逐渐提高，涡轮输出的转矩要逐渐下降，而且这种变化是连续的。同样，如果涡轮上的负荷增加了，涡轮的转速也要下降，而涡轮输出的转矩增加正好适应负荷的增加。

可以把液力变矩器的工作过程概括为两个工况，一是变矩，另一个是偶合。当泵轮与涡

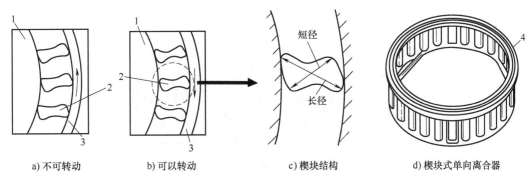

图 4-7 楔块式单向离合器
1—内座圈 2—楔块 3—外座圈 4—保持架

轮转速相差较大,或者说在低速区时,液力变矩器实现变矩(增矩);当涡轮转速达到泵轮转速的 85%~90%,或者说在高速区时,液力变矩器实现偶合传动,即输出(涡轮)转矩等于输入(泵轮)转矩。

(3) 失速特性 液力变矩器失速状态是指涡轮因负荷过大而停止转动,但泵轮仍保持旋转的现象,此时液力变矩器只有动力输入而没有输出,全部输入能量都转化成热能,因此变矩器中的油液温度急剧上升,会对变矩器造成严重危害。失速点转速是指涡轮停止转动时的液力变矩器输入转速,该转速大小取决于发动机转矩、变矩器的尺寸和导轮、涡轮的叶片角度。

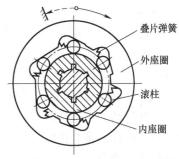

图 4-8 滚柱式单向离合器

三、锁止式液力变矩器

锁止式液力变矩器是在液力变矩器的泵轮与涡轮之间安装的一个可控制的锁止离合器。当汽车的行驶工况达到设定目标时,锁止离合器自动将泵轮与涡轮锁成一体。液力变矩器随之变为刚性机械传动,从而提高了传动效率。锁止后,消除了液力变矩器高速比工况时效率的下降。理论上锁止工况效率为 100%,从而使高速比工况效率大大提高。由于效率的提高,液力变矩器转为热散失的无效功下降,也减少了发动机风扇的功率消耗;同时,锁止后功率利用率高,也提高了汽车的动力性。实践证明,采用锁止式液力变矩器可减少燃油消耗 4%~8%。目前液力变矩器的锁止方式主要有液压锁止、离心锁止、黏性锁止等方式。其中,液压锁止为主要锁止方式,它是利用液压系统油压产生接合,从而将液力变矩器泵轮与涡轮锁止在一起。

(1) 锁止特性 带锁止离合器的液力变矩器可以提高传动效率,改善经济性。它可以实现液力变矩器传动和机械直接传动两种工况,把两者的优点接合于一体。

带锁止离合器的液力变矩器主要由泵轮、涡轮、导轮及带扭转减振器的锁止离合器组成,如图 4-9 所示。

当汽车低速行驶时,速比较小,液力变矩器处于变矩工况。此时电控单元控制锁止电磁阀断电,液压油经变速器输入轴中心油道进入锁止活塞前部,在油压的作用下,锁止活塞向

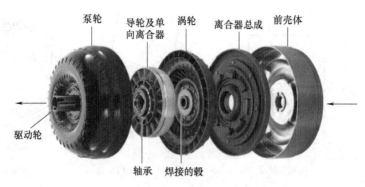

图 4-9 带锁止离合器液力变矩器的组成

后移动,锁止离合器处于分离状态,如图 4-10a 所示,此时动力传递路线为:发动机→变矩器壳体→泵轮→涡轮→变速器输入轴。

当汽车高速行驶时,速比增大至一定值,液力变矩器转换成液力偶合器工况。此时,电控单元控制锁止电磁阀通电,液压控制系统中流向变矩器的液压油流向改变,锁止活塞左侧的液压油经控制阀油道由泄油口排出,油压降低,而右侧油压仍为变矩器油压,锁止活塞在左右两侧压力差作用下前移并压靠在变矩器壳体前盖上,锁止离合器处于接合状态,如图 4-10b 所示。此时动力传递路线为:发动机→变矩器壳体→锁止离合器→涡轮→变速器输入轴。

锁止离合器接合便将涡轮与泵轮接合成一体,变矩器中的液压油不再作为传力介质,发动机输入的动力直接传递到变速器输入轴,传动效率为 100%,提高了液力变矩器的传动效率。

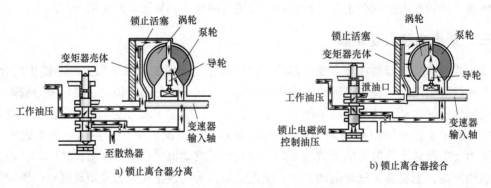

图 4-10 锁止离合器的工作原理

电控自动变速器必须同时满足以下 5 个方面的条件,ECU 才能令锁止离合器进入锁止工况:

1) 发动机冷却液温度不得低于 53℃(因车型而异)。

2) 档位开关指示变速器处于行驶档(N 位和 P 位不能锁止)。

3) 制动灯开关必须指示没有进行制动。

4) 车速必须高于 37~65km/h(因车型而异,大部分自动变速器在三档时进入锁止工况,少数变速器在二档时进入锁止工况)。

5）来自节气门开度的传感器信号必须高于最低电压，以指示节气门处于开启状态。

（2）液力变矩器的锁止控制　锁止控制实质上就是确定在何点进行液力档与机械档之间的转换，即确定最佳锁止点。锁止点的选择应根据实际情况来决定，有的在调速器工况点，也有的在对应最高效率点，或者设在它们中间。一般来说，对于以提高效率为主要目的的城市大客车、载货汽车等，可将锁止点定在最高效率点附近；而轿车还需兼顾舒适性，则以定在耦合器工况点附近为宜。

为了实现所要求的锁止控制，一般可采用单参数控制和双参数控制两种方案。单参数控制包括以涡轮转速、车速和档位为参数进行控制。双参数控制包括以泵轮和涡轮转速为参数的控制方式、以涡轮转速和节气门开度为参数的控制方式以及以车速和节气门开度为参数的控制方式。

以涡轮转速进行控制，主要就是根据已确定的锁止点，再由液力变矩器与发动机共同工作时的转速，计算出涡轮转速以进行锁止控制。这种控制结构简单实用，但因无节气门开度参与控制，致使锁止点只能按某一节气门开度来获取，从而不能保证其他节气门开度均有良好的动力性与燃油经济性。

以车速进行控制是一种高档锁止方案。车速必须达到定值时才可锁止。它可避免低档范围内频繁锁止，减少由此引起的冲击与磨损，多用于城市客车。

以档位进行控制与车速控制相似，锁止控制规律取决于自动换档范围选择杆所处的位置。如变速杆在 D_3（第 1 档到第 3 档自动换）位置时，只有变速器处于第 3 档工作时，才可锁止。

以泵轮和涡轮转速或以涡轮转速和节气门开度两个参数共同进行控制，可以克服用单参数控制的缺陷，使各节气门开度下都在较为理想的锁止点锁止。

以车速和节气门开度为参数的控制方式是目前轿车中常用的方式。在节气门开度一定时，只有当车速达到设定值时才锁止，不同节气门开度下其锁止点的车速不同。这一方式可以实现高档锁止而低档不锁止，以避免低档范围内频繁锁止，减少由此引起的冲击与磨损。

（3）液力变矩器的滑差控制　完全锁止对提高汽车燃油经济性有利，故其锁止范围有尽可能扩大的趋势。在发动机高转速、小节气门开度工况下，由于转矩波动不大，因此液力变矩器锁止与否，对乘员的舒适性影响不大；但是，当发动机工作在低速或大节气门开度工况时，由于发动机的输出转矩波动较大，同时又妨碍了对振动与冲击的吸收，特别是在发动机低转速时，而且过低传动比锁止，当汽车紧急制动时还可能导致发动机熄火。为了解决这些问题，在液力变矩器正常工作工况与全锁止工况之间增加一个过渡的滑差控制。通过调节驱动离合器动作的油压，可以实现锁止离合器的完全分离、完全锁止和各种锁止程度的滑差控制。由于存在离合器的滑转，一部分动力经液力传递，另一部分经锁止离合器机械传递，不仅能提高传动效率，减小振动与冲击，并且低速时可以避免紧急制动造成的发动机熄火。液力变矩器滑差控制的控制策略如下：

1）在发动机低转速下，完全不考虑锁止，以隔离发动机低速时较大的转矩波动向变速器传递。

2）在发动机中高转速小负荷时，转矩波动较小，这时液力变矩器完全锁止，以提高传动效率。

3）在发动机中高转速大负荷时，转矩波动较大，保持锁止离合器一定的滑转。

四、机械无级变速器（CVT）

对于多档变速器，增加档位数可以使驱动车辆所需功率与发动机固有的功率特性之间取得较好的匹配，从而使发动机经常保持在经济区工作，以达到节能的目的。如果将变速器的档位数无限制地增多，那就成了无级变速器。但是，不能为了提高性能而过多地增加变速器的档数，因为这样将使传动系统过于复杂，而且不便于操作。多档变速器的档位数是有限的，发动机与汽车不可能在整个转速范围内得到良好的匹配，发动机不能经常处于最佳工况下工作。而无级变速技术采用传动带和工作直径可变的主、从动轮相配合来传递动力，可以实现传动比的连续改变，从而得到传动系统与发动机工况的最佳匹配，可使发动机经常处在最有效的工作点下运转。常见的无级自动变速器有液力机械式无级自动变速器和金属带式无级自动变速器（VDT-CVT），目前国内市场上采用CVT的车型已经越来越多。

图4-11表示了多档变速器与无级变速器的区别。在给定的车速下，多档变速器只能在有限的档位中选择其一，按其速比使发动机工作在某一转速下，得到不同的发动机转矩和燃油消耗率。无级变速器则可以在一个发动机转速运行区域范围内来选择较为理想的工况，选择在最合适的时刻切换到最合适的档位，得到最佳的转矩和转速组合，提高动力性；同时，也可以选择最经济的档位，使发动机工作在最低油耗的工况区域，提高燃油经济性。

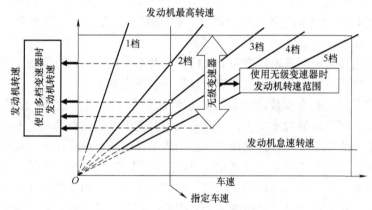

图4-11 多档变速器与无级变速器的区别

（1）无级变速器的特点

1）经济性好。无级变速器可以在速比相当宽的范围内实现无级变速，从而获得传动系统与发动机工况的最佳匹配，提高整车的燃油经济性。表4-2为安装液力自动变速器和无级变速器的汽车的燃油消耗对比，结果证明使用无级变速器能够有效节约燃油。

表4-2 安装液力自动变速器和无级变速器的汽车的燃油消耗对比

试验油耗	液力自动变速器	无级变速器
ECE 市区循环/(L/100km)	14.4	13.2
ECE 郊区远程循环/(L/100km)	10.8	9.8
90km/h 匀速/(L/100km)	8.3	7.0
120km/h 匀速/(L/100km)	10.3	9.2

2) 动力性好。汽车的后备功率决定了汽车的爬坡能力和加速能力。汽车的后备功率越大,汽车的动力性越好。由于无级变速器的无级变速特性,能够获得后备功率最大的传动比,所以无级变速器的动力性能明显优于机械变速器和液力自动变速器。

3) 排放低。无级变速器的速比工作范围宽,能够使发动机以最佳工况工作,从而改善了燃烧过程,降低了废气的排放量。

4) 成本较液力自动变速器低。无级变速器结构简单,零部件数目比液力自动变速器少,大规模生产,无级变速器的成本将会比液力自动变速器小。随着大规模生产以及系统、材料的革新,无级变速器零部件(如传动带或传动链、主动轮、从动轮和液压泵)的生产成本将降低 20%~30%。

(2) 机械无级变速器的结构及工作原理 无级变速可以通过多种方式,包括改变主、从动轮工作半径的带、链传动;改变转动元件间的接触半径的摩擦传动;由液压泵和液压电动机组成的改变液压排量的液压传动以及前面介绍的液力变矩器等。

1) 金属带式无级变速器的结构:如图 4-12 所示,它主要由金属带、工作轮、液压泵、起步离合器和控制系统等组成。变速系统由主动轮、从动轮组成;主动工作轮和从动工作轮由固定部分和可动部分组成;工作轮的固定部分和可动部分形成 V 形槽,金属带在槽内与它啮合。动力传递是由发动机飞轮经离合器传到主动工作轮、金属带、从动工作轮后,再经中间减速齿轮机构和主减速器,最后传给驱动轮。

2) 金属带式无级变速器的工作原理:根据汽车的行驶工况,在控制系统的调节下,依靠液压来促使主动轮和从动轮的可动部分轴向移动,使金属带在主动轮和从动轮槽内处在不同的工作半径上,从而形成传动比的变化。金属带在主动轮和从动轮上的工作半径从最小到最大是连续变化的,从而形成传动比的连续变化。当主动轮的工作半径小于从动轮的工作半径时,得到的传动比就大于 1;当主动轮的工作半径大于从动轮的工作半径时,得到的传动比就小于 1;当主动轮的工作半径等于从动轮的工作半径时,得到的传动比就为 1,如图 4-13 所示。

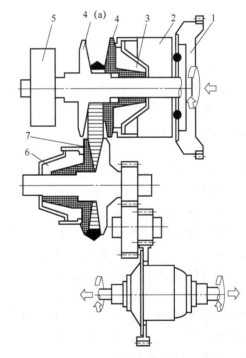

图 4-12 金属带式无级变速器的结构
1—发动机飞轮 2—离合器 3—主动工作轮液压控制缸
4—主动工作轮可动部分 4(a)—主动工作轮固定部分
5—液压泵 6—从动轮液压控制缸 7—从动工作轮可动部分

3) 另一类无级变速器是链式无级变速器,虽然传动链的结构与金属带有明显不同,但链式无级变速器与带式无级变速器的工作原理是相似的。传动链类似于自行车链条,由内连接片、压板连接片和连接它们的浮动销构成,通过链轮的两侧面压紧浮动销的两端面来传递

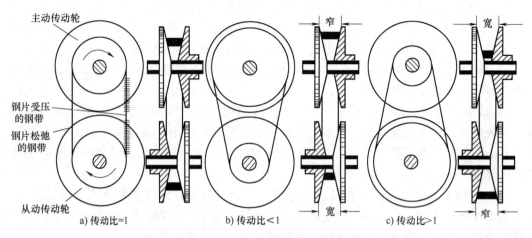

图 4-13 金属带式无级变速器的工作原理

动力。

图 4-14 所示为牵引环式无级变速器。这种变速器主要由输入盘、输出盘及传动滚轮三个主要元件构成。输入盘和输出盘是同轴线的，分别连接变速器的输入端和输出端，通过传动滚轮与输入盘和输出盘之间的物触（其间存在油膜）来传递动力。改变传动滚轮转动轴线与输入、输出盘转动轴线间的夹角，就可以分别改变传动滚轮与输入盘和输出盘接触的作用半径，从而改变其传动比。

牵引环式无级变速器有良好的动态响应特性，而且能使输出端从正转连续地过渡到反转，可简化变速器的结构。可以通过增加传动滚轮的数量以及提高刚性转动体接触时的摩擦因数的技术途径来提高牵引环式无级变速器传递转矩的能力。提高刚性转动体接触时的摩擦因数需要增大接触压力和提高油的黏度，同时也带来高温发热、磨损严重以及需要特殊的油液等问题，这也是这类变速器未能得到更多应用的主要原因。

相对于常规的齿轮传动，无级变速器不论是带式还是牵引环式，传动效率较低是其较为突出的缺陷，这在一定程度上抵消了由于应用无级变速器而使发动机工作在效率较高的工况下所带来的好处。

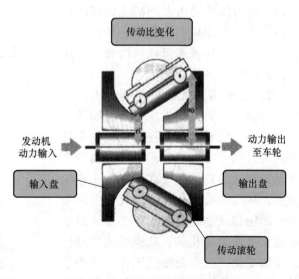

图 4-14 牵引环式无级变速器

（3）机械无级变速器的应用　从机械无级变速器的工作原理可知，其动力源直接来自发动机。故其工作范围必然也受发动机最低稳定转速的限制，所以起步阶段仍需要离合器，而正如采用干式离合器，其工作过程与普通手动变速系统相同，起步性能较差。另一方面，无级变速是由低档传动比和高档传动比之比确定的。虽然两者的比值可能达到 7 左右，似乎已满足一般要求，但是由于它的高档传动比很小，通常仅为 0.4 左右，这样，为了保证在良好道路上获得正常行驶的牵引力，其固定降速比将比同类汽车的主传动比高出近一倍。这样大的固定降速比，在汽车起步、爬坡和克服较大的行驶阻力时，会使发动机处于不利的工作区域。

基于上述原因，在汽车上单独采用无级传动的场合较少，而是常与其他传动配合使用。其典型的组合形式有如下几种：

1) CVT 与液力偶合器组成无级变速传动。

图 4-15 所示为 CVT 与液力偶合器组成的无级变速传动示意图，动力由发动机传给液力偶合器泵轮和涡轮，然后再传给 CVT，这样可以改善起步性能。前进档与倒档是用前进档离合器与倒档制动器来控制行星齿轮减速机构而实现的。增加行星齿轮变速机构是为了弥补高档超速传动比太小的不足。动力最后经主减速器和差速器传给驱动车轮。ECU 根据安装在主减速器上的速度传感器的节气门开度信号与发动机节气门传感器的速度信号，

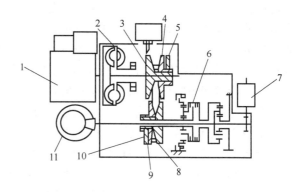

图 4-15 CVT 与液力偶合器组成的无级变速传动示意图
1—发动机 2—液力偶合器 3—固定工作轮 4、9—可动工作轮
5、10—伺服缸 6—行星齿轮变速机构 7—速度传感器
8—传动带 11—主减速器

控制伺服缸的油压，改变工作轮的固定部分与可动部分之间的距离，从而达到 CVT 在该工况下所要求的传动比。

2) CVT 与电磁离合器组成无级变速传动。

图 4-16 所示为用磁粉式电磁离合器与 CVT 组成的无级变速传动系统，简称"ECVT"。在离合器主动部分和从动部分之间有一密闭空间，内有 30~50μm 的磁化钢微粒（磁粉），密闭空间外缠绕有线圈。通电后散状磁粉在磁场中开始"凝固"，即磁粉在磁场中形成磁链，把从动毂与电磁铁连在一起。通电电流越大，磁链数目越多，磁链强度也越强，则磁粉离合器传递转矩的能力也越大。当电流大到足以使磁粉离合器主动部分和从动部分牢牢地接合在一起时，离合器便停止打滑。磁粉的黏结力特性正比于电流值，所以对离合器的接合时间和力的控制，可用发动机节气门开度与车速两个参数来控制线圈中电流的大小和通电时间的长短。

这种离合器结构简单，容易实现转矩

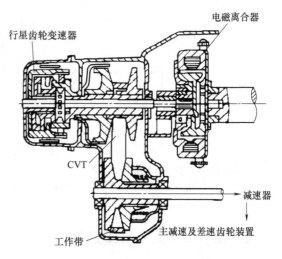

图 4-16 磁粉式电磁离合器与 CVT
组成的无级变速传动系统

平稳增长,主动部分和从动部分互不接触,无磨损,而且电磁动铁与从动毂之间的间隙在工作中不发生变化,故无须调整间隙,且允许主动部分和从动部分存在较长时间的滑动摩擦。因此,它不仅很理想地解决了装用CVT车辆的起步问题,而且与装用液力偶合器的CVT车辆相比,可以防止变速时爬行和消除始终存在的滑转损失,但它要求磁粉材料的化学物理性能稳定。

3) 双状态无级传动。液力偶合器、电磁离合器等仅解决了平稳起步的问题,因其均不改变转矩,所以并未扩大CVT总传动比的范围。但如果采用液力变矩器组合,就不仅能够提供最佳的起步性能,而且由于它的变矩作用扩大了总传动比的变化范围,降低了CVT自身的变化范围,从而使CVT传动易于调节到使发动机处于最佳燃油经济性工况下工作。所谓双状态即是当起步和低速时液力变矩器工作,当速度增加至变矩器偶合点工况时,转换到CVT传动,此时变矩器转换成偶合器工况下工作。这种先为液力无级变速,后转为"纯机械无级变速(CVT)"的组合,称为双状态无级传动。

图4-17是双状态无级变速传动示意图,液力变矩器的功率通过传动链10传至差速器8,CVT无级传动与其平行布置。这种组合在传动比7:1范围内,可提高效率的30%,故在不降低起步爬坡等性能的条件下,主减速比可相应降低30%。因此,即使在公路上行驶,仍可提高燃油经济性5%~9%。因为有液力变矩器而起步特别平顺,当加速行驶接近变矩器偶合点工况时,转换离合器4开始动作,CVT也开始工作。传递变矩器动力的传动链10的传动比,基本上与CVT钢带传动的低档传动比相同,因此当由液力变矩传动转换到CVT传动时,车辆在重载大节气门开度下工作,转换离合器基本上能与CVT的工作轮同步转换。因此,从液力无级变速换入纯机械无级变速非常平顺。

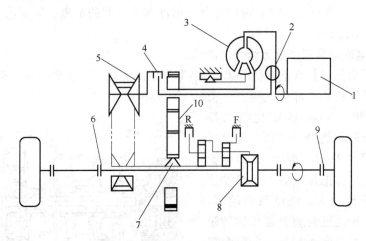

图4-17 双状态无级变速传动示意图
1—发动机 2—扭转减振器 3—变矩器 4—转换离合器 5—工作轮 6、9—内、外侧万向节 7—单向轮
8—差速器 10—传动链 R—倒档离合器 F—前进档离合器

五、双离合器式自动变速器(DCT)

(1) 双离合器式自动变速器(简称DCT)概述 如图4-18所示,双离合器式自动变速器是基于手动变速器基础之上的。而与手动变速器所不同的是,DCT中的两副离合器与两

根输入轴相连，换档和离合操作都是通过一集成电子和液压元件的机械电子模块来实现的。而不再通过离合器踏板操作。就像 tiptronic 液力自动变速器一样，驾驶人可以手动换档或将变速杆置于全自动 D 位（舒适型，在发动机低速运行时换档）或 S 位（任务型，在发动机高速运行时换档）模式。此种模式下的换档通常由档位和离合执行器实现。两副离合器各自与不同的输入轴相连。如果离合器 1 通过实心轴与档位 1、3、5 相连，那么离合器 2 则通过空心轴与档位 2、4、6 和倒档相连。这种变速器形式就有两个离合器，一个控制 1、3、5 档，一个控制 2、4、6 档。使用一档的时候二档已经准备好了，所以换档时间大大缩短，没有延时。

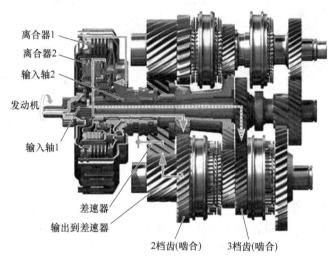

图 4-18 双离合器式自动变速器（DCT）

传统的手动变速器使用一台离合器，换档动作分为三个动作：离合器分离→变速拨叉拨动同步器换档（前档齿轮分离/新档齿轮啮合）→离合器接合，这三个动作是先后进行的，驾驶人必须踩下离合器踏板，令不同档的齿轮做出啮合动作，而动力就在换档期间出现间断令输出表现有所断续。

（2）双离合器变速器的类型 双离合器变速器有湿式双离合变速器、干式双离合变速器两种类型。从工作原理和基本构造上，干式双离合变速器与湿式双离合变速器并没有本质上的差别，不同之处在于双离合器摩擦片的冷却方式。湿式离合器的两组离合器片在一个密封的油槽中，通过浸泡着离合器片的变速器油吸收热量，而干式离合器的摩擦片则没有密封油槽，需要通过风冷散热。

（3）双离合器变速器的工作原理 双离合器变速器有两个离合器用于动力换档和起步。如图 4-19 所示，它的工作原理可以简单理解为一个离合器对应奇数档，另一个离合器对应偶数档。当车辆挂入一个档位时，另一个离合器及对应的下一个档位已经位于预备状态，只要当前档位分离就可以立刻接合下一个档位，因此双离合变速器的换档速度要比一般的自动变速器甚至手动变速器还快。此外双离合变速器虽然内部复杂，但实际体积和重量相比自动变速器而言并没有比手动变速器增加多少，因此装备双离合变速器的车型不会为自己平添过多的负担。

DCT 主要由多片湿式双离合器、三轴式齿轮变速器、自动换档机构和电子控制液压控制系统等组成。变速器的输入轴是由两根同心轴构成,其中外轴(输入轴2)空心,嵌套在内轴(输入轴1)上。输入轴1与离合器1相连,输入轴1上的常啮齿轮分别与1、3、5档齿轮相啮合;输入轴2与离合器2相连,输入轴2上的常啮齿轮分别与2、4、6档齿轮相啮合;倒档齿轮通过倒档轴齿轮与输入轴1的常啮齿轮啮合。即离合器1负责1、3、5档和倒档,离合器2负责2、4、6档。当使用不同档位时,相应离合器接合。

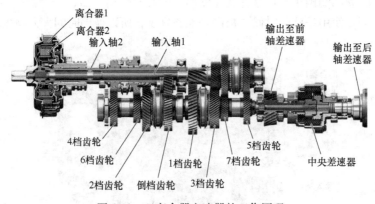

图4-19 双离合器变速器的工作原理

DCT的多片湿式双离合器的结构与液压式自动变速器中的离合器相似,但尺寸要大很多。DCT的多片湿式双离合器利用液压缸内的油压和活塞压紧离合器,油压的建立由ECU指令电磁阀来控制。两个离合器的工作状态是相反的,不会发生两个离合器同时接合的情况。

DCT的档位转换是通过档位选择器来操作的。档位选择器实际上是一个液压电动机,推动拨叉就可以进入相应的档位,由液压控制系统来控制它们的工作。在液压控制系统中,有6个油压调节电磁阀,用来调节2个离合器和4个档位选择器中的油压压力;另有5个开关电磁阀,分别控制档位选择器和离合器的工作。

DCT的工作过程比较特别。由于奇数档和偶数档被安置在不同的分变速器中,当某档齿轮啮合时,与其相邻的上、下两档齿轮处于自由状态,此时由变速器控制逻辑判断下一档位,提前将处于自由状态的目标档齿轮啮合,待车辆达到最佳换档点时,当前档离合器分离,同时目标档离合器接合,从而实现不中断转矩传输的换档。

(4)双离合器变速器的特点 采用DCT技术使手动变速器具备自动功能,同时大大改善了汽车的燃油经济性,DCT比手动变速器换档更快速、顺畅,动力输出不间断。基于DCT的特性及操作模式,DCT系统能带给驾驶人带来驾驶赛车般的感受。它消除了手动变速器在换档时的扭矩中断感,使驾驶操作更加灵敏。

双离合变速器的优点如下:

1)换档快。双离合变速器的换档时间非常短,比手动变速器的速度还要快,只有0.2s不到。

2)省油。双离合变速器因为消除了转矩的中断,也就是让发动机的动力一直在利用,而且始终在最佳的工作区,所以能够大量节省燃油。相比传统行星齿轮式自动变速器更利于提升燃油的经济性,油耗大约能够降低15%。

3) 舒适性。因为换档速度快，所以 DCT 的每次换档都非常平顺，顿挫感已经小到了人体很难察觉的地步。

4) 在换档过程中，几乎没有转矩损失。

5) 当高档齿轮已处于预备状态时，升档速度极快，达到惊人的 8ms。

6) 无论节气门或者运转模式处于何种状况，换档时间至少能达到 600ms（从奇数档降到奇数档，或者从偶数档降到偶数档时，耗时约为 900ms，例如从第 5 档降到 3 档）。

双离合器变速器的缺点如下：

1) 成本问题。双离合变速器的结构复杂，制造工艺要求也比较高，所以成本是比较高的。因此，配备双离合变速器的都是一些中高档的车型。

2) 转矩问题。虽然在可以承受的转矩上，双离合变速器已经绝对能满足一般车辆的要求，但是对于激烈的使用还是不够。因为如果是干式离合器，则会产生过多的热量，而湿式离合器，摩擦力又会不够。

3) 由于电控系统和液压系统的存在，双离合器变速器的效率仍然不及传统手动变速器，特别是用于传递大转矩的湿式双离合器变速器更是如此。

4) 当需要切换的档位并未处于预备状态时，换档时间相对较长，在某些情况下甚至超过 1s。

5) 双离合器变速器相比传统手动变速器更重。

6) 早期的双离合器变速器可靠性欠佳。

任务三　回收制动能量

1. 叙述制动能量的回收方法。
2. 概述各种制动能量回收方法的优缺点。
3. 列举制动能量回收系统的类型以及认识城市客车制动能量回收系统。
4. 解释电动汽车制动能量的回收与利用。
5. 归纳电动汽车制动能量回收与利用存在的问题。

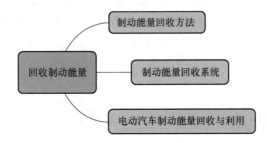

汽车新能源与节能技术

进入 21 世纪以来，能源和环境对人类生活、社会发展的影响越来越大。其中，交通工具在给人类带来方便的同时，也给环境造成了极大负担。我国大城市的污染已经不能忽视，燃油汽车排放是主要的污染源之一。我国的汽车拥有量是每 1000 人平均 10 辆汽车，但石油资源不足，每年需要进口大量的石油。随着经济的发展，假如我国汽车持有量达到现在全球水平——每 1000 人有 110 辆汽车，我国汽车持有量将增加近 10 倍，石油消耗就会成为大问题，因此研究与发展电动汽车不是一个临时的或短期的行为，而是意义重大的、长远的战略考虑。在社会、环境和政治的多重压力下，世界各国制定了一系列严格的法律法规限制尾气排放。为此，交通运输工具的节能减排技术日益突出，车辆的能量回收技术受到充分重视，再生制动技术就是其中一种。

再生制动（Regenerative braking）又称为反馈制动，是一种使用在汽车或铁路列车上的制动技术。普通的制动方法是把车的动能，以摩擦的形式直接转化成热能，而再生制动则是在制动时把车辆的动能加以转化并储存起来，而不是变成无用的热能散失掉。

再生制动是指汽车在减速或制动时，通过与驱动轮（轴）相连的能量转换装置，把汽车的一部分动能转化为其他形式的能量储存起来，在减速或制动的同时达到回收制动能量的目的；然后在汽车起步或加速时又释放出储存的能量，以增加驱动轮（轴）上的驱动力或增加混合动力汽车及电动汽车的续驶里程。

目前汽车使用的制动装置主要形式有机械式、气压式、液压式和气液混合式等，它们的工作原理基本相同，都是利用制动装置把汽车行驶的动能通过机械摩擦方式转化为热能而消耗掉，以达到汽车制动或减速的目的。这些制动装置工作时都存在着如下缺点：

1）制动或减速过程中不能将汽车的动能回收，动能被转换成热能而浪费了，汽车的能量利用率降低。

2）当汽车长时间频繁制动，或因连续制动时间较长而产生大量热量，制动器常出现热衰退现象，引起制动效能降低。

3）由于存在机械磨损，制动器的制动衬片使用寿命缩短，汽车使用经济性降低。

所谓制动能量回收，是指汽车减速或制动时，将其中一部分机械能（动能）转化为其他形式的能量进行回收，并加以再利用的技术。汽车上采用制动能量回收，有助于提高汽车能源利用率，减少燃料消耗，减轻制动器的热负荷，减少磨损，提高汽车行驶安全性和使用经济性。

一、制动能量回收方法

制动能量回收的基本原理是，先将汽车制动或减速时的一部分机械能（动能）经再生系统转换（或转移）为其他形式的能量（旋转动能、液压能、化学能等），并储存在储能器（蓄能器）中同时产生一定的负荷阻力使汽车减速制动；当汽车再次起动或加速时，再生系统又将储存在储能器（蓄能器）中的能量转换为汽车行驶所需的动能（驱动力）。

根据不同的储能机理，汽车制动能量回收的方法有飞轮储能、液压储能和电化学储能。储能装置通过行星排或锥齿轮副与原机械传动构成双功率流传动，设法回收汽车制动能量，然后在汽车起步或加速时释放，从而达到汽车节能的目的。

（1）飞轮储能　飞轮储能是利用高速旋转的飞轮来存储和释放能量，其基本工作原理是：当车辆制动或减速时，先将车辆在制动或减速过程中的动能转换为飞轮高速旋转的动能；当车辆再次起动或加速时，高速旋转的飞轮又将存储的动能通过传动装置转化为车辆行驶的驱动力。其能量转换过程，如图4-20所示。

图4-20　飞轮储能能量转换过程

按飞轮的构成材料不同，飞轮主要有金属制飞轮与超级飞轮两种。金属制飞轮以钢制飞轮为主。此种飞轮能量密度（单位飞轮重量储存的最大能量）较低，但因其价廉，易于加工，并在传动系统中易于连接而得到广泛应用。超级飞轮的比强度（拉伸强度/密度）比金属制飞轮高10倍，但是其成本却相当高，并且转速很快。为了使飞轮能充分有效地保存能量，常将飞轮运行在密闭的真空系统中。目前，这方面的前沿研究是飞轮轴承采用高温超导磁悬浮技术，利用永磁铁的磁通被超导体阻挡所产生的排斥力使飞轮处于悬浮状态。设计飞轮时，既要考虑飞轮本身的强度，又需要注意系统的共振及稳定性。飞轮储能附加重量较轻、成本低，但技术难度大，节油效果不如液压蓄能。

图4-21所示为一种飞轮储能式制动能量回收系统的工作示意图。该系统主要由发动机、高速储能飞轮、增速齿轮、离合器和驱动桥组成。发动机用来提供驱动车辆的主要动力，高速储能飞轮用来回收制动能量以及作为负荷平衡装置，为发动机提供辅助功率以满足峰值功率要求。由于市区公共车辆具有很大的惯性，在正常行驶时又具有很高的

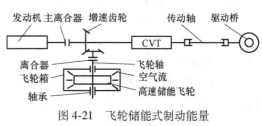

图4-21　飞轮储能式制动能量回收系统的工作示意图

可逆能量——动能，可以用高速储能飞轮将其回收。在起步或加速过程中将这部分能量释放出去，这样既减少了能源的浪费，又提高了车辆的工作性能。

（2）液压储能　液压储能以液压能的方式储存能量。系统由一个具有可逆作用的泵/电动机实现蓄能器中的液压能与车辆动能之间的转化。液压储能的工作原理是：先将车辆在制动或减速过程中的动能转换成液压能，并将液压能储存在液压蓄能器中；当车辆再次起动或加速时，储能系统又将蓄能器中的液压能以机械能的形式反作用于车辆，以增加车辆再次起

动或加速时的动能,其工作过程如图4-22所示。

图4-22 液压储能式制动能量回收系统的工作过程

蓄能器主要有重锤式、弹簧式和充气式,其中以气体蓄能器使用最为广泛。蓄能器是在钢制的压力容器内装有气体和油,中间以某种材料隔开,按隔离方式分为活塞式和皮囊式两种,都是利用密封气体的可压缩性原理制成。液压储能的能量密度比飞轮储能与蓄电池储能都小,但液压储能在三者中,具有最大的功率密度,能在车辆起步和加速时提供给车辆所需要的大转矩。同时,液压储能系统可较长时间储能,各个部件技术成熟,工作可靠,整个系统实现技术难度小,便于实际商业化应用。

图4-23是利用液压储能原理设计的一种制动能量再生系统。该系统由发动机、液压泵/电动机、液压蓄能器、变速器、驱动桥、离合器和液压控制系统组成。车辆起动、加速或爬坡时,液控离合器接合、液压蓄能器与联动变速器连接,液压蓄能器中的液压能通过泵/电动机转化为驱动车辆的动能,用来辅助发动机满足驱动车辆所需要的峰值功率。减速时,电控元件发出信号,使系统处于储能状态,将动能转换为压力能储存在液压蓄能器内,这时车辆行驶阻力增大,车速降低直至停车。在紧急制动或初始车速较高时,能量再生系统不工作,不影响原车制动系统发挥效能。

(3)电化学储能 蓄能器以电能方式储存能量。系统以具有可逆作用的发电机/电动机实现蓄能器中的电能和车辆动能的转化。电化学蓄能的工作原理是:首先将车辆在制动或减速过程中的动能,通过发电机转化为电能并以化学能的形式存储在蓄能器中;当车辆需要起动或加速时,再

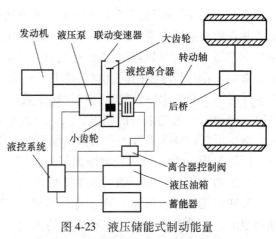

图4-23 液压储能式制动能量再生系统的工作示意图

将存储器中的化学能通过电动机转化为车辆行驶的动能。蓄能器可采用蓄电池或超级电容,由发电机/电动机实现机械能和电能之间的转化。该系统还包括一个控制单元(ECU),用来控制蓄电池或超级电容的充放电状态,并保证蓄电池的剩余电量在规定的范围内。其工作原理如图4-24所示。

图4-25所示为一种用于前轮驱动轿车的电化学储能式制动能量回收系统。该系统的工作过程是:当车辆以恒定速度或加速度行驶时,电磁离合器脱开;当车辆制动时,行车制动系统开始工作,车辆减速制动,电磁离合器接合,从而接通驱动轴和变速器的输出轴。这样,车辆的动能由输出轴、离合器、驱动轴、驱动轮和从动轮传到发电机和飞轮上。制动时的机械能由电机(此时电机作为发电机使用)转换为电能,存入蓄电池。当离合器再次分

图 4-24　电化学储能式制动能量回收系统的工作原理

离时，传递到飞轮上的制动能，驱动发电机产生电能，存入蓄电池。在发电机和飞轮回收能量的同时产生负载作用，作为前轮驱动的制动力。当车辆再次起动时，蓄电池的化学能被转换成机械能用来加速车辆。

在电动车或混合动力车上采用这种形式的能量再生方法很容易实现，一般采用的办法是在制动或减速时将驱动电动机转化为发电机即可。

(4) 各种能量存储方法的比较　飞轮储能式制动能量回收方法和液压储能式制动能量回收方法，其实质是将汽车制动或减速时的动能存储并直接释放利用，属机电一体化的能量再生系统。从制造角度看，飞轮储能式装置比液压储能式装置简单易行，造价较低但重量和体积大，意味着汽车运行将耗去更多的燃料。

其次，在制动能量再生存储的时效方面，飞轮储能式装置不如液压储能式装置，这是由于空气阻力和轴承摩擦引起的能量损耗，会导致飞轮储能装置的能量损耗。液压储能装置能够长期有效地储存能量，可以消除这些损失。

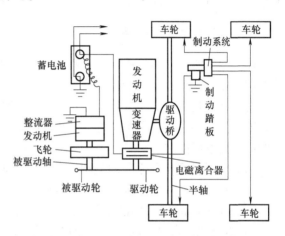

图 4-25　电化学储能式制动能量回收系统的工作示意图

在飞轮储能装置中，提高飞轮的储能能量和能量保存效率是主要研究的问题。可用改变飞轮的形状和材料解决提高飞轮的转速以达到提高飞轮能量密度的目的；采用悬浮技术、真空技术等以减少能耗。但是，高速飞轮作为储能装置应用在汽车上还存在两大问题：飞轮的转速越高，飞轮材料越容易在高速下破碎，安全性能变差，为保护乘员的安全，相应增加了系统的成本；另一方面，高速飞轮系统的动力稳定性要求高，飞轮的质量需要分布均匀，飞轮的支承也需要较大的刚度，相应提高了储能飞轮的制造成本。

液压储能装置允许发动机的速度和转矩与路面载荷相互分离，系统的运行不像飞轮储能装置那样依赖于高速飞轮的转速，液压蓄能器能够方便地储存和释放液压势能，发动机可以长时间工作在理想工况区，而不需要像电储能装置那样需要考虑将电池的剩余电量保持在一个规定的范围内，这就允许燃油效率可以进一步得到提高。

飞轮储能式装置一般适用起动、制动频繁的大型汽车，比如城市公交汽车，其技术难点是高速飞轮的研制。液压储能式装置具有零件少，成本较低，工作可靠性高的特点，同时还具有体积小、安装布置方便的优点，适用于各种类型的汽车，其技术关键是比例储能器和复合可逆液压元件（电动机）的研制。由于所有功率必须通过液压泵/电动机转化，其中部分能量必须储存到液压蓄能器或由液压蓄能器释放，不可避免地伴随摩擦损失和热损失。同时，对液压系统的密封性能要求较高，故而成本相对昂贵。

电化学储能制动能量回收方法则是另一种具有发展前途的方案，它具有结构简单，操作方便，可靠性好，制动能量回收利用效率高的优点。目前研制的纯电动车和混合动力车普遍采用这种方法来实现制动能量的再生，以节约能源增加车辆连续行驶能力。制约其应用的技术瓶颈仍是高性能低成本的电化学储能器。当前作为电化学储能器的是各种可充电电池和超级电容。

近期，阀控铅酸电池、镍基电池具有技术成熟、成本低、可实现快速充电、比功率高的特点，可作为储能器。锂离子电池也很适合，但成本高。当前，超级电容器的低比功率使之不能单独用作电动车的能量源，但用它作为储能器（辅助能量源）具有显著优点——充放电率高、可迅速高效地吸收和释放制动再生能量。

二、制动能量回收系统

作为制动能量的回收系统，一般应具有制动（将动能变换为可以储存的能量形式）、能量释放和驱动（将释放的能量再变换为动能）的功能。回收系统有可能回收的能量仅限于制动时由制动装置转变为热能的部分，它不能回收因克服行驶阻力等所消耗的能量。此外回收系统本身也存在着效率等问题，因而仅借助于回收系统要使汽车重新获得制动开始时所具有的动能是不可能的。

（1）制动能量回收系统的类型　制动能量回收系统的构成因采用蓄能方法不同而有很大差异，常见的是：由发电机、电动机、蓄电池构成的电能式；由飞轮、无级变速器（CVT）构成的动能式；由液压泵/液压电动机、蓄能器构成的液压式三种。

1）电能式。世界各国曾对电能式能量回收与再生系统进行过大量研究，其主要缺点是必须携带大量用于蓄存回收能量的重型蓄电池。因此研制质量轻、结构紧凑、寿命长、价格低的新型蓄电池是一项重要课题。

2）动能式（飞轮式）。采用飞轮储能需要无级变速器（CVT）与之相配合。由于机械式 CVT 没有达到普及的程度，故一般以电气或液压流体作为换能介质。动能式（飞轮式）回收系统很早就曾在无轨电车上有过尝试。大约在 1980 年，奔驰、菲亚特等汽车厂家相继试制了采用该系统的新型公交车辆，但均未达到实用化的程度。后来，英国石油公司也曾一度试图将飞轮部件商品化。飞轮储存的能量与它的惯性质量成正比，与角速度的二次方成正比，因此，以高储能为目标，关键在进一步提高飞轮角速度。为此，除必须完善飞轮结构设计外，还存在有关机壳真空技术、高速轴承、安全性和陀螺现象等方面的课题。随着高强度纤维材料、低损耗磁轴承以及电子控制技术等方面的发展，飞轮储能得到了世界各国的高度重视，飞轮储能技术得到迅速发展。目前飞轮的边缘速度也超过 1000m/s，储能密度达 50W·h/kg 以上，飞轮储能显示出大储能、强功率、高效率、长寿命和无污染的优点。

3）液压式。液压式回收系统由可以实现动能与液压能相互转换，并具有无级变速机能的变量液压泵/液压电动机和内封氮气（N_2）的蓄能器构成。该系统的主要液压件性能良好，在工程机械、工厂设备上已有许多成功应用的先例。与飞轮式相比，尽管它能量密度较小，但其控制简单、制造容易；而与电能式相比，则其功率质量比较大，对于大型车辆目前已接近实用化水平。

近年来许多国家相继研制了采用液压式回收系统的城市大客车和清扫车。常见的形式有两种:一种为全液压式,即将回收系统并列地附加到 AT(自动变速器)的驱动系统上;另一种为液压—机械式,将回收系统和液压—机械传动装置组合在一起。要使液压式回收系统实用化,液压元件的轻量化,系统的可靠性、安全性、耐久性等均是需要进一步研究的课题。

(2) 城市客车制动能量回收系统　城市客车的突出特点是频繁制动和起动,若在制动时将车辆的动能回收,加速时再利用,则会减小起动加速噪声,降低燃料消耗量,并减小排出废气对环境的污染。图 4-26 所示为一种客车液压式制动能量回收系统。该系统的主要组成部分如下:

1) 可逆式液压泵/液压电动机,产生制动或驱动转矩。
2) 液压蓄能器,用于蓄积制动能量。
3) 齿轮箱,用于传递转矩。
4) 电子控制装置,对各部件及发动机喷油泵调速器进行控制。

客车在不同运行状态时,其能量回收系统相应的工作情况如下:

1) 起动阶段:驾驶人进行起动操作时,开关阀打开。液压油从蓄能器中输出,驱动液压电动机。即使发动机节气门开度很小,也可使车辆平稳起动。
2) 加速阶段:液压电动机工作,对发动机的输出转矩起助力作用。即车辆加速时的能源不仅来自发动机,而且来自液压电动机。
3) 正常运行阶段:此时仅由发动机提供车辆驱动力源。
4) 制动阶段:在驾驶人踩下制动踏板的同时,液压泵开始工作,将输出的液压油送入蓄能器,从而将车辆制动时的动能输出转化为油液压力能的形式储存起来。

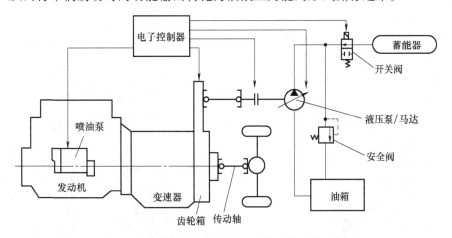

图 4-26　客车液压式制动能量回收系统工作示意图

为了保证回收系统具有较高的效率,应使可逆式液压泵/电动机不工作时,储能器无油液泄漏;此外,可逆式液压泵/电动机系统必须性能良好。由于电动机多在起动和加速等低速区工作,使用频率高,故应注意低速区的容积效率等有关问题。

三、电动汽车制动能量回收与利用

当今,汽车已经和我们的工作、生活密切相关但传统汽车所带来的环保问题令人烦恼,再加上能源问题,人们不得不开始探索它的替代品。电动汽车以其独有的特点受到人们的关注,从环保的角度来看,电动汽车是零排放的交通工具,即使加上发电厂增加的排气,总量上看,它也将使空气污染大大减少。从能源角度来看,电动汽车将使能源的利用多元化和高效化,达到能源可靠、均衡和无污染地利用的目的。在改善交通安全和道路使用方面,电动汽车更容易实现智能化。

电动汽车的关键部件是蓄电池,蓄电池储存能量的多少是决定电动汽车续驶里程的重要因素。但是,目前蓄电池技术仍然是发展电动汽车的瓶颈,未能取得突破性进展,电动汽车的续驶里程还不能满足用户的需求。如果将车辆减速时的动能转化为电能,回收到蓄电池中,这无疑相当于增加了蓄电池的容量。在现有的技术条件下,这样做,对于提高电动汽车的续驶里程性能方面具有重要的意义。

一般来讲,在电池充电效率为100%,电动机效率、制动回馈效率为50%,车辆总消耗能量的50%用于获得车辆动能的设定条件下,采用再生制动回收能量,可提高车辆续驶里程33%。下面简要介绍几种现有的制动能量回收装置。

尽管各种制动能量回收装置的原理都基本相同,即它们都是将车辆制动时的动能转化为电能,并给蓄电池充电,但具体的装置及其工作特点却有所不同。按照有无独立的发电机,可将能量回收装置分为以下两种。

(1) 无独立发电机的能量回收装置　通过控制系统,在车辆需要减速时,将驱动电动机转化为发电机工作,在为车辆减速的同时,带动发电机发电,将电能回收到蓄电池中。一般有两种能量回收制动系统:前轮驱动能量回收制动系统和全轮驱动能量回收制动系统。下面以全轮驱动能量回收制动系统(见图4-27)为例,介绍其工作过程及其特点。

该制动能量回收系统由通常的液压制动系统来调节控制。由于驱动电动机在较低车速下无法回收能量,因此该系统在车速低于5km/h时不起作用,此时只有通常的液压制动系统工作。当车速高于5km/h时,若驾驶人踩下制动踏板,主缸中的压力传感器产生一个与制动系统压力成正比的电信号。当制动系统压力未上升到计量阀导通压力时,电信号输入驱动电动机的电子控制模块ECM,主ECM触发旁通阀导通。此时,ECM能量回收系统将每个车轮的驱动电动机变成发电机,产生与传感器信号值成正比的反转矩,阻止车轮运转。驾驶人通过调节制动踏板力来调节控制转矩及车速。这时汽车处于"电力制动"状态。

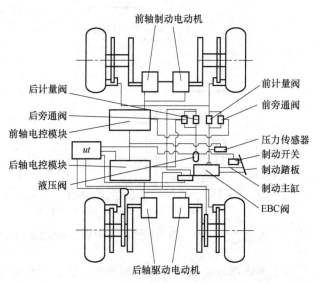

图4-27　全轮驱动能量回收制动系统

随着制动踏板力的增大,系统最后达到最大能量回收状态。这时压力增大到一个值,使计量阀开启,制动液进入液压制动系统中,液压制动和电力制动共同作用。当汽车减速至

5km/h 以下时，ECM 切断旁通管路，断开回收系统，液压制动系统以全压力工作，此时为纯液压制动。制动踏板放松，ECM 不再起作用。

此装置结构简单，容易实现，但涉及充电电流控制、交流器控制等技术问题，以现有的技术还不能完全可靠地解决。

（2）有独立发电机的能量回收装置　该装置带有发电机，且发电机与驱动电动机是分别独立安装的，即将独立的发电机连接到电动汽车的驱动系统中，结构如图 4-28 所示，其中忽略了液压制动系统。

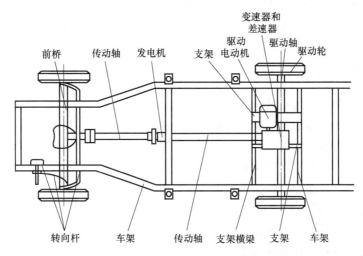

图 4-28　带发电机的能量回收装置

其工作过程是：当车辆行驶时，驱动电动机工作，通过变速器和差速器、驱动轴、驱动轮驱动车辆行驶，这时发电机空转不工作；当车辆需要减速时，控制系统使驱动电动机停止工作。这时车辆的惯性动能拖动车轮、驱动轴、变速器和差速器、驱动电动机转动，也强制带动连接的发电机转动；此时，控制系统使发电机通电工作，开始发电，产生一个与车辆运动方向相反的电磁力矩，作用于运动系统，使车辆开始减速。当车辆速度较低或紧急制动时，仍需要液压制动。

在上述过程中，可通过控制系统调节发电机工作电流的大小来调节制动力矩。同时，把发电机所发电能回收到蓄电池中，这样就完成了制动能量的有效回收。这种方式控制可靠，经济实用，但结构较复杂。

从上述可以看到，电动汽车回收的制动能量转化为蓄电池储存的电能。该储能方式存在功率密度低，充放电频率小，不能迅速转化所吸收的大量能量的缺点，而车辆在制动或起动时，需要迅速得到或释放大量能量，这使储能蓄电池的应用受到很大限制。

现在各国技术人员都在加紧研制大容量、高性能蓄电池，从而为蓄电池储能提供应用基础。目前超级大电容蓄电池的出现可望对制动能量回收的棘手问题有一定的解决。

对于电动汽车而言，更重要的是对蓄电池充电，而在电动汽车制动期间所产生的电流很容易达到较高的值，在几百安的范围内，这比蓄电池所能吸收的充电电流大得多。在这类场合所普遍使用的大多数蓄电池来说，最大充电电流通常是蓄电池能产生之电流的 1/10 左右。在蓄电池充电不足的情况下，电动汽车制动期间产生的电能就会使蓄电池不适当地充电，这样会损害蓄电池并大大减少其预期寿命。当蓄电池接近其最大充电量时，电动汽车制动期间所产生的电能就会使蓄电池过度充电，这会导致蓄电池电极上的电压将大致等于充电电路所输送的电压，导致限制或抑制电流在蓄电池中循环，大大降低甚至消失电制动效果。

在对蓄电池充电的过程中，若能对制动能量加以调节，则有助于改善充电的效果，也能提高蓄电池的使用寿命。目前在内燃机汽车的制动能量回收装置上，都配有二次调节机构，其产生的效果非常显著。是否能将这样的二次调节机构应用于电动汽车的制动能量回收，这需要进一步论证。它的缺点是会使其制动能量回收装置的结构更加复杂，并且使得电动汽车的重量增加，这会减弱制动能量回收提高电动汽车的续驶里程的优势。从经济性方面考虑，会增加电动汽车的成本，对电动汽车的市场竞争力无疑会产生影响。

课后习题

1. 什么是汽车传动系统参数的合理匹配？
2. 采用锁止式液力变矩器为什么能够节能？
3. 机械无级变速器有何特点？
4. 简述单向离合器的基本结构和特点。
5. 制动能量回收方法有哪些？各种方法有何特点？
6. 试分析发动机与传动系统的匹配节能。
7. 为提高液力自动变速器的传动效率，可以采取哪些措施？
8. 分析双离合器式自动变速器的工作原理。
9. 分析能量回收系统的基本结构与工作原理。

单元五 汽车车身节能技术

学习指南

汽车车身节能技术，主要包括注重车身造型减少空气阻力和实现车身轻量化两个方面的节能技术。空气阻力所消耗的功率与车速的三次方成正比。也就是说，在车速低的时候，空气阻力功率消耗所占比例不大；在车速高的时候，空气阻力将是主要阻力。而车身质量约占汽车总质量的30%，所以汽车车身的轻量化对减轻汽车自重，提高整车燃料经济性至关重要。本单元将重点阐述汽车车身节能技术并完成以下学习任务。

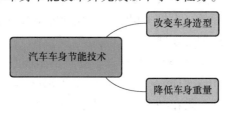

任务一 改变车身造型

学习目标

1. 叙述车身造型的发展。
2. 识别汽车造型的类型。
3. 叙述车身造型设计的空气动力学概念。
4. 叙述降低空气阻力系数的措施。
5. 叙述车身造型设计的发展趋势。

任务导图

汽车新能源与节能技术

情景导入

所谓车身造型（styling），就是根据汽车整体设计的多方面要求来塑造最理想的车身形状。车身造型设计虽然是车身设计的最初步骤，也是整车设计最初阶段的一项综合构思，但却是决定产品命运的关键。车身造型已成为汽车产品竞争最有力的手段之一。车身造型的演变已有100多年的历史了。其演变主要取决于汽车的空气动力学特性。为减少阻力，汽车车身从早期的马车型车身和箱型车身演变到流线型的甲虫型车身。为了避免横向风力的影响，又演变为船型车身。为进一步减小风阻系数，并避免高速时产生升力，发展为现在的鱼型车身和楔型车身。

必备知识

一、车身造型的发展

从汽车的诞生发展到现在，随着汽车技术的不断进步以及人们审美观能力和欣赏能力的不断提高，汽车车身造型由最初的马车型、箱型，到后来的流线型、甲壳虫型、船型，发展到现在的楔形及各种流线型。人们对汽车动力性、舒适性、安全性和经济性要求的提高，使得汽车技术，特别是机械工程学、人机工程学、空气动力学及电子学等得到了极大的发展和完善，这也大大促进了汽车造型的发展。

（1）马车型汽车　最早的汽车车身造型，即将马车车厢直接移植在汽车上。1886年，戴姆勒和本茨分别试制出1.5hp（1hp≈745.7W）和0.85hp单缸汽油发动机，并成功地试制出第一台汽车。早期的汽车，是在马车的车身上安装内燃机而成。整个车身以木质材料为主，是篷体的，其车身造型基本上沿用了马车的形式，被称为"无马的马车"，如图5-1和图5-2所示，因此谈不到有汽车自己的车身造型。后来，汽车逐渐脱离开马车的车身，开始有了自己的样式。由于发动机的功率太小，为了减轻重量，只能装用轻便的、简单的车篷、挡风板和风窗玻璃。

图5-1　奔驰1号

图5-2　戴姆勒1号

（2）箱型车　马车型汽车很难抵挡风雨的侵袭，美国福特汽车公司在1915年生产出一种不同于马车型的汽车，其外形很像一只大箱子，并装有门和窗，人们称这类车为"箱型汽车"，如图5-3所示。它奠定了以后汽车的基本造型。当时的汽车受到马车的影响，1900

年车身高约 2.7m，1910 年车身高约 2.4m，1920 年车身高约 1.9m。因此，空气阻力很大。与中国的轿子相比，的确有异曲同工的味道，因此，"轿车"的名字由此而生。早期的箱型汽车以美国福特汽车公司的 T 型车（见图 5-4）最为著名，这种车以其结构紧凑、坚固耐用、容易驾驶、价格低廉而受到欢迎，曾在美国车坛上风靡一时。

（3）甲虫型　20 世纪 20 年代，汽车空气动力学的研究工作逐渐开展起来，并着手改进汽车的形状。随着汽车速度日益提高，箱型汽车空气阻力比较大，无法适应高速行驶，因而逐渐被淘汰。

20 世纪 30 年代，为提高汽车车速，开始应用空气动力学的原理来减少风阻系数。轿车车身高度逐步降低到 1.4m，车宽逐渐增大。车身截面从四方形变为椭圆形，从而减小了迎风面积。1934 年，美国克莱斯勒汽车公司的"气流"牌轿车首先采用了流线型的甲虫型车身外形设计，大大减小了空气阻力。德国大众汽车公司的"甲壳虫"汽车（图 5-5），是甲虫型车身汽车的典型代表。1937 年，F. 波尔舍开始设计类似甲虫外形的汽车，最大限度地发挥了甲虫外形阻力小的长处，使"大众"汽车成为当时流线型汽车的代表。从 20 世纪 30 年代流线型汽车开始普及到 40 年代末的近 20 年时间，是甲虫型车身汽车的"黄金时代"。但这种车身也有明显的缺点：一是乘员活动空间狭小，后排乘客头顶几乎碰到车顶；二是车身对横向风力不稳定，受风后容易使汽车偏离原来行驶的车道，这在汽车高速行驶时容易发生危险。因此，甲虫型车身后来被船型车身所取代。

图 5-3　"箱型汽车"

图 5-4　福特 T 型车

图 5-5　"甲壳虫"汽车

（4）船型　20 世纪 50 年代，为创造舒适、宽敞的乘坐空间，出现了船型车身的轿车，并由此成为当代轿车造型的主流。1949 年，福特汽车公司的 V8 轿车开创了船型车身的车形，如图 5-6 所示。这种车改变了以往汽车造型的模式，使前翼子板和发动机舱盖，后翼子板和行李箱盖融为一体，前照灯和散热器罩也形成一个平滑的面，整个造型很像一只小船，所以人们把这类车称为"船型汽车"。这种车是设计者首次把人体工程学应用在汽车的车身设计上，强调以人为主体的设计思想，把乘坐位置放在振动最小的汽车中部。发动机在前部，行李箱在后部，还取消了脚踏板和单独的翼子板，扩大了汽车的内部空间，同时也减小了汽车侧面的空气阻力。因此，船型车身汽车受到了广泛的欢迎。从 20 世纪 50 年代开始一直到现在，不论美国还是欧亚大陆，不管大型车或者是中小型车，都采用了船型车身，从而使船型造型成为世界上数量最多的一种车型。常见的奥迪 100C 型轿车就是船型车身汽车，其风阻系数只有 0.30。

（5）鱼型　船型汽车尾部过分向后伸出，形成阶梯状，在高速时会产生较强的空气涡流。为了克服这一缺陷，人们把船型车的后窗玻璃逐渐倾斜，倾斜的极限即成为斜背式。由于斜背式汽车的背部像鱼的脊背，所以这类车称为"鱼型汽车"。

1952年，美国通用汽车公司的别克牌轿车开创了鱼型汽车的时代，如图 5-7 所示。与流线型汽车相比，鱼型汽车的背部和地面的角度比较小，尾部较长，围绕车身的气流也比较平顺，涡流阻力也较小。另外，鱼型汽车基本上保留了船型汽车的长处，车室宽大，视野开阔，舒适性良好。1964 年美国的克莱斯勒顺风牌汽车采用了鱼型造型。自顺风牌汽车以后，世界各国逐渐生产鱼型汽车。

图 5-6 福特 V8 轿车

图 5-7 1952 年产别克鱼型汽车

由于鱼型车后窗玻璃倾斜太严重，面积增加两倍，强度下降，产生结构上的缺陷。鱼型车还有一个潜在的重大缺点，就是对横风的不稳定性。鱼型车发动机前置，车身重心相对前移，一般来讲横风的风压中心和车身重心接近。但由于鱼型车的造型关系，在高速时会产生一种升力，使车轮附着力减小，从而抵挡不住横风的吹袭，发生偏离的危险。鱼型车的这一缺点，人们想了许多方法加以克服，例如人们在鱼型车的尾部安上一只翘翘的"鸭尾"，以克服一部分扬力，这便是"鱼型鸭尾"式车型。

(6) 楔型 "鱼型鸭尾"式车型虽然部分克服了汽车高速行驶时空气升力的影响，但却未从根本上解决鱼型车身汽车的升力问题。在经过大量的探求和试验后，设计师最终找到了一种新车型——楔型。这种车型就是将车身整体向前下方倾斜，车身后部像刀切一样平直，这种造型能有效地克服升力。第一次按楔型设计的汽车是 1963 年的司蒂倍克·阿本提，这辆汽车在汽车外形设计中得到了极高的评价。1968 年，通用公司的奥兹莫比尔·托罗纳多改进和发展了楔型汽车。楔型造型得以在赛车上广泛应用，如 20 世纪 80 年代的意大利法拉利跑车（图 5-8），就是典型的楔型造型。楔型造型对于目前所考虑到的高速汽车来说，无论从其造型的简练、动感方面，还是从其对空气动力学的体现方面，都比较符合现代人们的主观要求，给人以美好的享受和速度的快捷感。

楔型车身又分为两种：一种是直背式，又称为溜背式、快背式、斜背式，指轿车车身背部的形状是倾斜下降的，主要用于楔型车身上，它的背部产生的涡流最小，可大大减少空气阻力；另一种是掀背式，指轿车车身的后部有一个可以掀开的后门，一般两厢式轿车大都是掀背式。

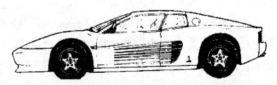

图 5-8 20 世纪 80 年代的意大利法拉利跑车

汽车发展到鱼型，关于空气阻力的问题已经基本解决了，楔型继承了这一成果，并有效地克服了鱼型车的升力问题，使汽车的行驶稳定性有了显著的提高，楔型成为目前较为理想的车身造型。未来汽车的造型必然是在楔型车的基础上加以改进。例如，把前风窗玻璃和发动机舱盖进一步前倾，尾部去掉阶梯状，成为真正的楔型。车窗玻璃和车身侧面齐平，形成一个平面，后视镜等将通过合理的造型，以取得最低的风阻力，或者由车内的显示器来代替。总之，未来汽车的造型将更为平滑、流畅。

二、车身造型对空气阻力的影响

汽车向前行驶时，除了受到来自地面的作用力外，还会与空气产生复杂的相互作用，受到其周围气流的气动力和力矩的作用。这对汽车的行驶状态影响很大，特别是汽车高速行驶时会承受强大的气动力作用。

1. 汽车空气阻力概述

空气作用于车身的向后的纵向分力称为空气阻力，这种阻力与车速的二次方成正比，为了克服气动阻力而消耗的功率和燃料是随车速的三次方急剧增加的，就是说在车速低的时候，空气阻力消耗功率所占比例不大，在车速高的时候，空气阻力将是主要的阻力。有测试表明：当一辆乘用车以 80km/h 的速度行驶时，油耗的 60% 被用于克服空气阻力，在车速为 200km/h 时，空气阻力几乎占到行驶阻力的 85%。同等速度下，风阻系数每下降 10%，可节省燃油 7%。如图 5-9 所示，当车速为 125km/h 时，空气阻力是道路滚动阻力的两倍多。

对于汽车车身，空气阻力分为摩擦阻力和压力阻力。摩擦阻力是由空气的黏性在车身表面产生的切向力的合力在行驶方向的分力，该力仅占空气阻力总额的 9%，在航空和航天中把摩擦阻力作为重点考虑对象，在地面一般车辆中可以忽略。压力阻力则是作用在汽车车身表面上的正压力的合力在行驶方向的分力，根据阻力源的不同，它可分为形状阻力、干扰阻力、内循环阻力和诱导阻力。其中，形状阻力占压力阻力的大部分，占空气阻力总额的 58%，是由车身形状的不同而产生的（主要由作用在汽车前、后两面的压力差所致）；干扰阻力是车身表面凸起部分（如后视镜、挡泥板、门把、引水槽等零件）引起

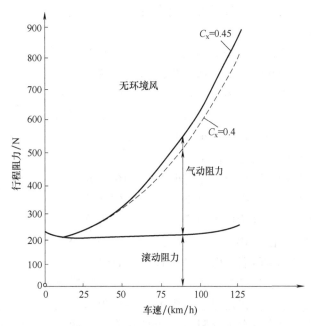

图 5-9 行驶阻力与车速的关系

的气流干扰而产生的，占空气阻力总额的 14%；发动机进气系统、排气系统、冷却系统、车身通风系统等所需要和产生的空气流流经车体内部所产生的阻力称为内循环阻力，占空气阻力总额的 12%；诱导阻力则是空气升力在水平方向的分力，占空气阻力总额的 7%。在空气阻力中，形状阻力所占比例最多，可见车身形状是影响空气阻力的主要因素。

2. 气动阻力特性

（1）形状阻力　空气阻力可分为外部阻力和内部阻力。

外部阻力系数 $\qquad C_D' = C_{D0} + C_{D1}$ （5-1）

式中　C_{D0}——形状阻力系数；

C_{D1}——诱导阻力系数。

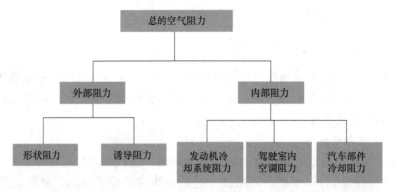

诱导阻力是升力的水平分力,它的计算基于无黏流;而形状阻力的计算,要计入空气黏性的所有效应。车的外部阻力是由黏性效应和涡场所产生的,但是由于黏性流与涡流的相互作用,这两种影响不能分开。

车身前部由于气流受到阻滞而产生压力,其合力压向车身后方,而车身后部由于气流速度降低使压力回升,其合力压向车身前部。理想流体中两个方向的合力平衡,其结果是前方阻止气流前进而产生的压力占优势,所以就产生了阻力。形状阻力主要取决于车身前方阻止气流前进的压力与车身尾部使压力恢复的压力差。汽车车身前部形状相同而尾部形状不同时,由于车身尾部分离区域的大小不同,压力回升程度也不同。图5-10表明了气动阻力成分及其随车尾倾角的变化,总阻力的85%为压差阻力,其余15%为摩擦阻力。从图5-10中可以看出,压差阻力的9%来自车身前端,而91%来自车身后部(其值随车身长短不同而异)。从气动阻力的形成机理来看,它是由形状阻力和涡流阻力构成的。涡流阻力占总阻力的40%左右,它明显地取决于尾流结构。

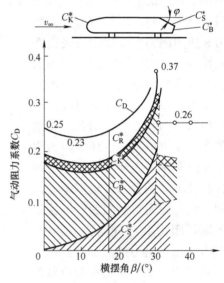

图 5-10 气动阻力成分及其随车尾倾角的变化
C_D—总阻力系数　C_R^*—摩擦阻力系数
C_K^*、C_S^*、C_B^*—分别为各部分阻力系数的贡献度

(2) 诱导阻力　诱导阻力是伴随升力而产生的阻力成分。升力系数可用C_{D_i}表示为

$$C_{D_i} = \beta \frac{C_L^2}{\pi \lambda} \tag{5-2}$$

式中　C_{D_i}——升力系数;
　　　C_L——诱导阻力系数;
　　　λ——宽长比(总宽/总长);
　　　β——修正系数。

图5-11是不同尾部外形的汽车尾流流态。在车身尾部气流的流动中,包含着纵向的涡场。它们是由车身顶部与车身底部的压力差所产生的,这个涡场包含着一定量的动能。

它等于必须克服部分阻力的功,这部分阻力称为诱导阻力,所说的涡场则与汽车的总升力相关。

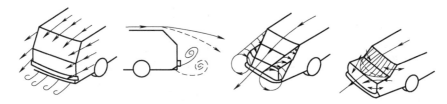

图 5-11　不同尾部外形的汽车尾流流态

在很多情况下,对一个给定的车改型时,可以发现阻力和升力的密切关系,即在改型过程中,降低气动阻力的任何一种措施也同时产生升力降低的效果,当然也有升力反而增加的情况。图 5-12 给出改变尾部倾角对气动阻力系数 C_D 及后轴升力系数 C_{LR} 影响的示例。

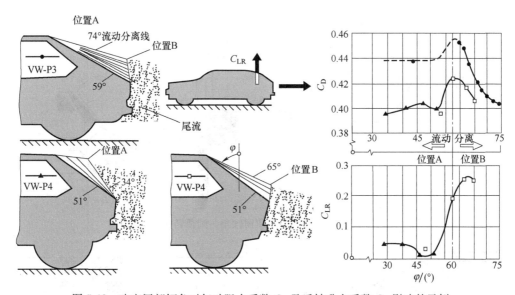

图 5-12　改变尾部倾角对气动阻力系数 C_D 及后轴升力系数 C_{LR} 影响的示例

三、降低空气阻力系数 C_D 的措施(以轿车为例)

(1) 改善轿车前端形状　如图 5-13 所示改变轿车前端外形能找到 C_D 最小的外形。

前窗倾角、圆弧转角不同时的 C_D 如图 5-14 所示,选定前倾角 65°,圆弧转角 25.5°效果较佳。

(2) 改善后窗倾角和车顶拱度　后窗倾角对 C_D 的影响如图 5-15 所示,当在 $\beta=30°$ 时,C_D 最大。

轿车车身顶盖的 a_r 与 l_r 之比同 C_D 之间的关系如图 5-16 所示。拱起越小,C_D 越低。

(3) 正确选择离地间隙　4 种车型的离地间隙 e 对 C_D 以及升力系数 C_L 的影响如图 5-17 所示。大众汽车公司 van 的离地间隙 e 为 140mm 时 C_D 最低但 C_L 较大。雪铁龙 ID19 的 e 值为 220mm 时 C_D 较低,而且 C_L 也较低。

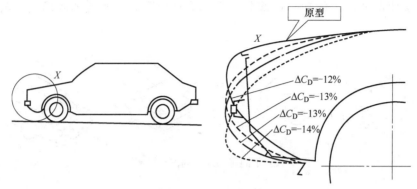

图 5-13 改善轿车前端形状

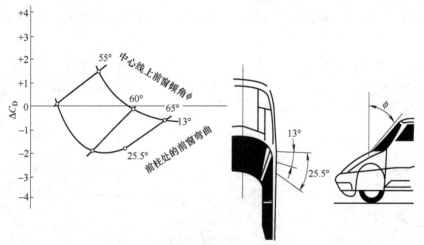

图 5-14 改善轿车前窗倾角、圆弧转角

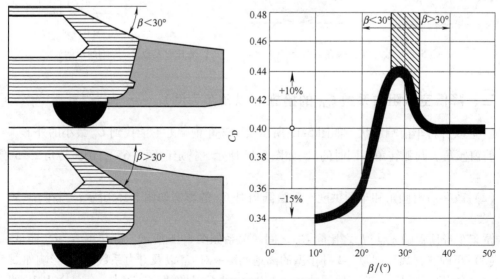

图 5-15 后窗倾角对 C_D 的影响

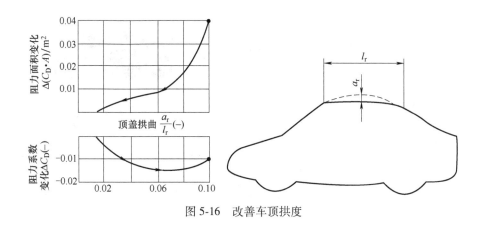

图 5-16　改善车顶拱度

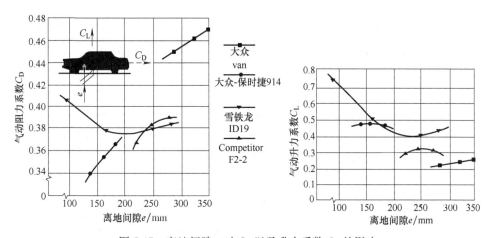

图 5-17　离地间隙 e 对 C_D 以及升力系数 C_L 的影响

（4）放置扰流板　图 5-18 所示为轿车尾部的扰流板，当板高 Z 为 40~80mm 时，C_D 和 C_L 都较小，板高 Z 为 60mm 时可达到最低值。厢式载货汽车常常在驾驶室顶部装置导流板，以减少空气阻力。

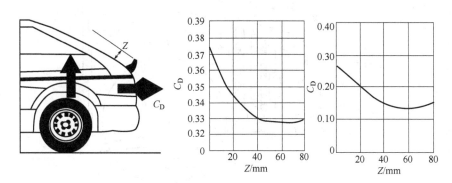

图 5-18　车尾部扰流板对 C_D 的影响

图 5-19 所示为后视镜对 C_D 影响的实例，后视镜长宽比为 0.875，C_D 值最低。

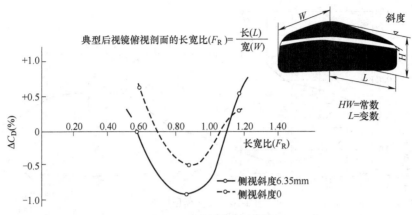

图 5-19 后视镜对 C_D 的影响

（5）优化发动机舱内流场　发动机冷却系统的主要作用是在发动机的任何工况下，都能保证发动机的各个部件得到足够的冷却，如图 5-20 和图 5-21 所示。

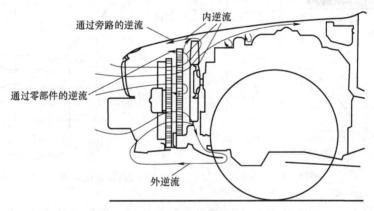

图 5-20　轿车在停车状态下冷却风扇运转时前部的空气流场

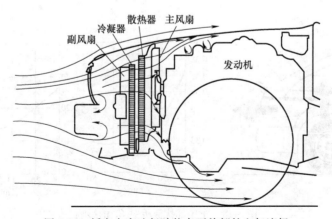

图 5-21　轿车在高速行驶状态下前部的空气流场

在行驶过程中，除了流场（外部）阻力外，还会产生内流场（内部）阻力，其中主要是流经冷却系统的阻力。它们是气流在进出整个冷却系统时产生的冲击能量损失，气流流经散热器和发动机时的压力损失，以及与车辆车身上环流的相互作用（尤其是与前轮）损耗。

图 5-22 表示冷却气流流过发动机舱各部位的形式，而表 5-1 则表示不同形式气流流过冷却系统后对汽车风阻系数的影响。如果冷空气只从下部无障碍流出，则比前部封闭没有冷却空气流过的 C_D 增加 12%。

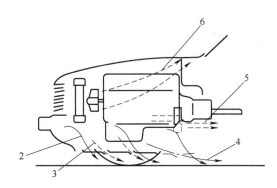

图 5-22　冷却气流流过发动机舱各部位的形式

表 5-1　不同形式气流流过冷却系统后对汽车风阻系数的影响

序号	气流通过形式	汽车风阻系数
1	没有冷却空气（前部封闭）	0.226
2	有冷却空气（下部无障碍流出）	0.254
3	只从下部专门出口流出	0.244
4	只从下部带有窄的横向通风槽流出	0.236
5	只从侧面带有窄的横向通风槽流出	0.235
6	只从上部带有窄的横向通风槽流出	0.223

通过试验，某轿车冷却气流流经冷却系统的压力损失有：
1）冷却空气经过进气格栅的压力损失为 Δp_G。
2）流向散热器过程中沿程摩擦阻力和涡流造成的压力损失为 Δp_E。
3）流过散热器造成的压力损失为 Δp_K。
4）流经风扇的压力升高 Δp_V。

图 5-23 表示某轿车行驶时冷却系统中压力变化场和冷却空气流场，从图中可以看出冷却空气流经发动机冷却系统的压力损失变化，压力损失小，空气阻力就小。因此，应完善冷却系统气流进出口，合理组织冷却空气气流可以减少压力损失和气流的逆流现象。这样既可以保持发动机的良好热状况，又可以减少汽车行驶阻力，达到降低燃油消耗的目的。

空气阻力系数很低的汽车往往不是单纯依靠分析和计算出来的，是要通过反复的试验研究，特别是在风洞试验过程中形成的。

四、车身造型设计的发展趋势

未来，汽车仍然是人类的主要交通工具之一。随着人类文明和科学技术的不断进步，人

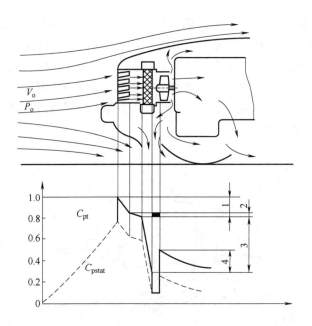

图 5-23　某轿车行驶时冷却系统中压力变化场和冷却空气流场

们对汽车的要求也越来越高。汽车界必须更加努力地探索、设计和制造出适合未来社会需要的汽车。目前，世界上较为普遍的改善汽车造型的空气动力性能方法主要有：

1）车身造型进一步强调空气动力化。通常的做法是将车身设计成楔型或斜背式，车头的前部造型应尽量降低，其俯视图最好呈半圆，前风窗玻璃与发动机舱盖与侧面的过渡部分衔接要圆滑、平顺，前风窗玻璃与水平面的夹角最好控制在 25°~33°，而后风窗玻璃的角度应恰好在这个区间之外。

2）发动机的布置形式。考虑到横风稳定性，即重心位置仍需采用前置前驱动。如果发动机本身能够缩小体积可考虑采用中置或后置形式，采用后轮驱动。

3）设置前、后扰流板等气动力学附加装置，改善气流的流动状况。加设光滑平整的底板，保持车身底盘平滑性，以降低车身的阻力和升力。开阔视野，保证乘员的舒适性和安全性。车轮仍是橡胶轮胎，布置在接近车身的四个边角处。

4）优化车身细部外形，以减少车身表面的凹凸面和凸起物。如门把手平滑化，窗玻璃、门玻璃尽可能采用外偏置技术与边框平齐、泻水槽隐蔽化，后视镜设计成流线状，以降低空气阻力。

任务二　降低车身重量

1. 叙述车身轻量化定义。
2. 叙述降低车身重量的途径。

3. 叙述车身轻量化的发展趋势。

任务导图

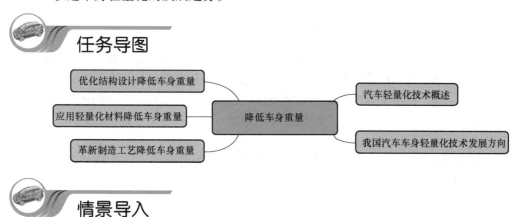

情景导入

近年来，随着传统化石能源储量枯竭期的逐渐临近，以及其燃烧排放导致人类生存环境日趋恶化，节能减排已成为全球关注的热门话题。而汽车轻量化对于改善燃油效率，减少排放的作用非同一般。

普通汽车自重质量每减轻 100kg，可节油 0.2~0.3L/100km，而轿车的质量每减轻 100kg，可节油 0.3~0.4L/100km；另外，根据大量研究表明，当整车质量减轻 10%时，汽车的燃油经济性可提高 3.8%，加速时间减少 8%，CO 排放量减少 4.5%，制动距离减少 5%，轮胎寿命提高 7%，转向力减小 6%。车身是整个汽车零部件的载体，其重量占整车的 40%~60%。因此，车身轻量化对于节约能源、减少废气排放十分重要。在驾驶方面，轻量化以后，汽车的整体加速性将会得到显著提高，操控的灵敏性随之变高，车辆控制的稳定性、噪声、振动等方面也均有改善。降低车身重量，是改善汽车经济性的有效方法。

必备知识

一、汽车轻量化技术概述

（1）轻量化的定义　所谓汽车轻量化，是指在保证汽车强度和安全性能的前提下，尽可能多地降低汽车的整备质量，从而提高汽车的动力性，减少燃料消耗以降低排气污染。

汽车轻量化不但可以提高车速，还能降低油耗、减少废气排放量和改善安全性，由于车身惯性的减少，不仅可以提高加速性能，碰撞时还可以减少制动距离和入侵量。对于电动汽车，车身质量的减少可以使汽车在目前装备的电池组下行驶更多里程，或保持续驶里程一定的情况下可适当减少电池组的数目。此外，车身轻量化不仅有利于悬架系统、制动装置和传动系统的减重，还可以明显提高行驶稳定性。然而，汽车轻量化绝非是简单地将其小型化而已。首先应保持汽车原有的性能不受影响，既要有目标地减轻汽车自身的质量，又要保证汽车行驶的安全性、耐撞性、抗振性及舒适性，同时汽车本身的造价不被提高，以免给客户造成经济上的负担。

（2）轻量化技术的分类　汽车轻量化技术可以分为：结构优化设计、轻量化材料的应用和先进制造工艺等方面。其中，结构优化设计包括：汽车结构的尺寸优化、形状优化、拓扑优化和多学科设计优化以及应用变截面薄板。轻量化材料的应用包括：高强度钢、铝合金、镁合金、塑料和复合材料等;先进制造工艺包括:液压成型和激光焊接等。

二、优化结构设计降低车身重量

从汽车零部件概念设计、初始结构设计、产品工程设计和样车制造过程来做结构轻量化的设计与分析。在满足使用性能的前提下,采用优化设计去除零部件的冗余部分、减少零件搭接、改变零件结构,以减少零件数量或减轻质量,继而实现轻量化。车身的优化设计是很重要的轻量化方案,也在众多的车企中被设计师所青睐,它能在尽量少地增加成本的基础上做到比较理想的效果。

(1) **优化结构设计** 国外设计轻结构的设计和研发主要有两方面:一是开发新的更适用的设计方法,以优化零件的造型设计;二是设计轻结构形状力图按实际情况来优化零件的形状。

(2) **实体结构设计和布局** 汽车轻量化的手段之一就是对汽车总体结构进行分析和优化,实现对汽车零部件的精简、整体化、轻量化。因而,在考虑轻量化时,要协调总成与整车、总成与总成之间可能出现的各种矛盾。利用CAD技术,可以准确地实现车身实体结构设计和布局设计,对各构件的形状、配置、板材厚度的变化进行分析。对于采用轻质材料的零部件,可利用CAE技术做零件的布局干涉分析和运动干涉分析,使轻量化材料能满足车身设计的各项要求。

(3) **拓扑优化设计** 拓扑优化开展于概念设计早期,主要研究结构材料布局,由于拓扑优化的结果决定了产品的最优拓扑,即决定了产品的最终形状与性能,因此在车身轻量化设计中大量应用拓扑优化技术,可以在很大程度上保证车身结构设计后续的尺寸和形状。优化是在材料分布最优初始拓扑形式下进行的,能够极大地提高材料利用率。

在产品设计中结合拓扑优化分析技术,在一定程度上改变了传统设计理念,给设计人员提供了更充分、更精确的设计依据,具有非常重要的意义。结合拓扑优化分析的产品设计具有以下特点:

1) 避免内部复杂零件设计的盲目性,克服照抄其他产品设计带来的缺陷。
2) 保证最大的材料利用率,减轻制件质量。
3) 保证最优的模态、力和力矩特性,提高零件的总体性能。
4) 保证零件制造的最佳工艺性,减少不必要的复杂结构,从而降低模具和生产成本。

(4) **用形状优化实现轻量化** 形状优化法能达到既减小零件的质量又延长零件使用寿命的目的。这种方法采用一种建立在生物学增长规律基础上的数值计算方法,它的基础是模拟一种凭借经验确定的生物学增长规律,用有限元法研究生物增长载体(如骨骼、树木等)的力学特性。研究发现,生物增长载体会避免应力集中,并始终试图增长为在一种标准载荷作用下表现为均匀表面应力的形状。这就给设计师以启发,即可借助于形状的变异来降低峰值或使应力分布均匀化。具体做法是向承受高负荷的部位贮存材料,而将承受低负荷的部位去除材料,零件的形状将按照避免出现应力高峰并使应力分布均匀来设计。这种结构设计方法已用于汽车后轴差速器壳体、半轴等零件设计。这种基于生物学增长规律的形状优化方法,可收到既减小零件质量,又避免局部应力高峰的效果。

(5) **变截面薄板及其在车身制造中的应用** 用于车身制造的变截面薄板分为两种:一种是激光拼焊板(Tailor Welded Blanks, TWB),另一种是通过柔性轧制生产工艺得到的连续变截面板（Tailor Rolling Blanks，TRB）。

TWB 是根据车身设计的强度和刚度要求，采用激光焊接技术把不同厚度、不同表面镀层甚至不同原材料的金属薄板焊接在一起，然后再进行冲压。冲压时可以根据车身各个部位的实际受力和变形的大小，预先为某个部件定制一块理想的拼接板料，从而达到节省材料、减小质量且提高车身零部件性能的目的。在一些汽车制造企业，TWB 已经成为汽车制造中的标准工艺，主要用来制造汽车车身侧框、车门内板、车身底盘、电动机间隔导轨、中间立柱内板、挡泥板和保险杠等零部件。

由于 TWB 可以根据需要任意进行拼接，因而具有极大的灵活性，并且能按照等强度的概念优化设计一些原来是等厚度的车身零部件，把它们由原来的锻造加工转换为冲压加工，既提高了加工效率，又节省了加工能源。

TRB 是通过一种新的轧制工艺——柔性轧制技术而获得的连续变截面薄板。柔性轧制技术类似于传统轧制加工方法中的纵轧工艺，但其最大不同之处是在轧制过程中，轧辊的间距可以实时地调整和变化，从而使轧制出的薄板在沿着轧制方向上具有预先定制的变截面形状。在柔性轧制过程中，可以通过计算机对轧机的实时控制来自动和连续地调整轧辊的间距，从而实现由等厚度板卷到 TRB 板卷的轧制。这就要求在设计车身时必须预先考虑后续成形加工中钢板各个部位的实际受力和变形以及整个车身的承载情况，在轧制之前选定 CAD/CAM/CAE 软件，这种优化设计可以通过 DFM/DFA 等手段予以实现。

TRB 连续变化的截面提供了有利于后续成形加工的可能性。例如，事先运用有限元分析或数字模拟技术判断车身覆盖件在冲压过程中可能出现拉裂或材料流动性较大的部位，那么在车身设计阶段就可以为某一部件预先分配较大的板料厚度，从而有效地避免废品的产生。

三、应用轻量化材料降低车身重量

（1）高强度钢　高强度钢的强化机理主要有固溶强化、析出强化、组织强化、烘烤硬化和细晶强化。按强度可分为高强度钢和超高强度钢；按冶金学特征可分为普通高强度钢和先进高强度钢。其中，先进高强度钢是通过相变来达到高强度的。与深拉钢和传统低合金高强度钢相比，先进高强度钢具有更大的屈服强度，因而可大幅度减少车身结构中的附加支撑件、加强梁和嵌套截面，采用更少的部件和更薄的板料，因而有效减轻车身质量。

在抗碰撞性能、耐蚀性能、疲劳性能和成本方面，先进高强度钢较其他材料仍具有较大的优势，因此是今后最主要的汽车轻量化材料。如 ULSAB-AVC 项目研制的概念车中 97%的材料为高强度钢，其中先进高强度钢占 80%以上，结合先进的制造工艺，使车身减小质量达 20%~30%。目前，先进高强度钢已成为新型汽车轻量化材料的研究热点。因此，各大钢铁公司纷纷以先进高强度钢作为优先发展的重点方向，国内先进高强度钢的开发也取得较大进展。

（2）铝合金在汽车车身轻量化上的应用　铝的密度约为钢的 1/3，具有高的导电性和导热性，塑性好，易成形，易回收利用。可通过铸、锻、冲压工艺用铝合金制造各类汽车零件，是轻量化材料中应用比较广泛、成熟的材料之一。

以美国生产的汽车产品为例，1976 年每辆车使用铝合金仅 39kg，1982 年达到 62kg，而

1998年则达到了100kg。根据美国铝学会的报告，汽车上每使用0.45kg铝就可减轻车重1kg。理论上铝制汽车可以比钢制汽车减重40%左右。

目前，铝合金已广泛应用在汽车车身、底盘零部件以及发动机的某些部件上。近些年来，一些新型铝合金材料也开始在汽车上应用，如铸造铝合金、变形铝合金、铝基复合材料、铝基粉末冶金材料、快速凝固铝合金、铁铝金属间化合物、泡沫铝材和铝拼焊冲压坯材料。

铝合金虽然提高了汽车综合性能，但同时也提高了整车成本，铝合金应用的局限是成本问题。所以，如何在保证成本不增加的前提下提高铝合金的使用量是我们应该关注的研究方向之一。

（3）镁合金在汽车车身轻量化上的应用　镁的密度为$1.8g/cm^3$，仅为钢材密度的35%，铝材密度的66%。此外它的比强度、比刚度高，阻尼性、导热性好，电磁屏蔽能力强，尺寸稳定性好，因此在航空工业和汽车工业中得到了广泛的应用。镁的储藏量十分丰富，镁可从石棉、白云石、滑石中提取，特别是海水的盐分中含3.7%的镁。近年来镁合金在世界范围内的增长率高达20%。

镁铸件在汽车上的应用大致分为两大类：一类是非结构铸件，这类镁铸件不需承受巨大的冲击；另一类是结构铸件，这类镁铸件需承受特定的载荷，且能满足一定的抗冲击要求。应用镁铸件的汽车非结构件包括：变速器、气阀、凸轮罩盖、离合器壳、电动机、发电机罩、进气歧管和油底壳等。采用AMS和AM60合金镁压铸件的汽车结构件有转向盘、仪表板、座椅框架、座椅、座椅升降器、制动器/离合器支架、转向柱部件和安全气囊座等。随着材料及成形技术的进一步发展，镁合金的强度得到提高，应用范围将进一步扩大，镁合金在汽车上的应用正从内饰件转向发动机和外车身，镁合金将应用于气缸体、气缸盖、车顶篷、发动机舱盖和后行李箱盖板等零件。

（4）泡沫合金板　泡沫合金板由粉末合金制成，如图5-24所示，其特点是密度小，仅为$0.4\sim0.7g/cm^3$，弹性好，当受力压缩变形后，可凭自身的弹性恢复原料形状。泡沫合金板种类繁多，除了泡沫铝合金板外，还有泡沫锌合金、泡沫锡合金、泡沫钢等，可根据不同的需要进行选择。由于泡沫合金板的特殊性能，特别是出众的低密度、良好的隔热吸振性能，深受汽车制造商的青睐。目前用泡沫铝合金制成的零部件有发动机舱盖、行李箱盖等。

（5）蜂窝夹芯复合板　蜂窝夹芯复合板是两层薄面板中间夹一层厚而极轻的蜂窝组成，如图5-25所示。根据夹芯材料的不同，可分为纸蜂窝、玻璃布蜂窝、玻璃纤维增强树脂蜂窝、铝蜂窝；面板可以采用玻璃钢、塑料、铝板和钢板等材料。由于蜂窝夹芯复合板具有轻质、比强度和比刚度高、抗振、隔热、隔音和阻燃等特点，故在汽车车身上获得较多应用，如车身外板、车门、车架、保险杠和座椅框架等。

图5-24　泡沫铝合金板

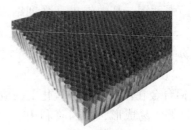

图5-25　铝蜂窝

(6) 工程塑料 工程塑料可做工程材料和代替金属制造机器零部件等的塑料。工程塑料具有优良的综合性能,刚性大,蠕变小,机械强度高,耐热性好,电绝缘性好,可在较苛刻的化学、物理环境中长期使用,可替代金属作为工程结构材料使用,但价格较贵,产量较小。

(7) 高强度纤维复合材料 高强度纤维复合材料,特别是碳纤维复合材料(CFRP)是很有前途的车用轻量化材料。图5-26所示为宝马7系车身碳纤维的应用,碳纤维是由化纤和石油经过特殊工艺制成的纤维,除了和一般碳素材料一样具备耐高温、耐摩擦、导电、导热等特性外,它强度更高、质量更轻,更耐腐蚀。碳纤维的密度不到钢的1/4,但抗拉强度却是钢的7~9倍,抗拉弹性也高于钢,在2000℃以上的高温惰性环境中,是唯一强度不下降的物质。

在有机溶剂、酸、碱中不溶不胀,耐蚀性非常好。而且其外形柔软,可加工成各种织物,从使用的角度看,碳纤维不存在腐蚀生锈的问题,比普通金属耐用。在极端气候条件下,碳纤维的性质几乎不发生改变,使用碳纤维制造车身,可以省去高成本、烦琐的涂装工艺。碳纤维几乎是目前可知的最能让汽车减重的完美材料。碳纤维摸上去手感与塑料差不多,却有着钢铁一般的强度和韧性。

由于成本高、成形时间长,起初碳纤维材料仅仅在跑车和少量昂贵车型上有所应用。随着科学技术的不断发展,原材料的价格不断降低,制造工艺的逐渐优化,成形周期的缩短,碳纤维增强复合材料在车辆部件上的应用也越来越多。

国内的碳纤维增强复合材料车身目前还停留在小批量试制阶段。奇瑞艾瑞泽7(图5-27)和江苏奥新e25都生产了全碳纤维车身,轻量化效果十分明显。

图5-26 宝马7系车身碳纤维的应用　　图5-27 奇瑞艾瑞泽7全碳纤维车身

四、革新制造工艺降低车身重量

在材料与优化车身结构之外,往往需要革新制造工艺来满足材料和结构的变化,目前已经广泛应用的有激光拼焊板、液压成形、热冲压成形和喷射成形等技术。

(1) 激光拼焊板(图5-28) 20世纪90年代中期,世界汽车工业使用的激光加工(切割、焊接、表面处理等)系统已超过5000台套,在激光焊接领域硕果累累。激光焊接工艺使采用各种复合拼焊板生产轿车零件(车身、车架等)成为可能。激光拼焊板可将不同材质、不同厚度、不同强度和不同表面镀层的板坯拼合起来,然后整体进行成形。激光拼焊板工艺已在汽车领域应用成熟,用于制造车门内板、加强板、立柱、底板和轮廓等部件。激光拼焊工艺改善了车身零部件的使用性能，降低了汽车质量，提高了汽车结构可靠性及安全性。车身激光拼焊工艺具有下列优点：减小结构件质量及材料消耗，减少零件数量，特别是减少垫板及其他一些加强元件；提高车身质量稳定性及结构可靠性，因为这种车身能轻松地在静态负荷、冲击负荷及变负荷下保持强度均衡。除此之外，点胶焊、超声波焊、超塑性扩散连接等技术也逐步占据一席之地，使得轻量化进程更加顺利。

（2）液压成形技术　液压成形主要是指把要成形的管件或板料放在密闭的模具中，再把流体介质（如水）引入管件内腔，增加水的压力，使管件或板料在常温下在模具内变形，最终成为所需的汽车部件形状。液压成形技术是一种先进的生产工艺，目前在欧洲和北美的汽车工业界得到广泛应用。世界各大汽车公司采用这种技术取代传统的生产工艺，以提高产品品质，减少零部件数量，减小汽车质量，降低生产成本。目前，使用液压成形技术生产的汽车零件主要有T形接头、排放系统、发动机支架、后桥和后桥部件以及各种结构样件。

图 5-28　激光拼焊板

美国通用 SEVILL 车型运用此技术生产了侧门横梁、车顶托架等结构件。而福特的蒙迪欧的发动机支架采用此技术后，大大减少了零件和工序，质量也从 12kg 降到了 8kg。

（3）热冲压成形技术　材料强度超过 1000MPa 以上时，一些几何形状比较复杂的零件，使用常规的冷冲压工艺几乎无法成形。热冲压成形技术是利用金属热塑性成形的原理，能够在成形的同时实现对板料的淬火热处理，提高材料的成形性能，大大扩展了高强度超高强度钢在汽车零件的应用范围。热冲压作为一项新兴的成形技术，作为冲压零件高强化的另一有效途径，在汽车领域有广阔的应用前景。国外越来越多的车型，包括经济型小车已采用热冲压零件；国内，欧美引进车型也广泛采用钢板热冲压零件，适用于热冲压的典型车身零件主要有前后门左右防撞杆、前后保险杠、A 柱加强板、B 柱加强板、C 柱加强板、地板中通道和车顶加强梁等。

（4）喷射成形技术　喷射成形又称为雾化沉积或喷射铸造，是 20 世纪 80 年代以来在传统快速凝固/粉末冶金工艺基础上发展起来的一种全新的成形加工技术。其原理是采用高压惰性气体将金属液流雾化破碎成大量细小的液滴，并使其沿喷嘴轴线方向高速飞行，在这些液滴尚未完全凝固之前，将其沉淀收集到具有一定形状的接收基体上并累积，通过合理设计接收基体的形状及控制其运动方式，便可以从液态金属直接制取具有快速凝固组织特征和整体致密的圆锭、管坯、板坯、圆盘等形状的沉积坯件。喷射成形过共晶 Al-Si 系合金在国外主要用于制造发动机中的一些关键零部件。国内喷射成形技术起步较晚，"九五"期间，我国开发了与国外第二代喷射成形设备相当的设备。

五、我国汽车车身轻量化技术发展方向

（1）在结构优化设计方面　汽车结构的尺寸优化、形状优化和连续体拓扑优化已逐步发展成熟并得到广泛应用，但汽车结构的多学科、多目标优化设计方法，离散杆系结构的拓

扑优化方法，还有待进一步研究和完善。

（2）在轻量化材料的应用方面　变形镁合金、新型塑料和纤维增强复合材料具有较大的应用潜力；另外，由于单一材料难以最大限度地满足汽车结构的轻量化要求，研究多种材料混合结构的设计理论、方法和相应工艺，不同部位采用不同的材料，充分发挥各种材料的优势，可以实现选材与零部件功能的最优组合，这种多材料一体化设计理论和方法将成为汽车轻量化技术的研究热点。

（3）在工艺研究方面　液压成形、激光焊接将得到更为广泛的应用，热成形工艺和变厚度板的应用将得到进一步发展。

（4）零部件的轻量化将得到重视　目前汽车轻量化技术的研究多以车身结构为主，而零部件的总质量约占整车整备质量的3/4，具有很大的轻量化潜力；因此，零部件如车桥、悬架、变速器、发动机等的轻量化研究将会得到进一步重视。

各种轻量化技术是相辅相成的，充分发挥不同轻量化手段的优势，研究汽车材料选择、结构设计和工艺设计的系统化和集成化方法，即轻量化技术的系统化和集成化，也是未来汽车结构轻量化技术的发展方向。

课后习题

一、填空题

1. 汽车车身节能主要包括（　　）和（　　）两个方面。
2. 空气作用于车身的向后的（　　）分力称为空气阻力，这种阻力与（　　）的二次方成正比。
3. 在空气阻力中，（　　）阻力占最多，可见车身形状是影响空气阻力的主要因素。
4. 用于车身制造的变截面薄板分为两种：一种是（　　），另一种是通过柔性轧制生产工艺得到的（　　）。
5. 空气阻力系数很低的汽车往往不是单纯依靠分析和计算出来的，是要通过反复的试验研究，特别是在（　　）试验的过程中形成。

二、选择题

1. （　　）成为目前较为理想的车身造型。
   A. 箱型　　　　　　　　　B. 船型　　　　　　　　　C. 楔型
2. 在车速高的时候，（　　）将是汽车行驶的主要的阻力。
   A. 空气阻力　　　　　　　B. 道路滚动阻力　　　　　C. 摩擦阻力
3. （　　）是由化纤和石油经过特殊工艺制成的纤维，耐高温、耐摩擦、强度高、质量轻和耐腐蚀。
   A. 碳纤维　　　　　　　　B. 工程塑料　　　　　　　C. AHSS

三、名词解释

1. 汽车轻量化

2. TWB

四、简答题

1. 简述汽车车身造型的发展史。
2. 降低空气阻力系数的措施有哪些?
3. 列举一些降低车身重量的新材料和新制造工艺。
4. 目前世界上较为普遍的改善汽车造型的空气动力性能方法主要有哪些?

单元六 汽车使用节能技术

学习指南

　　汽车作为运输工具，因具有机动灵活的特点，在各种运输方式中的地位日趋重要，汽车保有量迅速增加，这些汽车每年的运行要消耗大量的能源。可见，从汽车运用节能技术角度考虑，可最大限度地节约能源，获得更高的能源利用率，减少整个国家经济发展对能源的需求。本单元重点阐述了有关汽车运用的节能技术，主要完成以下学习任务。

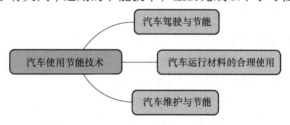

任务一　汽车驾驶与节能

学习目标

1. 分析发动机在各种温度条件下的起动与节能。
2. 分析汽车起步时的节能。
3. 分析汽车档位的选择与节能。
4. 分析汽车车速的选择与节能。
5. 分析汽车自动变速器的使用。

任务导图

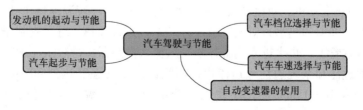

情景导入

汽车驾驶人对车辆的操控行为（即汽车驾驶）是汽车运用方面影响汽车燃料消耗的关键环节，驾驶人以较少的汽车燃料消耗实现车及装载物（或人员）空间位置安全转移的操控车辆行为就是目前我们所倡导的汽车驾驶节能。研究表明，驾驶人驾驶习惯对汽车燃料经济性影响范围达 30%，一个鲁莽的驾驶人能将发动机、轮胎、流线设计、高效润滑剂等车辆技术进步措施带来的好处全部抹杀掉，即使是从事专业运输的驾驶人，不同驾驶习惯也会导致汽车燃料消耗量相差 2%~12%。

一、发动机的起动与节能

发动机起动对汽车节油有重要影响，其关键是温度，以传统汽车为例进行分析。

（1）常温冷车起动 要轻踩加速踏板，尽量做到起动发动机一次就成功。为了减轻发动机的磨损并减少油耗，常温起动后应待冷却液温度升至一定温度再行起步。

（2）低温起动 冬季，北方气温一般在-25℃左右，东北、华北、西北地区最低气温在-45~-35℃。汽车在低温条件下行驶时，发动机起动困难、润滑条件差，运动件磨损加剧，燃料消耗明显增加。具体表现在以下几个方面：

1）发动机起动困难。低温条件下，机油黏度增高，曲轴转动阻力增大；蓄电池内电阻增大，造成端电压显著下降，甚至不能放电，即使放电，也可能因为极板内层的活性物质不能充分利用造成蓄电池工作能力降低；起动机得不到所需的输出功率，起动转速达不到要求，燃油汽化质量进一步变差，难以形成混合气。

2）冷却系统易结冰。寒冷季节，水冷式发动机在工作时冷却液温度应保持在 80~90℃，发动机舱盖下空间温度应保持在 30~40℃。

3）蓄电池易结冰。低温下，蓄电池电解液浓度不够时，相当于增加了电解液中的水分，蓄电池便有可能结冰。因此，冬季应使蓄电池处于良好的充电状态。

4）燃油消耗量增加。机油从机油泵流入曲轴轴承需 2~3min，低温起动发动机时，不但增加了气动阻力，加剧了机件磨损，也增加了燃油消耗。

5）行车条件恶劣。寒冷地区的冬季，冰雪天气比较多，在冰雪路面行车容易溜滑，通行困难；在刮风飘雪时行车，视线差，驾驶操作困难，制动效能明显降低。这些都不利于行车安全，又增加了燃油的消耗。

目前低温条件下起动发动机采用的节油措施有：起动前预热发动机；改善可燃混合气的形成；提高点火能量；增大起动机功率和使用辅助燃料等。

1）起动前预热发动机。对发动机采用热水预热法。当环境温度低于-15℃时，应在发动机起动前加入 80~95℃的热水，对发动机及冷却系统进行预热。可事先制作一个三通接头安装在气缸盖水管软管上，热水进入气缸体水套后流入散热器。待热水注满冷却系统后，打开放水阀，热水通过冷却系统边注入边流出，当流出的水的温度达到 30~40℃时，关闭放水阀。一般热水注入 10~15min 后，发动机水套里的冷却液温度与气缸体的温度逐渐趋于一致。

2）改善可燃混合气的形成。在寒冷季节，采用较多的是预热进气系统。这种系统一般有螺塞式电阻点火预热器和悬挂式电阻点火预热器等形式。

螺塞式电阻点火预热器适用于雾化室壁有螺塞式装置的发动机。在起动发动机前，先用手摇把摇转曲轴，使机油送至主要摩擦表面，然后打开电阻点火预热器，再踏一两次加速踏板。当听到"呼"的声音时，关掉预热开关，即可起动发动机。

悬挂式电阻点火预热器适用于雾化壁处无螺塞发动机。其工作原理、操作方法与螺塞式电阻点火预热器相同。

3）提高点火能量。在冬季，为了使蓄电池保持一定的温度，应将其置于特制的保温箱内。当使用两只蓄电池时，应使它们的技术状况一致，并提高蓄电池电解液的浓度，还应经常进行小电流补充充电。若蓄电池容量一大一小，会导致产生过充电和过放电现象，缩短使用寿命，减小输出电流。同时，由于两个蓄电池容量差别过大，有可能使蓄电池处于不充电或充电不足状况，这样会使蓄电池输出容量不足而使起动机转速下降。

在冬季，可把发电机输出电压调整到额定值上限14.8V，使其充电电流有所增加，从而改善点火性能和起动性能。

检查高、低电压是否漏电；调整断电器与火花塞间隙。冬季火花塞间隙应调至规定值的最小极限。

4）增大起动机功率。把起动机的4个磁场绕组，由串联改成两两串联，可使其功率由1.325kW增至1.472kW。起动机在装复过程中，除各部件要符合技术标准外，还要注意起动机的电枢端隙和电枢与磁铁间隙不得大于2mm，不能用在磁铁与外壳之间加垫绝缘纸的方法来减小电枢与磁铁间的间隙，否则会使磁路磁阻增加，磁通量减小，转矩减小，冷起动性能变差。

5）使用辅助燃料。汽油机使用轻质汽油；柴油机使用由乙醚、喷气燃料、10号汽油机机油配制（质量分数分别为70%、27%、3%）而成的起动辅助燃料，每次喷入2~3mL，直至发动机能够稳定地工作。

起动发动机前，还需用手摇把摇转曲轴10~20圈，再使用起动机或专供起动用的蓄电池来起动发动机。每次使用起动机不超过5s，两次连续起动应间隔15s以上，以免损坏蓄电池。

柴油机在使用预热塞后，减压直到曲轴空转转速达200r/min时方可解除，这样才能顺利起动发动机。

(3) 热起动　汽车在行驶过程中常有临时停车熄火而后又重新起动的情况。由于这种起动发动机的次数较多，所以做好热车起动可以节省较多燃油。为使热车起动省油，要求轻轻地踩下加速踏板，而且要求做到发动机一次起动成功，起动后立即进入怠速运转状态。正确地调整点火提前角，可以做到不踩加速踏板起动发动机。通过试验测得汽车起动发动机的油耗，见表6-1。

另外，夏季气温高，停车后再起动往往会出现气阻现象，需要采取局部降温或泄放汽油蒸气等措施后再起动发动机。发动机起动后，冷却液温度升到40℃以上才能起步行车。

表 6-1 热、冷车起动发动机油耗情况

起动次数		热车起动时间和油耗	冷车起动时间和油耗
1 次	时间/s	3.63	3.3
	油耗/mL	0.5	5.2
2 次	时间/s	4.68	2.66
	油耗/mL	1.8	5.5
3 次	时间/s	2.38	3.55
	油耗/mL	1.4	6.6
4 次	时间/s	1.88	2.66
	油耗/mL	0.4	5.5

二、汽车起步与节能

汽车起步是汽车从不动到动的必经过程。已经运转的发动机和处于静止状态的汽车底盘，要依靠离合器来调节这一动和静的矛盾。

在水平道路上起步时，发动机发出的转矩通过传动系统传到驱动车轮，用来克服地面的滚动阻力 F_f 和加速阻力 F_j，由于空气阻力 F_w 很小，因此可以忽略不计；在坡道上起步时，除了要克服水平道路上的阻力外，还需克服坡道阻力 F。汽车起步与汽车总重 G 有很大的关系。理论和实践都表明，空车起步时离合器滑磨时间短，节气门开度小；重车起步时离合器滑磨时间长，节气门开度相应较大。

（1）起步操作　起步前，驾驶人应对车辆的油、冷却液、轮胎及安全设施进行检查。进入驾驶室后，要查看各仪表的工作是否正常。对于采用气压制动的汽车，当冷却液温度达到 40℃ 以上、气压表压力值高于 0.4MPa、机油压力达 0.16MPa 以上时方可起步。

起步时，要手脚协调，左脚要完全踩下离合器踏板，将变速杆置于低档位置，左手稳握转向盘，右手放松驻车制动器操纵杆。接着，左脚快速抬起离合器踏板，待传动机件稍有振抖、发动机声音略有变化时稍停，这时右脚轻踩加速踏板，同时左脚再缓慢抬起离合器踏板，使车辆平稳起步。当车辆满载或在坡道上起步时，要注意驻车制动器、离合器踏板和加速踏板三者的协调配合，即右手握住驻车制动器操纵杆，右脚轻踩加速踏板，使发动机转速提高至中等转速同时抬起离合器踏板到半接合状态。当听到发动机声音发生变化时，缓慢放松驻车制动器，同时逐渐踩下加速踏板并缓慢松抬离合器踏板。

起步操作的要领是"快、停、轻、慢"4 个连贯动作的有机配合。"快"，即抬离合器踏板的前一段（分离阶段）的动作要适当快一些；"停"，即离合器片与飞轮即将接合时，抬离合器踏板的动作在这一位置稍做短暂停留；"轻"，即当抬离合器踏板稍停时，应轻轻踩下加速踏板；"慢"，即慢慢地完全松开离合器踏板。总的来说，完成这 4 个连贯动作要"快"且"平顺"。

（2）初始档位的选择　汽车起步一般要采用低速档，因为起步时要克服车辆的静止惯性，需要有较大的起动转矩，而发动机所提供的转矩远远不能直接满足要求，这就要通过变速器的减速增矩作用来加大车轮驱动转矩，才能达到增大驱动力的目的。小型汽车因为其发动机转速较高，现在一般要求采用一档起步。而大型汽车因为变速器档位较多，有的还具有爬坡档，这时如用最低档起步就会提速过慢，所以大型车辆一般采用二档起步，能达到节油的目的。在天气良好的情况下，当第一次起步时，应在起动发动机前，先将变速杆挂入二档，踩下离合器踏板，然后再起动发动机。车辆满载或在坡道上起步时，必须用最低档、小节气门开度，这样可以克服静摩擦力和向后滑的惯性。当汽车移动后迅速挂入高一级档位。

汽车在平路上起步时，应尽快循序换入高速档。汽车一经发动就抬离合器踏板，不等节气门抬起就用二档起步；汽车一旦运行起来，不等加大节气门开度就换入三档，这样直至换入五档。采用这种方法，从起步到换入五档，行驶距离不超过60m，油耗仅34mL。而正常起步至换入五档时需耗油50~55mL。此方法适合于停靠次数较多的城市公共汽车。值得注意的是，由于柴油发动机转速和转矩的输入反应迟缓，起步后要等发动机转速升高（比汽油机稍高）时才能换入高一级档位。否则，即使勉强换入高一级档位，开大节气门也会导致加速困难，排气管大量冒黑烟，甚至熄火，这样反而增加了油耗。

（3）起步时控制节气门的方法　汽车起步时，要使发动机既不熄火又能省油，关键在于能否正确掌握抬离合器踏板和踩加速踏板的配合要领。如果加速踏板踩下过猛，会引起车辆加速过快而向前冲，使转动机件受损伤；若加速踏板踩得过轻，则易使发动机熄火，需要进行二次起动。总之，加速踏板踩得过猛或过轻都会费油。起步时踩下加速踏板的轻重要以发动机的声音是否柔和为准。

起步加速时踩下加速踏板的距离，要听发动机的声音，以声音增高较柔和为宜。若出现发闷的吼声，说明加速过量，应稍抬加速踏板，防止发动机短期内出现大负荷，增加油耗和磨损。一般来说，加速踏板踩得稍轻时提速较慢，但省油；加速踏板踩得稍重时提速较快，但费油。

汽车平直路面起步时，节气门开度不宜超过80%；用高档位在平路上行驶时，节气门开度不应超过50%，这主要是为了避免加浓系统起作用，从而达到省油的目的。

（4）起步时发动机冷却液温度对油耗的影响　冬季汽车起步加速时，冷却液温度对油耗有一定的影响，应在冷却液温度40℃以上时起步。冬季起步时冷却液温度对油耗的影响见表6-2。

表6-2　冬季起步时冷却液温度对油耗的影响（平路行驶100km）

起步时冷却液温度/℃	22	30	40
平均油耗/(L/100km)	31.7	29.6	27.8
平均车速/(km/h)	31.5	37	36.3

从表6-2中可以看出，起步时冷却液温度22℃与40℃相比，平路行驶100km，百公里油耗增加3.9L，多耗油14.03%；起步时冷却液温度30℃和40℃相比较，百公里油耗增加1.8L，多耗油6.47%。由此可见，冬季起步时冷却液温度过低导致耗油量增加，这主要是由于冷却液温度低时，燃油雾化不良，加之机油黏度过大、摩擦损失增加所致。要使发动机正常工作，必须多供给一定量的燃油。

三、汽车档位选择与节能

汽车在运行中，档位的选择与换档动作都对燃油的消耗影响很大。在起步时，应根据载重量和道路情况合理选用档位。实验表明：载重汽车分别用一档和二档起步，并将车速提高到 30km/h 时，一档比二档要节省燃油 15mL。同样行驶条件下高档位比低档位省油。因此，在一般道路上行驶时应尽可能使用高速档行驶，避免低速档高速行驶。汽车上短而陡或坡度不大的坡时，采用高档加速冲刺，利用惯性冲上坡顶。在行驶中，当感到动力不足时应及时减档，而不应只用加大节气门的方式解决动力不足，一味地踩加速踏板，这将加大油耗。换档时要脚轻手快，动作准确。这样可以缩短换档时车辆行驶的距离，达到节油的目的。

在经济车速范围内，车速越接近上限，其功率利用率越高，燃油消耗率越低。因此，驾驶人应熟悉路况，因地制宜地掌握车速，及时选择合适的档位。某型号汽车在不同档位下燃油消耗情况见表 6-3。

表 6-3　某型号汽车在不同档位下燃油消耗情况

车速/(km/h)	档位	发动机转速/(r/min)	每百公里油耗/L
36	1	3812	15.6
	2	2168	11.8
	3	1223	10.5

要使汽车节油，应尽量多用高速档，少用低、中速档。当发生道路阻力增大等变化，高一档的动力不足以维持汽车正常行驶时，就需降档。降档时机以节气门开度为全开的 80%，车速下降到该档车速最大值的 30% 左右时最佳。较早减档不能充分发挥高一档位的发动机负荷率高的优势，油耗会上升；过迟减档会使发动机超负荷运转，机件磨损增加，油耗也上升。

四、汽车车速选择与节能

汽车的行驶速度直接影响着汽车克服滚动阻力所消耗的功率及汽车克服空气阻力所消耗的功率。此外，汽车的行驶速度还影响着发动机的转速及负荷率，因此又影响着发动机的比油耗。综合上述影响，汽车的燃油消耗量随行驶速度变化而变化，存在着燃油消耗量最低的经济车速。使用不同档位，经济车速也不相同。一般汽车的经济车速，是指该车在直接档（或超速档）的经济车速。

五、自动变速器的使用

1. 自动变速器各档位功能

不同车型的自动变速器档位大同小异，使用方法基本类似。变速杆一般有 4~7 个档位，从前向后分别为 P、R、N、D、S、L，或者 P、R、N、D、3、2、1 等，如图 6-1 所示。

（1）P 位（停车档位）　当变速杆处于 P 位时，变速器传动系统处于自由转动状态，不传递动力。停车锁止机构将变速器的输出轴锁止，防止车辆移动。P 位只能在汽车停稳后才能挂入，否则容易损坏停车锁止机构。当变速杆要从 P 位移出时，可踏下制动踏板或按下变速杆锁止按钮。在 P 位时，发动机可以起动。

（2）R 位（倒车档位）　R 位在倒车时使用。当选择 R 位时，驱动轮反转，实现倒车行驶。R 位也只能在汽车停稳后才能挂入，否则容易损坏变速器传动系统。为避免驾驶人在汽车未停稳时误推入 R 位，在 R 位连动杆上也设有位置锁止板，因此需要将变速杆上的锁止按钮按下才能挂入 R 位。

(3) N 位（空档档位） 当选择 N 位时，自动变速器内所有离合器和制动器均处于分离状态，齿轮变速系统空转，没有动力从变速器输出。

(4) D 位（前进档位） D 位在起步和一般行驶时使用。当变速杆拨至 D 位时，自动变速器控制系统根据车速、节气门开度等信号，按预先设定的换档规律，自动进行换档。目前大多数自动变速器在前进档中设有 3 个或 4 个档位，相应称为三速或四速自动变速器。对于 4 档自动变速器，可以实现四个不同传动比的档位，即 1 档、2 档、3 档和 4 档。其中 1 档传动比最大，2 档传动比次之，3 档为直接档（传动比为 1），4 档为超速档（传动比小于 1）。

图 6-1 自动变速器档位布置

(5) 3 档档位 前进低档，当变速杆拨至 3 档档位时，自动变速器控制系统将限制前进档的变化范围，变速器只能在 1 档、2 档、3 档之间变换档位，无法升入超速档。

(6) S（或 2）位 中速发动机制动档，变速杆位于该位时，自动变速器根据节气门开度和车速只能在 1、2 档实现自动换档，无法升入更高的档位，从而使汽车获得发动机制动效果。

(7) L（或 1）位 低速发动机制动档。变速杆位于该位时，汽车被锁定在前进档 1 档，只能在该档位行驶而无法升入高档，发动机制动效果更强。此档位多用于山区行驶、上坡加速或下坡时有效地稳定车速等特殊行驶情况，可避免频繁换档，提高自动变速器的使用寿命。发动机只有在变速杆位于 N 位或 P 位时，才能起动，此功能靠档位开关来实现。装有自动变速器的汽车不能长时间拖动，因为发动机不工作时，自动变速器油泵不工作，换档执行机构得不到润滑，会烧坏离合器和制动器。

2. 自动变速器控制开关的功能

不同车型自动变速器的控制开关往往有不同的名称，其作用也不完全相同，如图 6-2 所示。

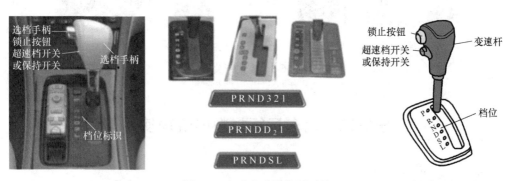

图 6-2 自动变速器控制开关

常见的控制开关有以下几种：

(1) 超速档开关（O/D 开关） O/D 开关用来控制自动变速器的超速档，通常安装在自动变速器的变速杆上，这个功能默认为开启状态。此时若变速杆位于 D 位，自动变速器随着车速的提高而升档时，最高可升入 4 档。当按下 O/D 键，O/D 功能关闭，仪表板上显示 O/D OFF 字样，自动变速器随着车速的提高而升档时，最高只能升入 3 档，不能升入超速档，发动机将提供给车辆更大的转矩。

（2）模式开关　大部分电子控制自动变速器都有一个模式开关如图 6-3 所示。模式开关用来选择自动变速器的控制模式，以满足不同的使用要求。常见的控制模式有以下几种：

1）经济模式（ECONOMY）：这种控制模式是以汽车获得最佳的燃油经济性为目的来设计换档规律的。

2）动力模式（POWER）/运动模式（SPORT）：这种控制模式是以汽车获得最大的动力性为目标来设计换档规律的。

3）标准模式（NORMAL）：标准模式的换档规律介于经济模式和动力模式之间。它兼顾了动力性和经济性，使汽车既具有一定的动力性，又具有较佳的燃油经济性。

4）雪地模式（SNOW）：在该模式下，变速器以高档（3 档）起动，这样即使汽车起步时加速踏板被踩到底，也能保证驱动轮不会出现打滑。

（3）保持开关（HOLD）　自动变速器的保持开关通常位于变速杆上，其作用是使自动变速器不能自动换档。当接通保持开关时，档位的变换由驾驶人通过变速杆手动操作进行。若变速杆处于 D 位、S（或 2）位、L（或 1）位，则自动变速器分别保持在 3 档、2 档、1 档，这样有利于抑制驱动轮打滑。

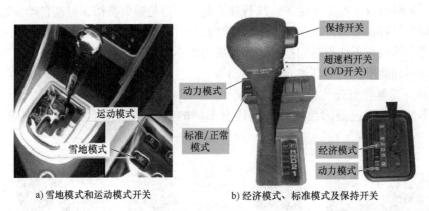

a）雪地模式和运动模式开关　　b）经济模式、标准模式及保持开关

图 6-3　模式开关

任务二　汽车运行材料的合理使用

学习目标

1. 叙述轮胎对汽车节能的影响。
2. 正确选择节能轮胎。
3. 叙述汽油、柴油的主要使用性能。
4. 叙述汽油、柴油对汽车节能的影响。

5. 能根据发动机润滑油的节能效果合理选择发动机润滑油。
6. 叙述发动机润滑油的作用、工作条件和性能指标。

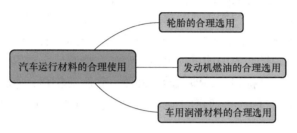

轮胎是汽车的重要部件之一，它的作用是支撑全车的重量，将汽车的牵引力传递给路面，与汽车悬架一起共同衰减缓和汽车行驶时的振动和冲击，并支持汽车的侧向稳定性，保证车轮与路面有良好的附着性能。轮胎性能的好坏直接关系到汽车行驶的安全性、通过性、平顺性和经济性。正确选用轮胎，不仅可以降低轮胎在使用成本中所占的比例，而且可以减少行驶时的阻力，减少油耗，进而达到节能的目的。

随着汽车发动机向高速度、大功率、高强度等方面的不断发展，其工作条件变得越来越苛刻，只有根据发动机的结构、性能和使用条件合理选用润滑油，才能达到减少摩擦，延长使用寿命，达到节油的目的。合理选用汽车润滑油，保证发动机各运动部件均得到充分合理的润滑，才能降低由于摩擦造成的能量损失，从而提高经济性。

本次任务主要阐述汽车运行材料（包括轮胎燃料、润滑油、润滑脂）的合理选择与使用以及其节能的作用和原理。

一、轮胎的合理选用

正确选用轮胎关系到汽车使用的经济性，汽车运行过程中所消耗能量的 1/4~1/3 被轮胎吸收，以热量的形式散发到大气中。这些能量消耗主要是由于汽车在行驶过程中要克服行驶阻力，其中最重要的就是轮胎的滚动阻力，滚动阻力越大，汽车克服滚动阻力需要的功率就越多，燃油消耗量也随之增加。一般来说，硬质路面上轮胎滚动阻力每降低 5%，燃油消耗量可降低 1% 左右。滚动阻力与轮胎的气压、类型、结构、材料等有密切关系。

1. 轮胎对节能的影响

（1）轮胎气压的影响　轮胎气压对于滚动阻力系数 f 的值有很大影响，也直接影响到汽车的燃油经济性，考虑到汽车的载荷、平顺性和操纵稳定性等因素，各种汽车轮胎规定的气压是不同的，轮胎制造厂在设计各种规格的轮胎时，都规定了其负荷能力和相应的标准气压，若轮胎工作气压不在标准范围内,则会对轮胎的使用寿命和汽车运行油耗产生很大影响。

当轮胎气压过低时,变形量增大,迟滞损失增加,滚动阻力增加,汽车行驶中功率消耗增大,导致燃油消耗量增多,如图6-4所示。试验表明,轮胎气压比规定压力增加0.05~0.1MPa较为合适,可起到较好的节油效果,而且不降低轮胎的使用寿命。当轮胎气压过高时,同样会由于轮胎弹性降低失去减振性能,一方面影响汽车行驶的平顺性,另一方面由于振动,底盘零件的磨损加剧,汽车垂直位移增加而消耗能量,使燃油消耗量也增加。

(2) 轮胎类型的影响　轮胎的弹性迟滞损失是车轮在硬路面上滚动产生滚动阻力的主要原因,车轮滚动时,轮胎变形的能量损失主要消耗在橡胶、帘布等材料的内部摩擦损失以及轮胎各组件之间的机械摩擦损失,即内胎与外胎、轮胎与轮辋、橡胶与帘布层等之间的机械摩擦损失,因此轮胎的材料和结构对于滚动阻力系数f的值有较大的影响,进而影响汽车的燃油经济性。

子午线轮胎比普通斜交轮胎具有更加优异的技术性能,其滚动阻力系数要比普通斜交轮胎小20%~30%,汽车使用子午线轮胎后可节省燃油3%~8%,如图6-5所示。

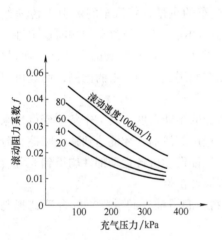

图6-4　轮胎气压与滚动阻力系数的关系

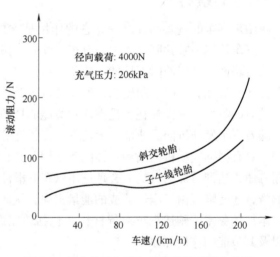

图6-5　斜交轮胎与子午线轮胎滚动阻力关系

(3) 胎面花纹的影响　实验证明,轮胎花纹对于汽车的燃油经济性也有着重要的影响。良好的轮胎花纹应该具有最大的耐磨性,与路面的良好附着性,必要的抗汽车直滑和侧滑性,行驶无噪声和良好的由外胎向外导热性,以及很好的自洁泥雪性,从而使汽车的燃油经济性得以改善和提高。

轮胎胎面花纹对整个驾驶过程起着十分重要的作用,设计合理的胎面花纹不仅能够节油,还能减少汽车在驾驶中产生的噪声,同时又能增强汽车在雨季湿滑路面的制动性能,从而提高汽车驾驶的安全性。

近年来,轮胎生产企业也在胎面花纹设计上不断地进行研究和开发,轮胎胎面花纹型式五花八门。轮胎的胎面花纹看似很多,但根据类型,主要分为3种:普通花纹、越野花纹和混合花纹等,如图6-6所示。

1) 普通花纹的特点是花纹细而浅,花纹块接地面积大,因而耐磨性和附着性都比较好,适用于较好的硬质路面。

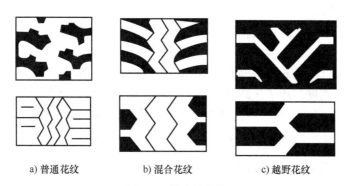

a) 普通花纹　　　b) 混合花纹　　　c) 越野花纹

图 6-6　轮胎的花纹

2）越野花纹的特点是花纹沟宽而深，在软质路面上与地面的附着性好，越野能力强，适用于矿山、建筑工地以及其他一些松软路面上使用的越野汽车轮胎。当安装人字形越野花纹轮胎时，驱动轮胎面花纹的尖端与旋转方向一致，以免花纹之间被泥土填塞。越野花纹轮胎不宜在较好硬质路面上使用，否则行驶阻力加大且加速花纹的磨损。

3）混合花纹轮胎的胎面行驶部分由普通花纹块和越野花纹块构成，适合在各种路面上使用。这种轮胎在沥青混凝土和水泥混凝土等路面上行驶时，具有良好的耐磨性，对路面具有较高的附着力。由于行驶面两边的宽花纹沟具有良好的自行清除泥土的性能，因此在泥雪路面上行驶时仍具有较强的附着力。

轮胎花纹的种类较多，但基本功能相同，因此，如何正确选购、安装和使用轮胎花纹就显得非常重要。分清楚横向、纵向花纹的功能，横向和纵向花纹合理搭配，将会使车辆的稳定性和滚动阻力得到有效改善。

2. 子午线轮胎对节能效果的影响及应用

子午线轮胎是轮胎的一种结构形式，区别于斜交轮胎、拱形轮胎、调压轮胎等。子午线轮胎的国际代号是"R"，俗称为"钢丝轮胎"，具有显著的节油效果。

（1）子午线轮胎的特点

1）接地面积大，附着性能好，胎面滑移小，对地面单位压力也小，因而滚动阻力小，使用寿命长。

2）胎冠较厚且有坚硬的带束层，不易刺穿；行驶时变形小，可降低油耗3%~8%。

3）因为帘布层数少，胎侧薄，所以其径向弹性大，缓冲性能好，负荷能力较大。

4）散热性能好，可适应高温、高速行驶。

子午线轮胎的缺点是胎侧薄，变形大，胎侧与胎圈受力比普通斜交轮胎大，因而，胎面与胎侧的过渡区及轮辋附近易产生裂口，同时由于胎侧变形大，其行驶稳定性较差。

（2）子午线轮胎的节能效果　子午线轮胎的结构由于帘布层帘线排列的方向与轮胎子午断面一致，使其帘布层数比普通轮胎减少近1/2，并且没有偶数限制，具有缓冲层层数较多和刚度较大等特点，因此，在行驶过程中轮胎周向变形小，轮胎各层帘之间、橡胶与帘线之间的移位小，使轮胎的内部摩擦减小，滚动阻力降低，从而使油耗也相应降低。

（3）子午线轮胎使用注意事项

1）轮胎装配：子午线轮胎不能与其他轮胎在同一车辆上混合使用，特别不允许和其他轮胎装在同一轴上使用。

2）轮胎气压：子午线轮胎要按规定标准充气。当它的充气压力与普通轮胎相同时，会显得充气不足。

3）车辆前束：汽车前轮由普通轮胎改装子午线轮胎时，前束要相应减小。

4）驾驶操作：驾驶装用子午线轮胎的车辆时，起步要慢，刹车要稳，转弯、会车或在不平道路上行驶时应减速，超车应选择在宽阔地面路段，不要猛打转向盘。

5）保护胎体：子午线轮胎胎侧薄，变形大，极易被划伤。

二、发动机燃油的合理选用

随着我国汽车保有量的持续快速增加，给我国带来了巨大的能源和环境压力。据统计，汽车燃油消耗量分别占我国汽油和柴油产量的87%和21%。此外，汽车运输的油耗占汽车运输成本的20%以上，因此，节约燃料就意味着汽车运输成本的降低，经济效益的提高。

1. 车用汽油的选用

（1）车用汽油的主要使用性能　汽油作为点燃式发动机的燃料，其使用性能的好坏对发动机的动力性、可靠性、经济性以及使用寿命有很大的影响。因此，对汽油的性能要求是：具有适宜的蒸发性，良好的抗爆性和抗氧化安定性，无腐蚀，不含机械杂质和水等。

> 汽油和柴油都是从石油中提炼出来的，石油是埋藏在地下的天然矿物质，炼制前叫作原油。原油是由多种元素组成的多种化合物的混合物，其组成元素主要是碳、氢、硫、氧和氮五种。

1）蒸发性。汽油的蒸发性是指汽油由液体状态转化为气体状态的能力。汽油蒸发性对形成的混合气品质有很大影响。

汽油蒸发性对发动机工作有着非常重要的影响。汽油蒸发性越好，就越容易汽化，与空气混合越均匀，燃烧速度越快，并且燃烧彻底，能保证发动机迅速起动、加速和正常运转；反之，将导致汽油不能完全燃烧，造成油耗增加，功率下降，同时，未燃烧尽的油滴还会附着在气缸壁上破坏润滑油膜，加剧磨损。但是，蒸发性也不宜太好，否则易使汽油在储存、运输中大量蒸发。因此，要求汽油具有适宜的蒸发性。

汽油的蒸发性用馏程和蒸气压来表示，汽油的馏程就是通过加热测定蒸发出10%、50%、90%馏分时的温度和终馏温度，又分别命名为10%馏出温度、50%馏出温度、90%馏出温度和干点。

10%馏出温度与发动机冷起动性能有关，该温度低，表明汽油中所含轻质部分低温时容易蒸发，发动机易于冷起动。50%馏出温度表明汽油中的中间馏分蒸发性好，此温度低，汽油中间馏分易于蒸发，发动机暖机性能、加速性能和工作稳定性都比较好。90%馏出温度和干点用来判定汽油中难以蒸发的重质成分含量，此温度越低，表明汽油中重馏分含量越少，越有利于可燃混合气均匀分配到各气缸，使燃烧更完全、更充分。

2）抗爆性。汽油在发动机气缸内燃烧时，抵抗爆燃的能力称为抗爆性。抗爆性好的汽油不易产生爆燃，可用于压缩比高的发动机，以提高其动力性和经济性。评定汽油抗爆性的指标用"辛烷值"表示，辛烷值越高，汽油的抗爆性越好。车用汽油的牌号也是根据汽油的辛烷值来划分的。

汽油辛烷值是指在规定的对比测试条件下，和被测汽油具有相同抗爆性能的异辛烷与正庚烷所组成的标准燃料中异辛烷所占的体积百分数。由于汽油抗爆性对发动机工作影响很大，人们一直致力于提高汽油的辛烷值，主要有以下三种途径。

① 采用先进的汽油炼制工艺，如催化裂化、加氢裂化和催化重整等工艺，可使辛烷值达到70~85。

② 在汽油中加入抗爆添加剂，常用四乙基铅。加入约0.13%可提高辛烷值20~30单位，但它对人体有毒，且含铅汽油的燃烧废气对大气污染严重，目前已禁止使用。现在多数采用加入锰基有机化合物（MMT）。

③ 在汽油中调入辛烷值用以改善组分，常用甲基叔丁基醚（MTBE）。这种方法具有提高辛烷值，降低油耗，改善发动机的低温起动性和加速性能，降低有害物排放等优点，且生产成本不高，已成为提高汽油辛烷值的主要手段。

3）氧化安定性。汽油的氧化安定性是指汽油在储存和使用过程中抵抗氧化生成胶状物的能力，也称为化学安定性，主要取决于原油的产地、加工炼制方法以及汽油的组分，表示汽油氧化安定性的指标是实际胶质和诱导期。为了提高汽油的氧化安定性，一般采用的方法有两种：一是在石油炼制时采用催化重整和加氢精制等工艺；二是在汽油中加入抗氧防胶剂和金属钝化剂。

4）腐蚀性。汽油在储存、使用过程中，不可避免地要与各种金属接触，这就要求汽油对金属不应有腐蚀性。汽油中的各种烃类物质本身并不腐蚀金属，引起金属腐蚀的物质主要是硫及硫化物、有机酸和水溶性酸或碱等物质。

5）热值。热值指1kg汽油完全燃烧后所产生的热量，汽油的热值大约为44000kJ/kg。

6）汽油清净性。汽油清净性用汽油含机械杂质和水分的多少表示，汽油中不应有机械杂质和水分，因为它们会加剧发动机机件的磨损，严重影响发动机的正常工作，进而影响节能减排效果。

（2）车用汽油的选用　车用汽油按辛烷值分为89号、92号、95号三个牌号。选择汽油就是选择汽油的辛烷值，即汽油的牌号，汽油牌号中的数字就是辛烷值，选择汽油牌号过高，会增加费用，选择牌号过低则会使汽车发动机产生爆燃，影响动力性和经济性，严重时还会使汽油机损坏。

汽油牌号的选用首先应根据汽车使用说明书选择适当的牌号。目前汽车说明书大多是仅限定使用牌号的下限，在具体选用时以能正常运行为依据，不要盲目地选用高牌号油。

在无使用说明书时，主要依据是发动机的压缩比。但是，目前发动机压缩比的高低与汽油牌号之间的关系越来越模糊了，因为影响发动机爆燃的因素除了压缩比外，还有其他因素。

具体选择车用汽油时应遵循以下原则：

1）根据发动机压缩比进行抗爆性的选择，压缩比越大，汽油的牌号越高。
2）装有三元催化转化器和氧传感器的汽车尽量选择含铅量低的汽油。
3）推广使用加入有效汽油清净剂的汽油。
4）注意汽油低硫含量、低烯烃含量的发展趋势。

5）注意汽油质量是影响汽车技术状况和汽车排放的重要因素。

6）区分季节选择汽油的蒸发性，冬季应选择蒸气压较大的汽油，夏季应选择蒸气压较小的汽油。

(3) 车用汽油的使用注意事项

1）按车辆使用说明书规定，加注相应牌号的汽油。

2）使用化油器的车辆，当由低牌号汽油改用高牌号汽油时，应把点火时间适当提前；反之，由高牌号汽油改用低牌号汽油时，应把点火时间适当推迟，以免发动机产生爆燃。

3）在炎热的夏季或高原地区，为了防止发动机产生气阻，应加强发动机的散热，采取隔热降温措施。

4）油箱要经常加满，尽量减少汽油与氧气的接触，以防止胶质生成，并减少蒸发损失。

5）不要使用长期存放变质的汽油，因为其结胶严重，会影响发动机的正常工作。

6）汽油易燃、易爆、易产生静电，使用时要注意安全。

国外进口的车辆要求使用某牌号汽油的，可用国产汽油第一个牌号来代替。因为我国国产汽油的实测辛烷值一般比规定的高1个单位以上。

2. 车用柴油的选用

在相同功率下，柴油机比汽油机可节约燃料25%~30%，目前，我国轻柴油中车用油仅占30%左右，其余为农用、船用、铁路机车用、矿山用、建筑工业用、发电用和民用等。

随着我国国民经济的发展，特别是交通运输业与汽车工业的发展，柴油机将在各行各业得到广泛应用。我国汽车产业政策要求，载质量大于5t的车辆将逐渐使用柴油发动机，因此，柴油的需求量还会进一步增加。

(1) 柴油的主要使用性能　柴油机对柴油的性能要求是：有良好的燃烧性，良好的低温流动性，适宜的黏度和蒸发性，无腐蚀性，不含机械杂质和水分等。

1）燃烧性。柴油的燃烧性是指柴油喷入气缸后立即自行着火燃烧的能力，柴油发动机工作时，柴油从喷油器喷入燃烧室后，并不立即着火，而要经过短暂的燃烧前准备，即雾化、蒸发、扩散与空气混合等。这段时间称为着火延迟期。

尽管着火延迟期很短，但对柴油机的影响很大。如果着火延迟期较短，则属正常燃烧，先期喷入气缸的柴油能迅速完成燃烧前准备，着火燃烧，并逐步引燃正进入气缸的燃料，气缸压力上升平稳，柴油机工作柔和；如果着火延迟期过长，柴油机会工作粗暴起来，使喷入气缸的柴油积存量过多，以致燃烧开始后有过量柴油一起参加燃烧，使气缸压力升高过快，造成柴油机运转不平稳，并产生强烈的撞击声。

柴油机工作粗暴与汽油机爆燃一样，会使功率下降，油耗增大，严重时甚至会损坏机件。评定柴油燃烧性的指标用"十六烷值"来表示。柴油十六烷值是指在规定的对比测试条件下，与被测柴油具有相同着火延迟期的标准燃料中正十六烷所占的体积百分数。

柴油的十六烷值对柴油机的工作及节能减排有一定影响。柴油的十六烷值高，其自燃点低，着火延迟期短，燃烧平稳，柴油机工作柔和，且低温起动性好。但是，十六烷值并不是越高越好，过高会使柴油的凝点升高，蒸发性变差，以致不能完全燃烧，排气冒黑烟，使发动机功率下降和油耗增加。而柴油的十六烷值过低，则会使着火延迟期增长，容易出现工作粗暴和低温起动困难等现象。因此，柴油十六烷值应适宜，国家标准要求十六烷值不得小于 45。

2）低温流动性。柴油的低温流动性是指柴油在低温下不致因凝固而失去流动能力的性能。柴油的低温流动性能直接影响到柴油能否可靠地供给气缸，发动机能否正常工作。

低温流动性差的柴油在低温时，会使柴油中析出石蜡结晶或凝固，使供油中断，影响柴油机正常工作。

评定低温流动性的主要指标有凝点和黏度。

① 凝点。凝点又称为凝固点，是指油料在一定的试验条件下，遇冷开始凝固而失去流动性的那一刻的温度。凝点是柴油的重要性能指标之一，它是判断柴油适宜在何种气温下使用的依据。我国轻柴油的牌号是按柴油的凝点划分的，牌号中的数字即为该柴油的凝点。为保证柴油发动机正常工作，选用柴油的凝点应比其使用的最低温度低 4~6℃。

国产轻柴油根据国家标准规定，按凝点分为 10 号、5 号、0 号、-10 号、-20 号、-35 号和 -50 号七个牌号，其牌号表示凝固点大于或等于 10℃、5℃、0℃、-10℃、-20℃、-35℃ 和 -50℃。好的柴油应当凝点低，凝点过高的柴油，对供油系统不利，较低温度下就可能造成油路的阻塞。

美国和欧洲一些国家用柴油的冷凝点划分柴油牌号。

② 黏度。柴油的黏度决定了柴油的流动性。黏度大，流动性差，泵油就不可靠，喷油雾化性不好，燃烧不完全，不仅排气冒黑烟，而且油耗增大。由于高压油泵、喷油器等都是依靠柴油来润滑的，黏度过小，除不能保证高压油泵的润滑外，还会在高压泵的不密封处漏掉，产生供油不足，影响发动机的功率，所以黏度要适宜。一般车用柴油黏度在 20℃ 时大约为 $2mm^2/s$。

3）蒸发性。蒸发性对可燃混合气的形成与燃烧有一定的影响，常由燃料的蒸馏试验决定，即将柴油加热，分别测定蒸发出 50%、90%、95% 馏分时的温度，并分别命名为 50% 馏出温度、90% 馏出温度及 95% 馏出温度。馏出温度越低，表明柴油蒸发性越好，能在短时间内同空气混合均匀，燃烧速度快，容易燃烧完全，油耗可以降低，同时也容易起动。

柴油馏分过重，由于燃烧不完全，积炭增多，还会稀释机油，加剧机械磨损。但是，若柴油馏分过轻，喷入气缸的柴油蒸发太快，会引起全部柴油迅速燃烧，造成压力突然增高，产生工作粗暴。

4）腐蚀性。柴油的腐蚀性是指柴油中的硫对金属材料的腐蚀作用。硫燃烧后不仅排放污染严重，而且生成的硫化物对机件有很强的腐蚀作用，使积炭变得坚硬，容易擦伤气缸壁，加剧机件磨损，流入曲轴箱还会促使润滑油过早老化变质。所以，国家标准中规定柴油的硫含量不大于0.05%。

5）安定性。柴油安定性是指柴油在储存和使用过程中能保持其外观颜色、组成和使用性能不变的能力。安定性差的柴油容易生成胶质堵塞滤清器和喷油器，并使燃烧室积炭严重。其评定指标有实际胶质、10%蒸余物残碳和颜色等。

此外，柴油中的灰分、水分和机械杂质等对柴油机的工作危害很大。灰分不能燃烧，是造成气缸和活塞环磨损的主要原因之一；机械杂质会造成供油系偶件的卡死，喷油器喷孔的堵塞；水分会降低柴油的发热量，冬季结冰容易堵塞油路，并增加硫化物对机件的腐蚀作用。

（2）车用柴油的合理选用　轻柴油的选用与汽油不同，轻柴油是依据汽车使用地区和季节的气温来选择的。气温低的地区和季节应选用凝点低的柴油；反之，则选用凝点高的柴油。

由于低凝点的轻柴油生产工艺复杂，价格比高凝点柴油高，因此，为了合理利用石油资源，在气温允许的情况下，应尽量延长高凝点柴油的使用时间，以降低运输成本。

按所在地区季节气温来选用，在最低气温使用时，保证不发生凝固，失去流动性造成油道堵塞。因此，所选柴油牌号（凝点）要比当地最低气温低4~6℃。对照当地风险率为10%的最低气温选油。各地区风险率为10%的最低气温，是由我国152个气象台、站从1961年到1980年逐日记录分析后得出的。所谓风险率为10%的最低气温，即最低气温低于该值的概率为10%。

（3）车用柴油的使用注意事项

1）不同牌号的柴油可以混合使用，并可根据气温的高低酌情调配。混合后的柴油凝点不是按比例计算的。例如用-10号柴油与-20号柴油各以50%混合，混合后其凝点为13℃左右。

2）在低温下缺乏低凝点柴油不易起动时，可采用适当的预热措施，或向柴油中掺入10%~40%的裂化煤油以降低其凝点，也可使用柴油机低温起动液起动。

3）严禁向柴油中掺入汽油，因为汽油的自燃点高，会使柴油机起动困难，甚至无法起动。

4）做好柴油的净化工作，柴油在使用前要充分沉淀（不少于48h），并经滤网过滤，以防机械杂质混入，引起供油系统磨损和出现故障。

3. 燃料的合理使用与节油

汽车燃料的经济性与其质量和燃烧性密切相关。提高燃料品质，合理使用燃料，使燃料燃烧及时、完全，充分利用燃料放出的热能，是重要的节油途径。

燃料的蒸发性对可燃混合气的燃烧有重要影响。充分利用轻质汽油组分，能改善其燃烧性能，提高热能利用率。与使用终馏点240℃的汽油相比，使用终馏点205℃的汽油，油耗降低5%~8%。

按地区、分季节供应不同蒸发性的汽油，规定相应的饱和蒸气压指标，既能保证在寒冷地区使用时的低温流动性和燃烧性，又不致在高温地区产生气阻，从而经济合理地利用燃料。

要使燃料在发动机中形成均匀、经济的可燃混合气,不仅要求燃料雾化良好,还必须保持最佳的空气-燃油混合比。在保证动力性能的前提下,使发动机常用工况处于经济性最佳的区域。发动机燃用较稀的混合气时,既有利于改善燃烧,又可充分利用发动机的后备功率,提高燃料经济性。油耗随过量空气系数的变化而变化。当过量空气系数为 1 时,油耗比过量空气系数为 1.1 时约多 4%;而当过量空气系数为 0.8 时,油耗比过量空气系数为 1.11 时增加 18%。

三、车用润滑材料的合理选用

汽车润滑油主要包括发动机润滑油(发动机机油)、汽车齿轮油和汽车用润滑脂等。汽车可运行的地域辽阔,各地环境温度条件相差很大,对汽车润滑油的要求很高。尤其是发动机润滑油,工作条件异常恶劣,要求能够耐腐蚀、耐高压、耐高温等。随着汽车结构的不断发展,汽车润滑材料的工作条件也越来越苛刻,因此,润滑油的品种和规格越来越多,价格也越来越高,了解润滑油的基本知识,准确地选用润滑油对汽车使用者来说也越来越重要。

使用润滑油的主要目的是降低摩擦、减缓磨损,以保证发动机有效和长期地工作。其次是将燃料燃烧和摩擦产生的热量带走,以起到冷却作用,使发动机不会过热,保证正常工作。此外,润滑油还有密封、清洗、减振和防锈等作用。

通过合理选用汽车润滑油,可以保证发动机各运动部件得到充分合理地润滑,降低由于摩擦造成的能量损失,提高汽车使用的经济性。

1. 发动机润滑油的作用与恶劣的工作环境

发动机润滑油的主要作用是润滑、冷却、洗涤、密封、防锈及减振。

发动机润滑油在进行正常工作时,其工作环境十分恶劣,主要表现为以下几点:

(1)高温环境 润滑油在发动机中经常与高温机件接触,如气缸上部的平均温度为 180~270℃,曲轴箱中的平均油温为 85~95℃。润滑油在这样高的温度下工作,极易氧化变质。

(2)金属及催化剂的影响 发动机润滑油在发动机内的循环次数在每小时 100 次以上,灼热的润滑油不断地与各金属机件及空气接触,在金属的催化下与氧反应,使润滑油不断老化变质。

(3)燃烧废气和燃料的侵蚀 发动机在工作中,燃烧的废气和未完全燃烧的混合气在气缸密封不良时会窜入曲轴箱。这些气体冷凝后将形成水和酸性物质,稀释、腐蚀润滑油。

(4)其他杂质的污染 发动机在运转中,由于吸入空气时带入的尘埃、机件磨损产生的金属屑以及燃烧生成的积炭等都会进入润滑油,从而对润滑油造成严重污染。

随着汽车发动机性能的不断改进,发动机润滑油的工作条件更加苛刻,并且现在对汽车的环保要求也越来越高,为此,发动机加装有一些废气净化装置或采用其他措施来降低排放。净化装置内的催化剂对润滑油的催化作用更为强烈,因而对发动机润滑油提出了更高的要求。

2. 发动机润滑油的性能指标

发动机润滑油不仅在十分苛刻的条件下工作,还要肩负各种作用,因此必须具备优良的性能。发动机润滑油的这些性能和对其质量的要求可用一系列指标来体现，主要有以下几个方面。

(1) 黏度　黏度是润滑油的主要性能指标，它是润滑油分类和使用的主要依据。对于发动机来说，润滑油的黏度直接关系到发动机的起动性能、机件的磨损、燃料和油料的消耗以及功率损失等。黏度过大或过小对发动机的工作都会产生不利影响。因此，为保证发动机正常工作，在使用时要求润滑油的黏度应适宜。表示油料黏度的方法主要有动力黏度、运动黏度和条件黏度。我国润滑油规格中黏度采用动力黏度和运动黏度表示。

(2) 黏温性能　润滑油的黏度随温度变化而变化，当温度下降时黏度增大，这种关系及其变化程度就是润滑油的黏温性。对于发动机润滑油来讲，黏温性是一项重要指标。润滑油在发动机润滑部位的工作温度差别相当大，比如，活塞环处温度为205~300℃，活塞裙部温度为10~115℃，主轴承处温度为85~95℃。在寒冷的冬季，如果将车停在室外，曲轴箱里的润滑油温度会降至与大气温度一样低。由此可知，发动机要求润滑油在高温部件上工作时能保持一定的黏度，形成一定厚度的油膜，起到良好的润滑作用；在低温时，黏度不要变得太大，以免造成发动机冬季起动困难。

(3) 氧化安定性　氧化安定性是指润滑油在储存和使用中抵抗氧化反应的能力。润滑油和空气中的氧气接触，会发生氧化反应，引起润滑油变质。

常温下氧化速度比较缓慢，但在高温时，氧化速度明显加快，尤其是在曲轴强烈搅拌时，飞溅的油滴蒸发成油雾，增大了与氧接触的面积，在金属催化作用下，使氧化反应变得异常激烈。油中生成的氧化物，不仅会使油的外观和理化性能发生变化，如颜色变暗、黏度增加、酸度增大等，引起机件磨损，破坏发动机正常工作，还会加速润滑油老化变质。

因此，要求润滑油具有良好的抗氧化能力，特别是在高温下的抗氧化能力（又称为热氧化安定性）。为减缓润滑油的氧化变质，延长润滑油的使用寿命，通常在油中添加各种性能良好的抗氧添加剂。

(4) 腐蚀性　发动机润滑油腐蚀性表示润滑油长期使用后对发动机机件的腐蚀程度。无论润滑油的品质有多好，发动机在高温、高压和有水分的工作条件下，也会逐渐老化。润滑油中的抗氧化剂也只能起到抑制、延缓油料的氧化过程，减少氧化产物，但不能从根本上消除润滑油的老化。造成润滑油老化的主要原因是润滑油氧化后产生无机酸，这种酸尽管属于弱酸，但是在高温、高压和有水分的环境下也会对一些金属造成腐蚀。

(5) 清净分散性　清净分散性是指发动机润滑油中的活性剂与无灰分散剂能够抑制油泥、漆膜和积炭的生成或将这些沉淀物清除的能力。

润滑油在使用过程中，因受到废气、燃气、高温和金属催化作用，会生成各种氧化物，它们与金属屑等机械杂质混在一起，在油中形成胶状沉积物（简称胶质），这些沉积物对发动机的影响极大。因此，润滑油应有良好的清净分散性。

润滑油的清净分散性通常是通过在油中添加清净分散剂来提高的。目前常用的有金属型清净分散剂和无灰型清净分散剂，它们不仅具有良好的清净分散效果，同时还具有良好的抗氧化性能。

3. 发动机润滑油的分类和规格

(1) 发动机润滑油的分类　我国发动机润滑油按发动机的类型分为汽油机润滑油（简称汽油机油）和柴油机润滑油（简称柴油机油），每一类润滑油又按使用性能和黏度分成若干等级。

1）使用性能（使用等级）分类。我国国家标准将发动机润滑油分为汽油机油系列（S系列）和柴油机油系列（C系列）两类。每一系列又按油品特性和使用场合不同分为若干等级。目前，汽油机油系列共有 SC、SD、SE、SF、SG 和 SH 六个等级，柴油机油系列共有 CC、CD、CD-Ⅱ、CE 和 CF-4 五个等级。各类油品的级号越靠后，其使用性能越好。同时还废除了不能适应当前汽车发动机工作需要的汽油机油 SA、SB 和柴油机油 CA、CB 各两个级别。润滑油的各品种代号、特性和使用场合，见表 6-4。

表 6-4　我国发动机润滑油分类

应用范围	品种代号	特性和使用场合
汽油机油	SC	用于货车、客车或其他汽油机以及要求使用 API SC 级油的汽油机。可控制汽油机高、低温沉积物及磨损、锈蚀和腐蚀
	SD	用于货车、客车和某些轿车的汽油机以及要求使用 API SE、SC 级油的汽油机。这种油品控制汽油机高、低温沉积物、磨损和腐蚀的性能优于 SC，并可代替 SC
	SE	用于轿车和某些货车的汽油机以及要求使用 API SE、SD 级油的汽油机。这种油品的抗氧化性能及控制汽油机高温沉积物、锈蚀和腐蚀的性能优于 SD 或 SC，并可代替 SD 或 SC
	SF	用于轿车和某些货车的汽油机以及要求使用 API SF、SE 及 SC 级油的汽油机。这种油品的抗氧化和抗磨损性能优于 SE，还具有控制汽油机沉积物、锈蚀和腐蚀的性能，并可代替 SE、SD 或 SC
	SG	用于轿车、货车和轻型卡车的汽油机以及要求使用 API SG 级油的汽油机。SG 级油还具有 CC（或 CD）的使用性能。这种油品改进了 SF 级油，控制发动机沉积物、磨损和油的氧化性能，并具有抗锈蚀和腐蚀的性能，并可代替 SF、SF/CD、SE 或 SE/CC
	SH	用于轿车和轻型卡车的汽油机以及要求使用 API SH 级油的汽油机。SH 级油在汽油机磨损、锈蚀、腐蚀及沉淀物的控制和油的抗氧化方面优于 SG，并可代替 SG
柴油机油	CC	用于在中、重负荷下运行的非增压、低增压或增压式柴油机，并包括一些重负荷汽油机。对于柴油机具有控制高温沉积物和轴瓦腐蚀的性能；对于汽油机具有控制锈蚀、腐蚀和高温沉积物的性能，并可代替 CA、CB 级油
	CD	用于需高效控制磨损及沉积物或使用包括高硫燃料非增压、低增压及增压式柴油机，以及国外要求能用 API CD 级油的柴油机。具有控制轴承腐蚀和高温沉积物的性能并可代替 CC 级油
	CD-Ⅱ	用于要求高效控制磨损和沉积物的重负荷二冲程柴油机，以及要求使用 API CD-Ⅱ级油的发动机，同时也满足 CD 级油性能要求
	CE	用于在低速高负荷和高速高负荷条件下运行的低增压和增压式重负荷柴油机，以及要求使用 API CE 级油的发动机，同时也满足 CD 级油性能要求
	CF-4	用于高速四冲程柴油机以及要求使用 API CF-4 级油的柴油机。在油耗和活塞沉积物控制方面性能优于 CE 并可代替 CE。这种油品特别适用于高速公路行驶的重负荷卡车

除上述汽油机油和柴油机油系列分类外,国家标准还规定了3个品种的汽油机/柴油机通用油的使用等级,即 SD/CC、SE/CC、SF/CD 级。

所谓通用油就是指该品种的润滑油不仅适用于汽油机,还适用于柴油机。

2)黏度分类。我国国家标准将润滑油分为冬季用油(W级)和非冬季用油。冬季用油按低温黏度、低温泵送性划分,共有 0W、5W、10W、15W、20W 和 25W 六个等级,其级号越小,适应的温度越低;非冬季用油按100℃时的运动黏度分级,共有 20、30、40、50 和 60 五个等级,其级号越大,适应的温度越高。另外,为加大润滑油对季节和气温的适应范围,还规定了多级油的黏度级号为 5W/20、5W/30、20W/40 等。多级油能同时满足某一级和非 W 级的黏度要求,有较宽的温度适用范围。例如,10W/30 既符合 10W 级油黏度要求,又符合 30 级油黏度要求,在一定地区可冬、夏季通用。

(2)发动机润滑油的规格 发动机润滑油产品是由品种(使用等级)与牌号(黏度等级)两部分构成的,每一特定品种都附有规定的牌号。产品按统一的方法命名。国产发动机润滑油的品种与牌号见表6-5。

表6-5 国产发动机润滑油的品种与牌号

品 种	黏 度 牌 号
SC	5W/20　10W/30　15W/40　30　40
SD(SD/CC)	5W/30　10W/30　15W/40　30　40
SE(SE/CC)	5W/30　10W/30　15W/40　20W/20　30　40
SF(SF/CD)	5W/30　10W/30　15W/40　30　40
CC	5W/30　5W/40　10W/30　10W/40　15W/40　20W/40　30　40　50
CD	5W/30　5W/40　10W/30　10W/40　15W/40　20W/40　30　40

例如,SC30 是指使用等级为 SC 级,黏度等级为 30 的汽油机油,SE/CC30 为汽油机/柴油机通用油,它符合 SE 级汽油机油和 CC 级柴油机油使用性能,其黏度等级为 30;CC10W/30 为多级柴油机油,既符合 10W 级油黏度要求,又符合 30 级油黏度要求;SF/CD5W/30 则为多级汽油机/柴油机通用油,它符合 SF 级汽油机油和 CD 级柴油机油使用性能,并且既符合 5W 级油黏度要求,又符合 30 级油黏度要求。

4. 发动机润滑油的选择和使用

发动机润滑油是保证其正常工作的必要条件。如果选择不当,不仅影响发动机的使用性能,严重时还会导致发动机产生突发故障,造成安全隐患。同理,选择了正确的润滑油,还要了解正确的使用方法,若使用不当也发挥不了油品应有的作用。

(1)发动机润滑油的选用原则 汽油机润滑油的选择主要依据发动机的结构特点、使用条件、气候条件等选择润滑油的质量等级和黏度级别。根据发动机的结构性能和使用条件选择相应的润滑油质量等级,再根据使用地区的气温选择润滑油黏度级别。有汽车使用说明书的用户,依据说明书要求选取,无使用说明书时,汽油车可以按照发动机设计年代、发动机的压缩比、曲轴箱是否安装正压通风装置(PCV)、是否安装废气循环装置(ECR)和催化转化器等因素选取润滑油。

(2) 发动机润滑油等级的选择

1) 汽油机润滑油等级选择。汽油机润滑油等级选择一般要考虑以下因素：

① 发动机的压缩比、排量、最大功率和最大转矩。

② 润滑油的负荷，即发动机功率与曲轴箱机油容量之比。

③ 曲轴箱强制通风、废气再循环等排气净化装置的采用对发动机润滑油的影响。

④ 城市汽车时开时停等运行工况对生成沉积物和润滑油氧化的影响。

2) 柴油机润滑油等级选择。柴油机可根据柴油机的强化系统及运行条件来选用其使用性能等级。柴油机强化系数代表其热负荷和机械负荷，强化系数越大，表明发动机的热负荷和机械负荷越高，而且对油品的质量要求也越高。柴油机的强化系数用 K 表示，计算式为

$$K = P_e C_m Z \tag{6-1}$$

式中 P_e——气缸平均有效压力，0.1MPa 的倍数；

C_m——活塞平均速度（m/s）；

Z——冲程系数（四冲程取 0.5，二冲程取 1.0）。

强化系数越大，说明柴油机的机械负荷和热负荷越大，柴油机的强化程度越高，润滑油的工作条件越苛刻，要求选用的性能等级就越高。强化系数为 30~50 的柴油机，选 CC 级柴油润滑油；强化系数大于 50 时，选择 CD 级柴油润滑油。

3) 在下列苛刻条件下，应酌情提高一级润滑油等级。

① 汽车经常处于停停开开的使用工况，容易产生低温油泥，如城市公共汽车、出租车等。

② 长时期在低温、低速（气温低于 0℃、速度 16km/h 以下）行驶，容易产生低温沉积。

③ 长时间在高温、高速、满载下工作，易使润滑油氧化变质，生成积炭、漆膜等高温沉积物。

④ 长期在灰尘大的条件下工作。

(3) 发动机润滑油黏度的选择　选择发动机润滑油的黏度主要根据发动机工作的环境温度，润滑油的使用温度应比凝点高 6~10℃。一般常以汽车使用地区的年最高和最低气温选择润滑油的黏度等级。如：我国北方温度不低于 -15℃ 的地区，冬季用 SAE 20，夏季用 SAE 30 或全年通用 SAE 20/30；低于 -15℃ 的地方，全年通用 SAE 15W/30 或 SAE 10W/30；严寒地区用 SAE 5W/20；南方最低气温高于 -5℃ 的地区，全年通用 SAE 30，广东、广西、海南可用 SAE 40。

(4) 发动机润滑油的使用注意事项

1) 按车辆使用说明书，正确选择润滑油的使用等级。

2) 一般可用等级较高的润滑油代替等级较低的润滑油，但绝不能用等级低的润滑油代替等级高的润滑油，否则会导致发动机早期磨损。

3) 应注意用油地区和季节的变化，及时换用适宜黏度等级的润滑油。使用中应尽量选用多级油。

4) 应结合使用条件按质换油。换油时应在较高温度下进行，要将废油放干净，同时必须注意严防水分、杂质混入。

5）要按机油标尺加注油量。油量不足会引起零件磨损，加速机油变质；油量过多会窜入燃烧室内，形成大量的积炭。

6）加有降凝、抗氧、抗磨、清净分散剂等多种添加剂的稠化机油，使用时油色很快会变深，属于正常现象，不必换油。

7）加强对空气滤清器、燃油滤清器和机油滤清器的清洁工作以及曲轴箱的通风，以减轻对机油的污染，防止机油早期变质。

多级润滑油具有良好的黏温特性，既有利于高、低温条件下的润滑，又利于低温起动，且有良好的减摩、节能效果。

5. 润滑油的合理使用与节油

合理使用润滑油，提供良好的润滑降低摩擦磨损，提高油品的抗氧化安定性、洁净分散性，可以提高汽车的动力性、经济性和可靠性等。

选用合适黏度的润滑油，改进润滑性能，降低边界摩擦等，可减少燃料消耗。在满足摩擦副润滑的条件下，降低机油的黏度，对降低汽车燃油消耗有一定作用。发动机润滑油的100℃黏度每降低 $1mm^2/s$，大约节省燃料 1.5%；发动机正常运转时，理论上每降低一个 SAE 黏度等级，可节省燃料 0.5%~2.5%。

多级油由低黏度油加黏度指数改进剂配制而成，有良好的黏温性能。低温时，多级油黏度小，有较好的低温流动性。根据测定，发动机起动时的磨损占总磨损量的 50%，多级油低温性能好，可保证低温下迅速起动，因而能大大减小磨损和燃油消耗。高温时，多级油还能保持一定的黏度，形成足够的油膜厚度。所以，使用多级油既能保证良好润滑，又可改善燃料经济性。使用 SAE10W/30 或 10W/40 发动机润滑油比使用 SAE40 发动机润滑油节省燃料 2.4% 左右。

摩擦副处于边界润滑状态时，油中的减磨剂可使摩擦力减小，达到动力流畅、降低能耗的目的。发动机润滑油中加入一定量的减磨剂，可节约燃油 1% 左右，同时可减小摩擦磨损的影响。

润滑油的热氧化稳定性是在高温下，油品抵抗氧化变质的能力；润滑油的清净分散性是油品抑制胶膜、沉淀等形成的性能。这两种性能的提高，可以延长润滑油的使用期，减轻燃烧室中积炭的生成，从而避免不正常燃烧，降低燃油消耗量，提高发动机的工作可靠性和动力性，延长使用寿命。

任务三　汽车维护与节能

1. 叙述汽车发动机的合理维护。
2. 叙述汽车底盘的合理维护。

任务导图

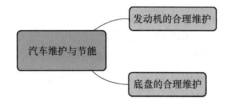

在相同使用条件，相同的操作水平条件下，若汽车技术状况不同，汽车油耗相差也会较大。所以，正确维护是重要的节能措施。

汽车达到一定的行驶里程后，必然会造成各零部件的松动和磨损，部件总成工作偏离正常状态，使汽车技术状况变差。除导致动力性、安全性下降外，其经济性也会下降。汽车维护工作对确保行车安全，延长汽车使用寿命，降低燃油消耗等有着重要的意义。

汽车使用过程中，其零部件和各运动机构会产生不同程度的磨损、松动、损伤和自然老化。为防止零部件和各运动机构早期磨损及发生故障，必须对汽车进行预防性维护作业，保证汽车的动力性、经济性和安全性，使整车各总成保持均衡良好的技术状况，以延长汽车的使用寿命，并达到节油的目的。

一、发动机的合理维护

1. 电控燃油喷射系统的维护与节油

电控燃油喷射系统可使发动机在任何工况下均在最佳工作状态下运转，从而使发动机的动力性提高5%～10%，燃料消耗下降5%～10%，排气污染物减少90%以上。但是，如果电控燃油喷射系统使用、维护、调整不当，也不能使其优越性充分发挥出来。

1）气缸压力如果达不到发动机的设计要求，发动机燃烧效率就会下降，致使油耗增加。

2）配气相位不准确，发动机有效功率下降，致使油耗增加。

3）点火系统工作不正常，如点火不正时、点火电压不足、火花塞工作能力差等情况都会增加油耗。

4）发动机润滑系统对发动机工作性能影响较大，润滑油量不足与油质变差都会增加发动机油耗。

5）如果发电机电压低，则充电电流小；而发电机电压过高，将会使油耗上升，动力下降。发电机电压过高，会造成点火能量减少或点火滞后。因为发电机电压过高，点火线圈的初级线圈电流增大，点火线圈温度升高，电阻增大，使其效率降低，输出能量减少，造成点火能量减少。

除了与驾驶人驾驶习惯有关外，发动机本身技术状况的好坏也是节油的关键，而技术的好坏与汽车的维护有着直接的关系，在平常驾车生活中一定要养成定期维护汽车的习惯。

① 定期更换火花塞，并保证新火花塞型号和间隙大小符合原厂规定。

② 定期更换空气滤清器。脏污的空气滤清器会使空气流动受阻，进入气缸的空气量减少，因而影响混合气的质量和燃烧过程，导致油耗增大。

③ 按照制造厂推荐的行驶里程或时间，及时更换燃油滤芯、机油和机油滤清器滤芯。

④ 定期更换曲轴箱强制通风。

⑤ 蓄电池的电量必须充足，以便迅速起动发动机，从而避免浪费燃料。

⑥ 定期更换润滑油，以减小摩擦，减轻磨损，节约燃料。

2. 柴油机燃料供给系统的维护与节油

柴油机具有优良的动力性和经济性，被广泛应用于各类载重车辆，在轿车上的应用也日益增多。为了保证柴油机良好的雾化性能，直喷油泵和喷油器都是由精密偶件组成的，因此对柴油的清洁度要求很高，不得含有杂质和水分，否则不仅会造成发动机性能下降，运转不正常，燃料消耗和排气污染物增加，还会缩短发动机的使用寿命。因此，柴油机的日常检查和维护工作对保证发动机良好的动力性和经济性非常重要。

二、底盘的合理维护

1. 汽车滑行性能及其对油耗的影响

（1）汽车的滑行性能　汽车底盘技术状况的好坏，可以通过检查汽车的滑行性能来确定。以汽车在某一速度下脱档滑行的距离来评定，滑行距离越长，表明汽车底盘的技术状况越好，即汽车越节油；相反，说明底盘的技术状况差，即汽车油耗大。

（2）影响汽车滑行性能的因素

1）齿轮油的影响。选择齿轮油应根据车型、季节（或气候的变化）不同而有所区别，若选择过高黏度的润滑油时，汽车在市区运行时增加8%~12%的油耗，汽车在郊外公路上运行时增加3%~6%的油耗；在冬季使用夏季用的齿轮油，会增加4%的油耗。当气温在0℃时，使用了黏度较高而又没预热的齿轮油时，传动功率损失高达50%。

2）传动系统的影响。汽车在运行中，离合器严重打滑时，会增加3.5%的油耗。另外，离合器分离不彻底、发抖、发热及产生异响，变速器自行脱档、跳挡，传动轴发响，差速器发热、发响等，都会使传动机构的传动效率下降，功率消耗增加，油耗相应地上升。

3）行驶系统的影响。车轮轮毂轴承调整过紧，前轮定位不合要求，轮胎气压过低，前后轴距不合规定等都将增加汽车行驶的滚动阻力、摩擦阻力，致使滑行距离下降，功率损失增大，油耗明显增加。试验表明，轮毂轴承调得过紧，多耗27%燃油；轮毂轴承过松，也会多耗20%的燃油；小客车前束值由标准的2mm增至6mm时，油耗增加15%；主销后倾角过大，会导致前轮"摆头"，转向变得沉重、费力；后倾角过小，车辆行驶稳定性差；轮胎气压过低，则轮胎的变形量更大，运转时的滚动阻力增加，从而造成汽车油耗上升。

4）制动系统的影响。调整制动器过紧，汽车在行驶中就会出现拖滞现象，消耗的功率相应增加，使得发动机的滑行距离大大缩短，油耗将迅速增加。一般调整稍微过紧时会增加6.1%~6.4%的油耗；严重发咬时，会增加7%~20%的油耗。可见，制动器过紧对滑行距离的影响很大。但制动器调整过松时，会延长制动距离或使制动不灵，影响安全行车。因此，制动器的测整要适度。

2. 汽车底盘的润滑与节油

在发动机技术状况良好的前提下，整车的动力性和经济性主要取决于底盘有害阻力的大小，有害阻力越小，底盘就越轻巧，滑行性能越好。因此，加强底盘润滑，最大限度减少有害阻力，提高底盘的轻巧性（即整车的滑行性能），是提高汽车动力性和经济性的一项重要措施。改善底盘的润滑状况，可以提高汽车底盘的传动效率，减少无用功率损失，提高滑行性能。

（1）润滑油的加注量和油品的选择　变速器和主减速器润滑油的加注量，应按标准进行。加注量过多，搅油损失增大；加注量过少，会使润滑不良，摩擦损失增加，两者都导致无用功率损耗增加。值得注意的是，当无法计量其加注量时，可以边加注、边用食指插入加注口进行检查，以弯曲第一关节能接触到油面为宜。润滑油油品的选择也极为重要，选择合适牌号的润滑油不仅可以提高传动效率，延长机械寿命，而且还可以收到明显的节油效果。

（2）轮毂轴承的润滑　轮毂轴承润滑质量的好坏，对底盘的润滑性能影响极大。

（3）传动轴的润滑　传动轴的润滑工作，最容易被忽视，从而使各配合副形成干摩擦。随着时间的延长，配合间隙逐断加大，造成松旷，高速行车时引起传动轴振动，有害阻力增加，影响车辆的行驶稳定性和滑行性能，其后果也使燃油消耗量增加，严重时还会造成事故。因此，驾驶人应坚持对传动轴进行正确的检查和润滑，以确保其应有的技术性能。

（4）其他润滑点的润滑　汽车上一般有30多个润滑点，加注润滑脂时，大小润滑点都不应遗漏。特别是对一些容易忽视的地方，如转向节销和转向横直拉杆等处若长期不润滑，则会使转向沉重，增加行驶阻力，加快轮胎磨损，也会使油耗增加，甚至会影响整车寿命和使用安全性。总之，汽车上只要是润滑点，就必须定期添加润滑脂，才能保证整车性能的充分发挥，延长车辆寿命，确保安全，同时也可以收到可观的节油效果。

3. 汽车底盘的检查调整与节油

（1）轮毂轴承松紧度的调整　轮毂轴承松紧度的正确调整，不仅可以防止轴承因调整过紧而发热烧坏，更重要的是减少行驶中的有害阻力，提高整车的滑行能力，节约燃油。据试验，一辆各部调整良好且轴承松紧度合适的汽车，夏季在平坦路面上，一个人就可以推动。此时汽车整车拉力可降低45%，初速度20km/h的滑行距离可增加29%，油耗可降低14%左右。

（2）转向系统的检查　转向系统的技术状况，特别是前束、转向角等，对转向轻便性及稳定性影响很大。汽车前轮定位包括前束、车轮外倾、主销内倾和主销后倾四个参数。

（3）制动系统的调整　汽车制动装置在长期使用过程中，由于机件磨损和损坏，使其技术状况不断下降而影响摩擦力，再加上调整不当，以致其制动效能下降，出现制动不灵、制动发咬、制动跑偏和制动不平稳等故障，严重影响车辆的安全可靠性和经济性。因此，驾驶人应经常检查并调整制动系统，使其处于良好的技术状况。

1）空气压缩机传动带松紧度的调整。空气压缩机传动带过松时会造成传动带打滑，影响泵气量，使制动气压下降，所以驾驶人应定期检查传动带的松紧度。

2）车轮制动器鼓间隙的调整。经验表明，如果制动器片与制动鼓间的间隙过小，轮毂轴承过紧，燃油消耗将增加20%左右；制动器如果紧滞发咬，油耗将增加8%~10%；驻车制动器间隙小，使传动阻力增加，油耗增加20%左右；而离合器打滑则油耗增加近30%。后桥左、右制动器拖滞一般可使油耗增加6.1%~6.4%，严重的拖滞则油耗更高。因此必须严格按照规定的技术标准，调整好制动间隙，确保制动器各个零部件工作可靠，才能为节油创造必要的条件。

课后习题

1. 简述发动机在各种温度条件下起动与节油间的关系。
2. 分析汽车起步时如何节油。
3. 分析汽车选择档位时如何节油。
4. 简述汽车车速的变化与节油的关系。
5. 如何正确使用自动变速器？
6. 汽油发动机对汽油的性能要求有哪些？
7. 我国车用汽油的牌号是按什么来划分的？现有哪几种牌号？
8. 如何选用车用柴油？使用时应注意哪些事项？
9. 发动机润滑油有哪些作用？其工作环境是怎样的？对其性能有何要求？
10. 什么叫黏度？润滑油黏度对发动机工作有何影响？
11. 简述汽油、柴油、发动机润滑油与汽车节能的关系。
12. 发动机润滑油的分类方法有哪些？有哪些规格？
13. 汽车发动机的维护项目有哪些？
14. 汽车底盘的维护项目有哪些？

参 考 文 献

[1] 邱兆文. 汽车节能减排技术 [M]. 北京：化学工业出版社，2015.
[2] 邵毅明. 汽车新能源与节能技术 [M]. 2版. 北京：人民交通出版社，2016.
[3] 刘玉梅. 汽车节能技术与原理 [M]. 3版. 北京：机械工业出版社，2017.
[4] 王军方. 自动变速器检测与维修 [M]. 北京：机械工业出版社，2012.
[5] 高建平，郗建国. 新能源汽车概论 [M]. 北京：机械工业出版社，2018.
[6] 蔡兴旺. 新能源汽车结构与维修 [M]. 北京：机械工业出版社，2014.